U0905728

字码头
ZI MATOU

「字码头」读库·辽宁舰

谁能摩挲爱情

◎孙春平 著

大连出版社
DALIAN PUBLISHING HOUSE

孙春平

满族，1950 年生，中国作家协会会员，一级作家。当过知青、铁路工人、市文联主席、辽宁省作协副主席。著有长篇小说《江心无岛》《蟹之谣》《县委书记》，中短篇小说集《老天有眼》《怕羞的木头》《公务员内参》等，作品曾获骏马奖、东北文学奖、辽宁文学奖、《小说月报》百花奖、《中篇小说选刊》优秀作品奖、人民文学奖、《中国作家》奖、《上海文学》奖、金麻雀奖等奖项。另有影视剧编剧《爱情二十年》《欢乐农家》《金色农家》等多部。

目录

SHUI NENG MASA AIQING

谁能摩挲爱情

二十多年前，我在红星机械厂当工人，因兼着一个车间的团支部书记，用在我那台铣床上的工夫反不如组织开会学习和带领青年工友们搞活动的工夫多了。车间里的青年男女占了所有职工人数近一半，车间主任许殿元又一再鼓励我“很有这方面的两把操儿（本事）”，我也就乐此不疲地充当起了“青年领袖”的角色，自我感觉不错。

青年人的工作可不仅仅是唱唱歌打打靶，或者是到厂外搞搞学雷锋做好事之类的活动，大量的是要做他们的思想工作，而思想工作又多是围绕着“搞对象”转。青年人嘛，爱情故事比机床上的螺丝疙瘩还多。张三和李四好了，中间又突然插进个王五，王五背后可能还有个死追着他的单相思，这样一来，师兄弟反目动了拳头，师姐妹成仇互相啐了脸皮的事便时有发生。车间里的年轻人过百呢，人一过百，便形形色色，什么样的哭哭笑笑恩恩怨怨的故事闹腾不出来？一发生这类情况，许殿元就很烦躁地对我说：“快去摩挲摩挲，这些生荒子呀！”

以我的理解，这个“生荒子”含了两层比喻，一是指从未开垦耕种过的生荒土地；一是指尚未上过犁套的犍牛蛋子，所谓不怕虎的初生牛犊是也。以生犍子比未婚男性，以生荒子喻待嫁女子，都挺形象贴切。而摩挲则有开导摆平的意思。车间主任许殿元是从辽西乡下走进城里来的人，平时说话常夹带着一些这样土得掉渣的方言。见他脸上有阳光灿烂，小青年们便蹬鼻子上脸，当他面故意学说这类话。但当他脸色阴沉凶狠训人时，小青年们便背过脸去努鼻子，小声嘀咕，土老帽样儿，不信城里人改造不了你！

可有些事能摩挲，有些事就难摩挲，莫说我，就是换了古时苏秦今时基辛格，也是休想摆平的。人家是铁了心的，你还摩挲个什么！比如冯新柳和杜志民的事，就闹得几乎满厂皆知，却让我干瞪眼空攥拳，弄得我在领导和青年人面前显得很没水平很没面子。

冯新柳是车间工具室的保管员，人长得清秀，为人也温和。车间里的小伙子们常拿了管钳刀具围在工具室的窗口前没话找话，她完全知道那些人的醉翁之意，却从来不烦不恼。就是听了一些很露骨的挑逗话，也只是秀眼微微一瞪，回一声“不怕我骂你呀？”算作了警告。她看中的杜志民却偏偏是个很少到工具室去的人。杜志民是车间技术员，高高挑挑的个儿，浓眉大眼的脸儿，闲时爱读书，忙时车钳铣刨都能操练上阵、横拨竖挡，是当得起车间主任半拉家的一个人物。工友们私下猜测，许主任真要一提升或一调转，车间里的第一把交椅就非杜志民莫属了。冯新柳和杜志民对上了象，让车间里那些尚未有主的花季女孩很是眼气了一阵子，但也只是眼气而无力竞争。杜志民的确是车间里最优秀的小伙子，冯新柳也确实是车间里最出色的姑娘，早晨两人双双骑车而来，午间两人找一角落，饭盒摆在一起，你恭我让甜蜜得似一对鸳鸯。这是天造地设的一对，人们只等着吃喜糖了。

可在等待吃喜糖的日子里，事情偏就六指抠鼻子，出了岔头。先是厂门外一到下班的时候就出现一个粗粗胖胖、个头不高的小伙子，穿了一身洗得发白的绿军装，倚靠在一辆发光锃亮的凤凰牌自行车后座上，一见冯新柳出了厂门就跨车追过去。那个年月，旧军装和新凤凰车都是一种身份和地位的象征。有知情的就传出话，说那胖子是冯新柳中学时的同学，刚转业回来，分在了市里的一个机关，靠的是老爹的关系，他爹是市里的一个局长。别看冯新柳和杜志民甜蜜得让车间里的姑娘小伙子们眼气，真见外人要来插杠子，眼气的人们立刻表现出了同仇敌忾的样子。姑娘们撇嘴，呸，局长爹有啥了不起，就那半猪半熊似的德行，我都看不上眼，还想吃天鹅肉啊！小伙子们则互相撺掇，说那癞皮狗不识斤两再敢来，咱们胖捶（揍）他一顿，先叫他满地爬着找牙。

这话不知怎么传进了许殿元的耳朵，主任就叮嘱我，你眼珠子瞪大点儿，别出事。我说，小冯又不傻，这点儿香臭还分不出？再说，一家女，百家追，你让我狗拿耗子啊？许主任说，拿耗子就拿耗子，拿住耗子才显得出你的本事，咱车间不用另养猫了。许主任话是笑着说，神情却是极认真的。可我又有什么本事，吓得我一下班就在厂门口转，只怕事情出在眼皮底下，只要离开这一亩三分是非地，就是谁把那小子拍成肉饼子也怪不着我了。

接着就是人们发现杜志民和冯新柳开始出现摩擦。午间两人还是坐在一起共进午餐，但吃饭时已不再那么你恭我让，而是边吃边小声争辩什么，有时争得冯新柳把勺子往饭盒里一摔，叭地盖上盒盖，坐在那里生闷气。杜志民也不妥协，闷着头继续吃，只是速度明显慢下来。有了这么两三次，再见两人小声争辩时，便有好事的找了因由往跟前凑，可两人立时警觉，再不说话。于是小青年们便猜测两人究竟在为啥事费口舌，或说是为筹备结婚，小冯不满意杜家干打垒的房子和拿不上台面的彩礼吧？立刻就有人反驳，说能吗？就凭冯新柳的心气，即使心里一百个不满意，也是断不会说出口的。又有人说那就是因为那个局长的肉滚儿子，杜志民肯定对有人伸腿插杠心里不满意。又有人反驳，说不满意就学普希金，找那小子决斗去呀，跟小冯争个脸红脖子粗算什么本事，小冯又没说老太太擤大鼻涕，甩了你。有不知道普希金的就问，普希金是谁？回话的撇嘴，说普希金都不知道，那是俄国的大诗人。问的同样撇嘴，说诗人就诗人呗，你把嘴撇个瓢儿似的干啥，有本事你给我背两段普、普那啥的诗。回话的便窘住了，真的背不出来。我们那一茬青年人，基本都是初中毕业，出口能背诵的除了“四海翻腾云水怒”就是“锄禾日当午”之类的句子，能知道普希金的就有资格撇嘴了，要是再会背几首普希金爱情诗的可就过犹不及，那不再是学识和修养，而会被当成思想意识不健康的流氓问题，会的找犄角旮旯没人的地方背去，在大庭广众面前，谁敢？

接下来的情况越发严重。有一天中午，冯新柳突然端了饭盒径直回了工具室，回脚一钩，还把大铁门咣的一声重重锁死了。杜志民端了饭盒还坐在角落里原先的那个位置，孤单单没滋没味地吃，也不肯去工具室哄哄劝劝。工具室在车间的西北角，里面又潮又暗憋憋屈屈，还有非常浓重的机油味，不然午饭时两人早躲到那里去共享甜蜜了。眼前突然少了甜蜜一景的人们那顿饭也都吃得很没味道，一个个哑了嘴巴，再没了往日边吃边逗笑的兴致，眼睛却不时地往杜志民那儿溜，都觉得孤雁可怜，却又不知如何是好，是往他那里凑凑呢，还是把他往大伙儿这儿叫叫呢？

两人分而食之的情景一连出现了三天，到了第四天，更严重的突发事态就越发叫众人傻眼了。那天，杜志民刚刚取回饭盒坐在自己固守的位置，就见车工林悦捧了饭盒旁若无人地走了过来，坐在冯新柳原先的位置上。杜志民怔住了，竟一时僵僵的不知该怎么好。林悦爽朗一笑，大声说，咋，不欢迎啊？不欢迎我滚蛋。杜志民忙点头挤笑，欢迎，欢迎。

林悦有些假小子的性格，说话做事风风火火，无遮无掩，爽快泼辣，人虽不及冯新柳清秀俊丽，却也皓齿亮眸，白皙端庄。此时，在众目睽睽之下，林悦打开饭盒盖，先夹了一块排骨往杜志民饭盒里送，杜志民忙推拒。那林悦便仍爽声朗气地说，咋，小冯的你吃，我的你就不吃，我的有毒啊？杜志民哪能再拒，只好接下了，忙又从自己饭盒里舀出一勺蛋炒瓜丝回敬。林悦也不客气，麻溜儿地端起盒盖接下了，夹进口里嚼了嚼，大声称赞，说好吃好吃，是你自个儿炒的还是你妈的手艺？杜志民小声应了一句什么，众人没听清，可听得清的是林悦的嗔怪，说那你往后可得自己下手，男人有点儿这方面的手艺不算丢人，过的就是日子嘛，你说是不？

车间里带午饭的人不少，眼见了这一幕的面面相觑，眼神里都流露出了无言的疑惑与忧虑。人们把目光不由得又向工具室投去，工具室的窗户正对着那个角落，冯新柳不会看不到这一幕，除非她闭上眼睛睡起了大觉。可工具室的门窗一直紧闭着，里面如同无人一般，冯新柳真的就这样心甘情愿安安静静地退出和放弃了吗?

其实人们最大的忧虑还不在冯新柳，而是车工班的班长靳勇。靳勇比林悦入厂早两年，技术在车间里屈指可数。小伙子长得虽不及杜志民高大英俊，却敦实精壮，为人少言寡语，给人一种难测深浅的感觉。大家都知他早在追林悦，林悦车床上的活计忙时，他会不声不响地把一些加工好的工件放到林悦床子旁，赶上下夜班，他则不声不响扶着自行车等在车间大门口，一直将林悦送到家才扭头蹬车而去。但林悦对靳勇却一直采取不即不离的态度。车工班吃午饭时团团围坐在一起，靳勇总是默默地坐在林悦旁边，靳勇给林悦夹菜她不拒绝，可别的男工友有同样的表示她也毫不客气地接受；靳勇悄悄塞给她一张晚上的电影票，她高高兴兴地接受下来，可转过身又会高声亮嗓地问别人是不是也去，把一切都弄得很光明正大，常弄得靳勇喜也不是，恼也不是。但工友们早就认定了靳勇和林悦必成一对，说靳勇“凿”，有韧劲儿，啥样的女子也怕缠郎，况且靳勇也并不是配不上林悦，也许两人会突然有一天把喜糖天女散花似的撒向满车间。所以在眼下令人抢眼的一幕前，人们除了关注工具室的动向，又在偷偷地溜望靳勇，看他此刻的神情，又猜他会有什么令人不测的动作。可此时的靳勇竟是一副稳坐钓鱼台的姜太公模样，仍是津津有味地埋头大口吃嚼，对林悦在杜志民面前的表现似乎完全不知不觉，甚至连他们大声说话的声音都没听到。于是便有人低声感叹，我操，这小子不是脑子有病，就是早有了老主幺子（铁定的主意），整不准要喝哪壶药啊！

如此情景竟从这一天起，每天中午如出一辙地重复下去，冯新柳仍关死了工具室自守天地，只是脸色日渐灰暗，勉强的笑意也不再那般灿烂；林悦也仍是坚持主动出击，大大方方去陪杜志民共进午餐，只是说笑声再不似第一天那般搞现场直播，而是日渐低弱，已有了秘不示人的色彩；一成不变的是靳勇，还是那个位置那个姿态大口吞嚼自得其乐，也还是主动帮助林悦加工工件和清擦车床，赶上下夜班，也还是骑车跟在后面。处于漩涡中心的杜志民也仍绷着，不主动去找冯新柳求和，也不拒绝林悦一眼见底的亲近表示，他早就是车间里的骄傲王子，像开屏的孔雀一样一如既往地展示着他的高傲姿态。许主任家离厂子不远，每天午间回家用餐，可数日之后，对这事也全然知晓了。他对我说，老天炸多大的雷都不可怕，怕的是闷起来没完没了，发大水的年头都是这么憋闷出来的。你赶快去给我摩挲，早筑堤坝备蓑衣，有屁就叫他们痛痛快快给我放出来，响屁不臭，这么死憋着的才早晚臭死个人！

其实许主任不说，我也知这事得抓紧想招找辙了。我的“摩挲”手段有限，又不好把他们四位聚在一起开民主生活会，也只能分别谈谈心了。我认认真真地权衡了一番，觉得此事的关键在林悦的乘虚而入，只有她及时拉下感情的大闸，潜在矛盾才有不至于激化从容解决的可能。我依此分析而制定的谈话顺序是：林、冯、靳、杜。

可“摩挲”在第一关口就遇到了不肯屈服的陡起峰峦。未及我拐弯抹角地把话说完，林悦已直通通地自点了主题：“不用说了，你的意思我明白。那我也明明白白地告诉你，我早就喜欢杜志民，从心里喜欢。可以前杜志民跟冯新柳好，我咋喜欢也不能往里插杠子，咱宁可在家里当一辈子老姑娘也不能干那种缺德事，你说对不？可眼下冯新柳不想跟杜志民好了，那还不许我跟他好啊？我有追求爱情的权利吧？我和杜志民一个大丫（大姑娘），一个大小（小伙子），还都没结婚，光杆溜直的一个人，好和不好都不犯法吧？也没违背厂纪厂规吧？”

我无言以对，闷了半天，才说：“这个事……不是还牵扯进别人嘛。靳勇是多好的一个人——”

林悦立刻打断我：“我说靳勇不好了吗？世界上的好人多了，我看你也挺好的，我还能见谁好就跟谁搞对象啊？那是恋爱呀还是乱爱呀？”

我落荒而逃，再去找冯新柳。文文静静的冯新柳给我的回答却是早经过深思熟虑的绕口令：“我认为可爱的人我就去爱，我不再认为他可爱我就可以不爱，别人看他可爱尽可以去爱，他看别人可爱也尽可去爱别人，我无权干涉他，他无权干涉我，我也无权去干涉别的什么人。这就是我的态度，我不想多作解释，行吗？”

每句话都似有所针对，每句话又都显得很虚飘。我想再多谈一些，冯新柳却金口难开，再不说话。我起身离去时，她将我送到工具室门口，我忍了又忍，还是把憋在心里好久的那句话说了出来：“厂门外常来接你的那个人除了爹是官，从哪儿看也比不上小杜，你可要顾及一下你在工友们眼中的形象啊。”

冯新柳脸白了白，终于喃喃地又嘀咕了一句：“人各有志，爱无定则，谁愿咋想咋想吧。”

这是一句颇含玄而论道味道的话，竟让我琢磨了许多年。

我再找靳勇。他的深不可测无疑将是我的“摩挲”工作中最大的难点，也是重点，只要他不主动滋事扩大事端，其实一切也就可以顺其自然了。我开宗明义，强调他必须冷静，女孩不再喜欢你，或者别人争取去了你所爱女孩的芳心，都是未婚男女中很自然很平常的事情，不为恋人，还可以是好朋友好同志，只是不能成仇人。再说，天涯何处无芳草，强扭的瓜不甜，你这么优秀的青年，还愁找不到一个倾心陪伴你一生的人吗？我又进一步筑堤疏导，信誓旦旦地为他打包票，说只要你信得过我，这事包在我身上，我一定尽快帮你物色一位让你可心的人。这番话是我酝酿再三精心准备的，惜语如金的靳勇果然给我的是百慕大一样的神秘淡笑和承诺：“出水才见两脚泥呢，我又不是普希金。”

“我不是普希金”的承诺让我躁心稍安，也多少给了我一点儿成功感。靳勇指的是不会去学普希金为恋情决斗，而绝不是普希金的吟哦爱情。剩下的最后一个谈话对象因为和我一样，都是在车间办公室常走动的人，彼此日常交往要比那几个人多得多，因此说起话来就更少些顾忌。我问杜志民，到底因为什么跟小冯闹得这么僵？杜志民沉吟了一下，给我交了底儿：“她让我复习功课去考大学。”

往事叙述到这里，我需要交代一下此事发生的具体时间了。这是1978年的春天。数月前的1977年秋季，国家恢复高考，我们车间近百号年轻人竟然只有冯新柳一人进了考场，是静悄悄一个人去的，也是静悄悄无波无澜的结果。我们那茬胸无点墨的年轻人缺的是自信，多的却是已捧了国有企业铁饭碗的满足，须知有多少同龄人还在山野间撸锄杠呢，扔了工资去念“知识越多越反动”的书，丢下领导阶级的高贵去当什么三孙子样的“臭老九”，没路可走的人才会做出那种傻透了腔的选择。我想了想说，你不想考，可以慢慢跟她解释，何必搞得阶级敌人似的？杜志民说：“可她非让我考，说我的底子比她厚，脑子也比她好，现在就抓紧复习，或许会有一拼的。”我说，她是好意，也不无道理，你现在当的这个技术员凭的全是摆弄床子的实践经验，缺的正是书本功底，进校门学几年，可就老虎长膀儿，没谁可比了。杜志民犹豫了一阵说：“可我……另有棋路。”我追问，什么棋路？杜志民说：“我先不跟你说，过一阵你也许会明白。”我说，你不跟我说，却总得跟小冯说，让她理解你。杜志民说：“我跟她说了，可她不光不理解，反倒越发逼我，逼到后来，就把什么话都说了出来。”我问，她说什么？杜志民说：“她说她是文盲，却不能再嫁给一个文盲，真要非嫁文盲不可，厂门外守着的还有一个能当几年势的爹呢。”我怔了一下，说这可不像冯新柳说的话。杜志民两眼逼射出愤恼的光：“可她不光说了，还做了！”我问，她做了什么？杜志民说：“她去跟那个官犊子看了电影！”我问，你不要道听途说，亲眼见了？杜志民点头:“亲眼见了。那天我去她家找她，是她妈吭吭哧哧想说又不想说地告诉我是叫人找出去看电影了。我看她妈的神色不对，就追到了电影院，买不到票，进不去，我在外面傻等，散场时，果然看到她跟在那个肉滚子后面走了出来。”

我无言了。时光倒退二十多年，北方中等城市的男女交往还有着太多的清规戒律，未婚男女双双出入影剧院，绝对是一种象征和表示。我沉默了好一阵，才说，你就这么服输了？你主动一些，以小冯对你这些年的了解，刚浇进槽子的铁水怎么就算定了型？定型了也可再回炉。要像眼下这样死绷着，我倒真担心你会把小冯推到那小子家里去。杜志民听了我的话竟冷笑：“她以为她是谁？她以为没了她我杜志民就是打光棍的命了？她把自己当嫦娥，那我另找一个比嫦娥更知我爱我的人行不？哼，孔老二都说：‘唯女子与小人难养，近之则不逊，远之则怨。’这种事，越上赶着（主动）越没戏！”

肚里的墨水并不比我多多少的杜志民当年能引用孔夫子如上的论述，实在是“批林批孔”的普及结果，青工们常挂在嘴上的还有“克己复礼，唯此为大”及“天马行空，独往独来”之类的话。种瓜得豆，多英明伟大的人物也始料不及啊。

杜志民的骄傲是身边众多倾慕他的女工们惯的，宠的。一群小母鸡围着一只大公鸡转，大公鸡便会高昂着头，走路都迈方步。我知道在这样的问题上很难说服他，杜志民是个很有主见也有些固执的人，在车间的年轻人中，我的影响力和号召力是远比不上他的。

这一轮谈话虽说并没摩挲熨帖什么，但也没算彻底白谈，起码我知道了靳勇不会找杜志民拼命。我把谈话的情况原原本本地汇报给许主任，许殿元闷头抽了好半天烟，最后给我的指示是，这几个人的事你还是多留心，常摩挲，千万不能给我鼓包！

杜志民说的“另有棋路”很快见了分晓。厂里开大会，宣布许殿元提升为副厂长，但还兼着车间主任职务；杜志民提升为车间副主任，协助主任工作。厂里的这个安排傻子也看得明白，这是让许殿元传帮带，待杜志民的肩膀硬了能独挑大梁时，许殿元就要专心致志地去当他的副厂长，车间主任一职也就顺理成章地落在了杜志民头上。工友们在对杜志民表示祝贺之余，也不由得发出多样的感慨，其中最主要的说法是说冯新柳眼力不行，眼见杜志民要有进步，却甩了金刚钻另捡铸铁疙瘩，那个地滚子除了爹的牌硬，还有什么？又说林悦有福，敢想也敢做，冯新柳刚腾出窝儿人家就一屁股占了去，这回还不让冯新柳悔青了肠子！

但让人做梦也没想到的是，杜志民在副主任的交椅上还没坐几天，人们看他的眼神就怪怪的了。他往下分派任务，班组长们推三阻四故意找碴儿刁难，他的口气若重一点儿，声调高一点儿，班组长们便跳着脚地跟他吵，五个班组长已吵了四个，非得许殿元出面说句话，那任务才算分派得下去，困难也不再称其为困难。如是三番，许殿元觉得奇怪，又对我密下“旨意”：“下去摸摸底，咋光溜溜的锄杠还出了杈？”我去找人聊，没想只要一提到杜志民，对方立马瞪眼，且一个个眼珠子都瞪得钢球子似的。“不就是他一个人能耐大吗？那就让他自个儿干！操，咱窝囊废，笨，没咱地球照样转，没他地球就转不了，那咱就看他咋转！”我说：“杜志民不没说你啥吗？”对方又瞪眼：“那还想说啥？他说我连图纸都看不明白，有活只知自己傻干，调派不开人。”我说：“你别听风就是雨，他当面对你说啦？”对方说：“他要当面说还好啦，大不了我跟他指鼻子骂骂娘。”我说：“你没亲耳听到就不要轻信，同志间互相猜疑有什么好处？”对方答：“要是冯新柳告诉你，说这些话是他们俩搞对象时杜志民说的，你信不信？”我无言了。热恋中的人倒是什么话都可能信口说出来，可冯新柳能这样随意往外传吗？即使是对象黄了，也犯不上变友为敌，况且又是你主动背弃的人家。难道是看小杜有了进步，就妒意大发，这样贬损人家？文文静静的冯新柳不像是这样人啊！

可这样聊过几个人，答话竟是如出一辙，都说是听杜志民在背后讲了谁谁的什么坏话，也都是出自冯新柳之口，所不同的就是那些坏话各有不同，有说某某好色手脚不老实，干活时好往女工身边凑，还故意摸摸碰碰的；有说某某好贪小便宜，连车废的铜活都偷着往厂外带卖废品换零钱花的；有说某某好溜须，星期天跑到许主任家打煤坯，还把媳妇带去给人家洗衣服，活得没个爷们儿样的……但细想想，这些评说又都挺有针对性，果然都是被评说者的大毛病大忌讳，只是人们平时心里有而嘴上不说罢了。人们身上的有些缺点和毛病是可以当面批评的，有些则不能，除非彼此翻了脸急了眼，才会无所不用其极地使出夺魂棒绝命枪。杜志民的点评几乎都属后一种，且都一针见血正中要害，他的“当面不说，背后乱说”的自由主义也符合他的特定身份和场景，传出来不由人们不信。

我把了解到的这些情况和自己的分析原原本本都向许殿元讲了，许殿元气得脸发青，大手指着工具室的方向，恨恨地对我说：“你去跟她说，就说是我的话，让她赶快闭上她的臭嘴，别以为攀了个有权有势的老公公，就敢胡说八道乱搅泔水缸，真要把车间搞得鸡掐狗咬的，我轻饶不了她！”

我自然不能把许主任的话照本实发地都讲给冯新柳，如此重的斥责与批评，一个年纪轻轻脸皮薄薄的女孩子怕是很难承受得起的。没想我委委婉婉地刚把意思说出来，冯新柳先是脸色一白，旋而竟是淡淡一笑，说：“我承认，那些话确实都是我说出去的。杜志民还说过你呢，想不想听？”

“你看你看……”我大窘，竟一时不知怎么对答。

“他说你是个传声筒、跟屁虫，年轻轻的要是总没个自己的主见，怕是终难成大事有多大的造化。”

我的脸腾地烧起来，为那一声“传声筒、跟屁虫”。我稳稳神，忙顾左右而言他：“小冯，搞对象或成或黄，都属正常。你这样就不好了，其实你说了大家也未必信，还显得你……很那个。”

冯新柳又一笑："哪个？哼，那个就那个呗。不信？那咱们可以当面鼓，对面锣，我不信他杜志民男子汉大丈夫敢不认账！"

我只好拿许殿元的话压她了："许厂长对这事很生气，我就是来——"

冯新柳打断我的话："许殿元说什么？他以为背后就没人敢说他呀？杜志民说他……"

我惶惶然急起身拔腿就走。冯新柳这是鬼迷心窍，疯了，认准一条道要把杜志民往屎坑里整啦！至于杜志民贬损许厂长的话，我可不要听，她说给我就可能再说给别人，传出去我先有了恶意传播扩散之嫌，她想说就直接跟许殿元或别人说去吧。

又过了两天，终于有人按捺不住，一马出阵冲到工具室门外为杜志民打抱不平。直性子的林悦手抓一块铁块子，把紧闭的工具室的铁门擂鼓一样敲打得咚咚山响，可着响脆的大嗓门喊："冯新柳，你要还有张人的脸皮就把门打开！你损不损？人家杜志民咋的你了？你出来跟大伙儿当面说说！你不就是攀上了个狗屁局长当老公公吗？你这辈子嫁个汉子是地缸肉滚子，你生个崽子也是地缸肉滚子，还没长屁眼三条腿！恶有恶报，人不报天报，你损到家了，你损吧！"

正是清晨上班点名派工刚结束，车间里人最全的时候，冯新柳一退回工具室，林悦就紧追了过去。人们都真真切切地听到看到了这一幕，可人们都绷着脸，谁也不说什么，也没人上前劝阻。我看闹得实在不像话，要上前制止，没想被旁边的许殿元扯了一下胳膊，小声对我说，回车间办公室，有点儿事得抓紧合计合计。我看许殿元铁板一样阴沉的脸，只好什么也不说了。

紧接着，我发现许殿元对杜志民的态度也陡然发生了一百八十度的大转弯，杜志民再来找他诉说委屈说任务不好往下派时，他便酸溜溜地说，我个大老粗，充其量也就是农村大队书记的水平，我能有啥招儿？还是你后生可畏大有作为，你就酌量办去吧！杜志民涨红着脸，低声说，许厂长，我年轻气盛不懂事，可能顺嘴瞎嘞嘞说过一些轻狂的话，你……大人别记小人过。许殿元仍不开面，拂袖转身而去，扔下个杜志民低垂着头，那神情顿觉低矮了许多。我猜冯新柳还是把杜志民背后评说许殿元的话传了出来，杜志民被整成镜子前的猪八戒，里外不是人，怕是难在车间立足了。

果然，不久杜志民就主动向厂里递交了辞去车间副主任的请求。厂里看他确实难以开展工作，许殿元也不再尽力保举，就把他调出车间，安排到厂材料科当了管库员，活计挺轻闲，整天跟不会说话没有思维的钢材木料打交道，也很少接触人，到正将就了他眼下的处境。又过了不久，冯新柳也调到市里的另一家工厂当了会计，听说是那个没过门的老公公亲自做的安排。走的那天，冯新柳静静地收拾了工具室，把大铁锁悬挂在门把上，然后提着自己的那点儿东西孤零零地向车间大门口走去。没人话别，也没人相送，人们站在自己的机床前，远远地望着她，目光都很冷漠。我本想上前说几句道别珍重的话，可看看许殿元铸铁一样冰冷的脸色，终是没有抬起脚。冯新柳却是一副很平静坦然的样子，只是经过林悦车床旁的时候，似犹豫了一下，然后径直走向林悦。我的心陡然紧张起来，只怕她临走临走，再跟林悦吵骂上几句。没想她竟深深地对林悦鞠了一躬，然后什么话也没说，就离开了，弄得直性子的林悦也干瞪了两只枣眼不知如何是好。冯新柳直到走到车间大门口时，才猛地捂住嘴巴疾步而去，从此再没回过车间，也没找工友们玩过。那一刻，我心里酸酸的，许多女工的眼圈都红了，男工们则沉着脸，好半天谁也不说话。林悦后来说，要不是那天冯新柳当众给我行了那么大的一个礼，我真想在她走出大门时放开嗓子嗷嗷两声，算作送瘟神呢。

过了俩月，我调到厂政工部，跟车间里的工友们虽然不再朝夕相处，但对发生在那里的事情也还是难释心中的关切与热情。听说林悦每天中午仍是端着饭盒跑到工厂库房去陪杜志民说话吃饭；听说靳勇也仍是独行大侠，谁给他介绍对象也不应，对厂里所有的姑娘也都是铁板一块，冷冰冰的不献丝毫殷勤，却对林悦一如既往，赶上林悦下夜班，还是骑车远远跟在后面，直到林悦进了家门。听说有一次林悦反身对他说，我长的是颗贼胆子，啥也不怕，不用送，今后你不要再废这瞎劲儿了。靳勇答说，我谁也没送，我就爱这么走夜路。林悦说，你愿走走别的道去！靳勇说，你别这么霸道好不好，交通局长也管不了这么宽。气得林悦无话可说。

这年夏天，一纸录取通知书惊动了全厂，杜志民考取了天津大学，全国重点啊，机床自动化专业又很适合他。临去报到前，他和林悦举行了婚礼，我也去车间跟大家一块抢了喜糖吃。我逗他，忙什么嘛，像这样连蜜月都没过上几天，甜嘴巴舌的，还不如等放了寒假再办喜事呢。骄傲的杜志民说，我就让某些人看看，我杜志民还是杜志民，“打不死的吴琼花还活在人间”，不负我者我决不负她，负我之人就让她吃后悔药去吧！谁都听得出这话里的具体指向，不少人吃着喜糖跟着哈哈大笑。

不久，听说冯新柳和那个局长公子也成婚了，但她没邀车间里的任何领导和工友，也没人去恭贺。想来，局长大人家办喜事，本也不在乎这些满身铁锈油污的大老粗去不去捧场。

再后来，我调报社工作，整日忙于采访和写稿，倏忽之间，二十余年弹指一挥。我很少再回厂里去，和工友们的接触也日渐少了，有时在街上偶尔相遇，见彼此鬓角都有了丝丝白发，不由得感慨岁月的无情。问些旧友们的情况，答说杜志民大学毕业后分配到市里的一家电子研究所，专事机床微机控制研究，“人家可了不得，眼下可是大把儿啦！听说在省里都有一号，来厂时厂长亲自远接近送，大老远地就伸胳膊！”杜志民的情况我知道，还写过他的人物专访，他现在是机床自动化方面的专家，出国参加过学术交流，研究成果在国内得过奖，奖状和奖章塞了家里好几抽屉，书橱里还摆放着享受国务院特殊津贴的大红证书。林悦自不必问，有这样丈夫的家庭主妇还能不幸福吗！再问靳勇，虽早当上了车间主任，竟仍是光棍一条，不肯娶亲成家。凡是提起他的人都立时压低了声音，挺神秘地对我说，他到现在对林悦也没死心，赶上林悦下夜班，仍是远远地跟在后面，晌午取饭盒，也总是只把林悦的带回来。我惊诧地问，那林悦是个什么态度？对话者摇头，说山高雾厚，整不明白，听说杜志民早想把她往研究所调，干点儿适合她的科室工作，她却不肯去，说一辈子就愿当这工人。她当着大家的面羞臊过靳勇，靳勇不恼不急，一笑了之；她还亲自给靳勇介绍过对象，靳勇也都当了耳旁风，不应不答，弄得满车间的人都觉得这两人是个谜呢。

前些日子，突然听说杜志民和林悦离婚了，我大惊，也大惑，怎么大晴的天，也没刮风涌云的，就咔嚓一声炸了这么大的一个响雷呢？莫不是杜志民有了功名和地位，看不起了结发之妻，也赶时髦搞起了寻花问柳那一套？林悦可是个眼里揉不得一点儿沙子的人啊。我压抑不住职业的好奇，当然也有对老朋友的关切，急跑到杜志民的家，想问个究竟。没想杜志民脸上有伤感，也有释然，那回答更是让我做梦也没想到：“是她提出离的。唉，离就离吧，精神上都算有个解脱，也许命里注定我们是不能白头到老的。要说原因嘛，有你能够想到的，也有你可能做梦也想不到的。先说你能想得到的吧，有那个靳勇至死不娶，林悦就老觉得心头压块石头，而且年头越多，她越觉得对不起靳勇，难免就要有些安慰的表示，那些表示有些是没背着我的，有些则是我感觉到的，甚至有时做爱时她都走神。有一次办完那件事，她突然伏在床上哭，哭得我心烦意乱，不知所以。这样一来，我心里难免对她和靳勇有些猜忌，有时遇点儿啥事心里不痛快，言语中也难免有所流露，弄得我们都很痛苦。离婚前，她对我说，听说冯新柳和那个肉滚子离了，我们也离吧——”

我这一惊更是非同小可，急打断他的话：“咋，冯新柳也离婚了？”

杜志民点点头，接着说下去：“是，这就是你可能不会想到的了，我也是听林悦说才知道。我当时问她，冯新柳离婚和你有什么关系？林悦说，你这个书呆子呀，心怎么这么粗！别看那个肉滚子当年仗着有权有势的爹，眼下又当了老板花钱如流水，可小冯从没爱过他。当年她那么狠了心地贬损你，连自己的脸面人性都不顾了，甚至嫁给一个自己根本看不上的人，一切还不都是为了你！没有她那么逼你，你能下了决心扔下车间主任的小官官去考大学？这一点我在她走时给我行的那个大礼时就有所察觉，她是把你拜托给我了。后来你果真高考中榜，我就更坚信了。我们也都四十多岁了，古人叫啥不惑之年，这点儿事你咋还没品出来？我一听这话就傻了，想起当年一幕幕的情景，她真的是在一步步釜底抽薪，把我往背水一战上逼啊，不然，我怎么会舍弃热恋中的卿卿我我以及让人眼热的区区官位呢。我问林悦，这话你咋不早对我说？林悦说，我爱你，可我有私心，我怕你早醒过神来，就会丢下我再去找冯新柳。可现在我终于想明白了，比起小冯为爱你所做出的近乎一辈子的牺牲，我的这点儿爱又算得什么？我们分手吧，你们日后的恩爱和幸福一定会更山高海阔，刻骨铭心。你也不用不放心我，到了这个年纪，我不求大富大贵，只求个心里平和。靳勇真要当了一辈子的老孤雁，我怕至死也难除这块心病啊！你听听她的这些话，我还能再拦着不让她走出这个家门吗？”

我心里翻搅起五味的海浪，说不出是感动，还是惊诧。我的这些昔日的老友，这些粗憨爽直的工人弟兄姐妹啊，原来在他们的情感世界里还有如此丰富而复杂的内容！我当年的那些自以为是的“摩挲”可都是些啥呀？

我问：“这么说，你和冯新柳重归旧好再续良缘已是指日可待，我该表示衷心的祝贺了。你去找过小冯了吗？”

杜志民摇摇头，苦笑说：“可我怎么去面对她？是负荆请罪，还是深表谢意？如果小冯再问我为什么早不来晚不来，直到林悦离弃而去，我已是孤家寡人才想起去找她，我又如何解释？唉，一步既错，步步难走啊！”

我责怨他：“哎呀呀，你们这些人啊，怎么书越念得多，越把事情想得复杂！你要是永远不去找她把话说开，这份遗憾岂不一辈子都要存在下去？”

杜志民说：“既然是老朋友了，我跟你实话实说，我也不是什么努力都没做，我已给她写过一封信，介绍了我眼下的情况，也表示了对她的关切，信上还留了我的电话号码，权且作为一种投石问路吧。可信发出去，就石沉大海，她没给我一点儿回音。你说，可让我怎么办才好啊？”

我想了想，说：“这事你就交给我好了，当年我稀里糊涂没把事情摩挲平顺，这回我就再去当一回‘摩挲大将军’。你就等着我的好消息吧。”

可此番自以为会马到成功的“摩挲”并没我想象的那般顺利。我先去了冯新柳的工厂，见大门紧闭，厂区冷清，才知这个厂子早已停产放了长假。问门卫师傅，答说认识冯新柳这个人，可放假后去了哪里就说不清楚了。我不甘心，守在大门口好长时间，才又等来两位女工。女工说，你问冯新柳啊？这个人才说不好是奸是傻呢，厂里都快两年一分钱不给开了，她还闹什么离婚！就是那小子有俩臭钱在外面包养“二奶”，离婚的话也得让他先出口。这可好，自个儿先拿了两件旧衣服净身出户了，气得我们都跟着肝疼肺胀心里憋屈！我问冯新柳现在住在哪里，答说净身出户还能去哪里，回娘家了呗。她娘家在哪儿住可说不准，我们只知道她原来的家是二百来平的跃层楼，装修得宾馆似的，那个阔呀！哼，放了我，死了也不能给臭婊子腾出那个窝儿！

我依着多年前的记忆又去找冯新柳的娘家，可那一带早已动迁，取而代之的是一片高楼，楼房里的人关进铁门成一统，问过几个人都把脑袋摇成拨浪鼓。我这个追惯了新闻线索的人竟一时没辙了。

我和冯新柳的邂逅是在夜市上，距离我跟杜志民夸下海口已有两三个月的时间了。夏日酷热，入夜时分屋里待不住人，妻子逼我陪她去逛夜市。就是在那繁杂哄闹的人群中，妻子蹲到一个卖夏令用品的小摊前讨起价来，她看中的是一种竹编的凉枕。我本已走出好远，突然发觉身边少了人，回身去找时，才又惊又喜地发现与妻子对话的正是我已寻觅了两个多月的冯新柳。夜街昏黄的灯光下，冯新柳的模样并没有多大变化，白皙的面庞上只是多了些细密的皱纹，神态也仍是那般文静平和。面对妻子执着而认真的讨价，她并不多说什么，只是微笑地摇头或点头。刚才她要是像其他小贩那样大声招揽，也许我早就会注意到她了。

我蹲到跟前去，问：“小冯，还认识我吗？”

冯新柳也现出了意外的惊喜：“哟，当年的团支书，今天的名记者嘛，‘摩挲’了我们好几年的人怎么会不记得！”

我说：“你呀你呀，可让我找得好苦！”

冯新柳怔了怔：“你找我干什么？”

我说：“你还不知道啊，杜志民大梦初醒，把肠子都悔青啦，只觉没脸再面对你。我找你就是想早点儿喝到你们两人的喜酒，这可是耽搁了二十多年的喜事呀！”

我万没想到冯新柳竟只是苦苦地一笑：“杜志民的信我收到了，他的意思我懂。有些话，我只想烂在肚里算了，多苦的后悔药也自己咽吧。可你真心实意地为他来找我，这些话我再不明明白白地告诉你，就太对不起老朋友了。其实，真觉得没有脸面面对过去的，不该是他，而应是我……”

我怔住了：“小冯，我……不明白，你这话是什么意思？”

冯新柳眼里渐渐旋满了泪水：“林悦真是个太善良的人啦，哦对了，善良的还有杜志民和你，你们不该用自己的善良理解另一种人的无耻和自私。杜志民能有后来的一步步进步和发展，如果说有我的一点儿影响和作用的话，那也是客观形势使然，并不是我什么深谋远虑的本意。我这人年轻时心是挺高，可也只是盼着能过上富贵一些的日子。杜志民当工人也好，当车间主任也好，这份富贵他都不会给我，可当年死追着我不放的那位却能够给我，他带我到他家看过，那时他家就已有了三室一厅的楼房，他爸爸还许诺帮我调转一个适合女孩子的工作，可当时杜志民的家还住在干打垒的工人住宅区。我为那些虚浮却实惠的东西动心了。可我又希望这一切若是杜志民给我多好，那他只有考上大学，学而优则仕，当了官才能满足我的这份企盼。可当时杜志民又不肯答应我去考大学，在两者之间，我选择了实惠。这一辈子，许多人夸我精明高傲，可精明人却做出了人生中最大的傻事，高傲的人也做出了最没价值的选择。这一点，我除了悔，就是愧，特别是近几年，我嫁给的那个花花公子，越来越让我懂得了人生最可宝贵的东西是什么，我却把最应珍惜的丢掉了，你让我还有什么脸面去面对杜志民和林悦？他们越善良，我就越羞愧难当啊！”

我傻了，死盯着她潸潸淋落的泪水：“不，不应是这样，你还是没跟我说真话。你离开车间时还给林悦深鞠了一躬；你如果不是可劲儿逼杜志民考大学，也不会故意在车间里散布那些损他坏他的闲话，如果真是你负他而非他甩你，这不符合情理！”

冯新柳擦了擦脸颊上的泪水：“不错，正是因为我觉得愧对杜志民，我才在离开车间时有了那个举动，算是把我深觉愧对的杜志民拜托给林悦，以求心理的一点儿平衡吧。至于散布闲话，那更是让我一辈子都瞧不起自己的事，不仅愧对杜志民，连车间的所有工友都无颜再见了。我答应割断与杜志民的关系而与那个恶少建立恋爱关系后，那个恶人怕我和杜志民的旧情不断，就想出了这么一个又毒又狠的主意，我鬼迷心窍，又想取信于他，就照他的话做了。善恶有报，这是天道。我走到今天这一步，全是咎由自取，活该！这些话你可以转告给杜志民，只求他别再恨我，我就心满意足了。朋友们也不必为我担心，我现在挺好，这年月，只要肯吃苦下力，吃穿是不愁的。我不想再奢求什么富贵，如果真有上帝或佛祖，能宽恕我以前的过错，我已是很知足了。”

我怔怔地望着渐渐平和下来的冯新柳，好半天说不出话。她信命信佛信上帝了吗？她真就这样一辈子自虐赎罪一样地生活下去吗？她如此坦陈心迹，拷问自己，忏悔昔日，我是该赞扬还是责怪她呢？

冯新柳又淡淡一笑：“老朋友既然有‘摩挲’的热心，就再去找找杜志民和林悦，好好说和说和，帮助他们早日破镜重圆吧。靳勇并没打算和林悦结婚，他已经走了，独自去南方闯天下了。林悦还是深爱着杜志民的，再说他们还有孩子，复了婚，仍是一个很美满的家庭。”

这有点儿像《天方夜谭》！我问：“怎么可能？”

冯新柳问：“你是说什么不可能？”

“我是说靳勇……”

“男人为了赌气，可能把什么都豁出来，什么事也都做得出来。”

“车间里的事，原来你什么都知道！”

“一颗心真要扎在了那儿，自己想带走都难啊。”

“可我……怎么向杜志民说呢？”

“真心实意地祝福他吧，请他一定要好好待林悦。任何一个女人，在情感的磨难中挣扎二十年，都很不容易，杜志民应该理解她的。”

一切果然如冯新柳所言。我很快听说，靳勇得知林悦和杜志民离婚后，就在酒店里请了车间里的许多人，却独独没有请林悦。酒桌上，靳勇对大家说，南方的一家私营企业早在聘请我，我就此跟诸位告别。至于爱情，我这人早已心死。我用了二十年的时间，能和各方面都比我出色许多的杜志民打个平手，出水见了两脚泥，已是意得志满。林悦本来已有一个很美满幸福的家，我不想做破坏别人家庭的罪人，等她和杜志民复婚时，请诸位代我敬上一杯祝福的酒吧！至于二十年来我为赌这口气所做的一切，可能有人称赞，也可能有人咒骂，多数人是不会理解的，我不想多作解释了。人活一口气，佛争一炷香，仅此而已。大家举杯，喝酒吧。

那一天，靳勇大醉而归。听说很多人都喝醉了，或哭或笑，万千感叹，我不再赘述也罢。

这个爱情故事说到这里似乎应该画上一个句号了，但杜志民和林悦真的还会重新走到一起吗？林悦将怎样走回她已断然离去的家门？心高气傲的杜志民又是否能坦然地面对远走他乡的靳勇和他一比一的平局？我的这一双笨拙的手，即使能摩挲得平陡伏的山峦和汹涌的波涛，也难摩挲平这人世间高深莫测的情感沟壑啊……

拆了墙是一家

夏嫂好骂，也善骂，站在家门前，一手叉腰，一手抡舞，唾沫星子满天飞，骂上半天不觉累，骂上半天还不重样，真是本事！特别是，夏嫂骂得好听，河北乐亭人，有点儿坦儿，还有点儿艮，有如滦河之水波涛滚滚，又似燕山峰峦奇峭起伏，荤荤素素之中还不时闪出几句令人发笑的俏皮，让人想起评剧《花为媒》里的那个阮妈。那个阮妈当年不过是陪衬新凤霞的一片绿叶，几十年后竟成了红遍全国令人尊敬的笑星。如果阮妈当年就红了，人们会不会劝说夏嫂也去演评剧呢？

夏嫂一开骂，隔壁的耿嫂就把儿子们往屋里推，或者轰几个秃小子去远处玩，不许旁观，更不许助阵，自己也躲进屋里去。估计骂得差不多了，耿嫂推门出来，隔着半人高的土墙递过去凉水瓢，侉声侉气地说，中了吧，润润嗓子，歇歇。夏嫂正骂在兴头上，那根舌头就像抓在她手里的竹竿子、木棒子，回身横扫而来，“滚犊子，黄狼子（黄鼠狼）下个豆鼠子，你也不是什么好东西！”又惹得人们一片大笑。

夏嫂也不是什么时候都骂。当家的夏天雷在家时，她就忍着，轻易不敢动蛮要飙。有一天，鸡窝里的引蛋（主人放进鸡窝里的蛋，据说有引诱母鸡多下蛋和别去外家下蛋的功效）不见了，夏嫂按住老母鸡摸屁股，验证晨起时的勘查，立时就炸了，跳起脚叫骂。夏嫂忘了家里还有人，想收住口时，已经晚了。夏天雷揪住夏嫂的头发就往屋里拖，碗大的拳头不顾头不顾腚地跟上去。应声跨墙而去的是耿嫂，一把抓住夏天雷的胳膊，厉声喝道："跟家里的老娘们儿抡拳头算什么本事，住手！"夏天雷果然就住手了，摔了院门悻悻远去。

耿嫂是河南人，老家在黄河边上，正宗的中原大地。人们只是奇怪，耿嫂如此护着夏嫂，夏嫂怎么竟连她也骂，挨过骂后的耿嫂却又不躁不恼，宛若清风拂过，及至风平浪静时，两人又坐在了一起，絮絮叨叨，家长里短，好得竟如亲姐妹一般。

挨饿那年（其实中国人挨了好多年的饿，偏偏只记住了那几年，还把它当成专用代词，可见当时饥饿之惨烈），一群逃难的民众被车站上的人从运煤车上赶下来，煤黑子样蹲坐在卧虎营车站站台上，一个个衣衫褴褛，蓬头垢面，弱不禁风，比喻成叫花子可能更准确。上头有了严厉的通知，命令各地采取一切措施，坚决阻止饥民盲目流窜。铁路上的车站和列车是落实通知精神的前哨阵地，所以这些人才被拦阻在这里。可饥民们不想回去，也不敢回去，家里彻底断了米粮，饿死了不少人，都说关东是片能活人的好地方，既已到了这里，怎能再走回头路去送死呢。

大日头已压了西山，卧虎营子养路工区工长王大年带着他的十余个“兵勇”下工回家，一个个肩扛手提着撬棍和洋镐（丁字镐），正好从站台上经过。一站之长在叽里呱啦地演说，蹲坐在站台上的一些女人在呜呜地哭泣。王大年站住脚，听了一会儿，看了一会儿，便一切都明白了，他吩咐跟在身边的工友说，“去把吓一跳和大利整给我叫回来，哦对了，多跑两步，把我家的那个老扢也叫过来，叫他们都麻溜儿的，要快。”

老扢是东北大秧歌里的一个角色，女性，丑角，往往是由天性快乐又有了一把年纪的男人乔装充任，披红挂绿，头盘髻鬏，脸蛋子又抹成老猴腚，一出场还搔首弄姿，不能不引人发笑。因这又老又丑，中年以上的东北男人便常把自己的老婆称作“老扢”，含着自谦（丑化自己的老婆可能是天下所有男人的谦虚），还透着调侃。“吓一跳”就是夏天雷，夏天雷的名字起得怪，夏天的雷，咔嚓一声，当头炸响，岂不真就吓人一跳？“大利整”叫耿玉林，当兵转业都回来好几年了，还把自己的行李叠得有棱有角豆腐块似的，确也利整得有些过分。养路工区里的人都有外号，也算是一种特色吧。

几个人很快都来了。其实王大年的媳妇才三十多岁，模样也周正，哪里就成了老扛？王大年先跟媳妇嘀咕，说我看那堆人里有几个丫头长得不错，你看给吓一跳和大利整挑挑，留下当媳妇行不？王大嫂在那群人中撒目，说谁知人家肯不肯呀？王大年说，这是一条活命的路，挑了谁，还不乐疯了她？王大嫂说，我是说不知这俩小子啥想法。王大年说，我再问嘛。听说皇上选妃，都是娘娘先过眼，今儿你就是娘娘。王大嫂撇嘴坏笑，说我也给你选一个？王大年郑重点头，说正合朕意，爱妃贤德。王大嫂笑骂，那你可是个亡国的昏君。

王大年又去问夏天雷和耿玉林，两人脸一红，又一笑，眼见心里都乐开了花。夏耿两个都是转业兵，家都是农村的，转业后被分配到养路工区，心里本急想着娶个媳妇，可养路工区位处深山老峪，城里的姑娘不肯来，邻近的村姑又要彩礼，狮子大开口，早吓住了两个穷工人。今天有这等美事，哪会不高兴。

王大嫂从人群中挑出两位姑娘来，悄声把意思一说，那俩姑娘立刻抓紧了王大嫂的胳膊，眼含热泪重重点头，看样子都要喊菩萨叫亲娘了。王大嫂又把夏天雷和耿玉林扯到一边，说好好看看那两个丫头，别看眼下都瘦得脱了相，几天饱饭供上，保证都水水灵灵的。我摸了两人的手腕子，都挺宽厚，骨架大，日后干活肯定是把好手。再看看那俩丫头的胯骨，大屁股，日后也肯定能生养，还能生小子。看眉眼也顺溜，虽说不上怎么漂亮，可实诚，心实，善相。我还给你们保证，这两个肯定还都是黄花大闺女。

夏天雷笑：“嫂子，你连这个都看得出呀？”

王大嫂也笑，说：“八九不离十吧，用不了几年，你媳妇也会看。”

耿玉林说：“中，我听嫂子的，就挑那个个子小一点儿的，不然我怕以后吓唬不住她。不像天雷，把谁都能吓一跳。”

夏天雷却闪到了王大年身边，问：“工长大哥，那我自己选一个，再请你和大嫂把关行不？”

王大年忙点头：“那咋不行，这个事，你是司令，自己说了算。我和你大嫂充其量是个参谋长，放屁都不响。”

夏天雷自己选的就是后来的夏嫂。夏嫂高高挑挑的个儿，匀称，脸蛋也漂亮，尤其是那双眼睛，忽闪忽闪的，会说话。当夏天雷把巡睃的目光投向人群时，女孩子们知道逃离饥饿与死亡的机遇来了，急着擦抹脸上的煤灰子，夏嫂不忙着擦脸，却把会说话的目光投向了夏天雷。那天，当王大年夫妇回到家里时，王大嫂还恨恨地说，这个吓一跳呀，就知图漂亮，有他日后咧大嘴活嚎的时候。王大年说，你就说，他选中的是不是个顶花带刺的嫩黄瓜？王大嫂说，那倒没差。王大年说，这就中了呗，花钱买屁吃，人家得意这一口，你还瞎嘚嘚个球。

卧虎营车站是个四等小站，四面都是大山，因山坳里唯一的一个村庄而得名，站上的职工只有十余人。挨着车站的还有一个养路工区，也是十多个人的编制。车站和养路工区虽然都属铁路系统，却分别受辖于车务段和工务段两个单位，相当于同一家工厂不同车间的两个工段，站长和工长就是工段长。前两年，经济形势好，铁路局拨款在车站东侧建起两排四幢干打垒住房，每幢六户，四六二十四，车站和养路工区就把职工住宅问题都解决了，连刚参加工作没几年的夏天雷和耿玉林都独占了一户。

夏天雷和耿玉林两家紧挨着，门挨门。王大年没让小伙子把两位准媳妇立马带回自己家里去，他说，火车晚点了急不急？那也不能闯信号。现在我就是调度，两个姑娘住一屋，两个爷们儿住一屋，咋做饭吃饭我不管，睡觉的事却不能扳乱了道岔。过几天，我让你们嫂子好歹划拉点儿嚼货，再弄两瓶地瓜烧，等大家一块乐和乐和后，我立马给你们放洋旗（洋旗是昔日铁路上的一种信号装置）。王大嫂接话对两个姑娘说，给了信号也不能轰隆隆地由着他们跑火车。你们身子都虚着呢，生孩子总得再等半年，段里把避孕的东西都放我手里了，给了信号我就给你们送过来。

铁道线路基两侧，有许多闲置的荒地，正好属于养路工区的管辖范围，所以养路工的家属便在那荒地里有了与农民一样的收获。夏嫂和耿嫂都来自乡下，耿嫂还在生产队参加过铁姑娘战斗队，开荒种地得心应手。到了那一年的秋天，两个女人果然都丰腴起来。耿嫂问夏嫂，说我家的那位急着想当爹了，你呢？夏嫂说，呸，老爷们儿的脸皮真厚，连这种事都私下商量过。

接着便是两个女人之间的策划，谋算总体规划中的细节问题。依耿嫂的意思，两人一块怀孕一块生，大人有伴，生下的孩子也有伴。夏嫂却另有章程，说这事可不能学他们养路工夯道砟，叫起号子一齐落镐头，还是岔开半年好，你猫月子时候我侍候，等我猫月子时再你受累，不然，还能指望那两个活驴呀？耿嫂点头赞许，说还是你想得周全，那谁先来？夏嫂说，你是姐，当然是你先迈步。

十月怀胎，耿嫂生了个男孩，落地八斤，随口喊大龙。半年后，夏嫂也生了，是个女孩，也随口喊，叫大凤。耿玉林高兴，说一龙一凤，男大女小，正好一对，咱们攀个亲家吧？夏天雷也没怎么不高兴，家里有现成的地，还有现成的种，收了这茬还有下茬呢，但私下里却责怪夏嫂，说都怪你，为什么让他们先生呢？由着孩子们一起跑，跑到前面去的肯定是小子。下一个，一定要你先来。

大凤一岁多的时候，夏嫂的身子再次沉重起来，奶水断了，害得大凤总是哇哇哭。耿嫂还没给大龙断奶，一听哭声就把大凤抱过去，让出一个奶头给大凤嘬。耿嫂问，年纪轻轻的，急个什么？夏嫂不提抢先落后的话头，把责任往夏天雷身上推，说那个活驴，急着想抱儿子，到底是当过兵的，枪法倒准，一打就是十环。耿嫂说，那我也抓紧，还让他们岔半年，这回你生小子，我生丫头，还是一对儿。

没想，第二胎，夏嫂又生了个丫头，耿嫂又生了个小子。耿嫂喊二龙，夏嫂却连二凤都不喊了，只喊二丫。心里最窝火的是夏天雷，尤其是受不了工友们不时拿他开玩笑。养路施工时，用撬棍拨钢轨，夏天雷上了前，却被工友故意挤到一边去，还笑呵呵地说，拉倒吧，你那根撬棍不好使，还是让耿玉林来吧。养路工的活计累，常拿玩笑找轻松，恼不得怪不得。回到家里，夏天雷把责任怪罪到时辰上，说下回，你们两个娘儿们好好合计合计，咱们同一天种，同一天收，我看老天爷还怎么偏心眼。

又过了两年，夏嫂和耿嫂果然是几乎同一天猫了月子，但这次，仍然是耿嫂生男，夏嫂生女。王大嫂跑来送鸡蛋，说赶快都拉闸吧，上头已有指示，一对夫妻一对孩，别再带着小三玩。耿嫂表态说，不生了，叫生我也不生了，这一帮光会吃的猪八戒，还想累死我呀？夏嫂却低着头不吭声。待王大嫂走了，耿嫂就悄悄地对夏嫂说，要不咱俩就趁着孩子们不懂事，把俩小三换换？我和耿玉林都盼着有个丫头呢。夏嫂红了眼圈说，我也不想生了，可那个活驴不死心呀，他说不种出棒子不拉倒，偏要摽摽这个劲儿。

那往后，夜里，夏家就不时飘出吵骂声了，铁路住宅就巴掌大的那么大地方，家家门挨门，谁听不到？吵骂几乎都是因生育而起，夏天雷要播种，夏嫂却不让他沾身，说你一个月就挣屁崩不倒的那几个钱儿，孩子眼看就上学了，你还想让我拉着她们几个去要饭呀？夏天雷骂媳妇是块涝洼地，只能长苇子长蒲草，夏嫂就回骂夏天雷上辈子做了缺德事，天生的绝户命。大人叫，孩子们便哭，发展到后来必是拳脚相加滚成一团，养路工胳膊粗力气大，夏嫂哪里是对手，总是落个鼻青脸肿。家庭暴力似乎铁道上顺坡滑溜的车厢，有惯性，自身却没制动装置，只要轮子滚动了，就越滑越快，不好阻止。可这种事，又怎好出面相劝，人们只能躲在家里默默叹息。

夏嫂的骂街就是从这个时候开始的，不一定因为什么事，就破马张飞地骂起来。先还只骂家里的孩子，后来便是谁沾惹了她就骂谁，不沾惹也骂，比如耿嫂去劝阻，她便把矛头劈空扫来，吓得耿嫂忙拉着孩子们躲进屋里去。有时骂着骂着，她还骂到美帝，骂到苏修，骂西门庆潘金莲骂山上的野猪骂天上的燕别虎（蝙蝠），兴之所至，随风扬帆，四六不靠，八竿子打不着。慢慢地，耿嫂琢磨出了一些规律，夏嫂骂街，基本是一月一次，前后不差那几天。趁着夏嫂情绪好些时，耿嫂问，是不是那几天，你心里特别烦？夏嫂脸一红，默认了。耿嫂说，也别死扛着，小心点儿呗。夏嫂说，老爷们儿要是存了心，我还咋小心？我宁可让大家骂我是闹圈的老母猪，也不能再给家里添累赘。

除了骂街，夏嫂还变得懒惰和邋遢起来，常盘腿坐在耿家炕上说那五百年谷子八百年糠的破烂事，耿嫂没工夫陪，她就再去其他人家坐，不管是老头老太太，都能胡扯上半天。家里人多了，仅靠夏天雷的那点儿工资根本过不了日子，开荒种地是不能撂下的，但夏家的地也种得浮皮潦草瘪瘪瞎瞎。耿嫂的地一亩能打下三百斤粮食，她二百斤也弄不回家里来，耿嫂种的大白菜满着心一棵足有十几斤，她抱回家的好比刷锅的刷子头，正好用来甩苍蝇，好在女孩们到底吃不过耿家的那帮秃小子，耿嫂也常明里暗里接济一些。家里做饭、洗衣、收拾房间的事她也丢下不管，害得夏天雷有时下工吃不到热乎饭，那些活计她都交给大凤和二凤。大凤才六七岁，二凤也才四五岁，比锅台高不了多少，真是难为了两个小丫蛋，时常急得抹眼泪，耿嫂看不过眼，就跑过去帮上孩子们一把。夏嫂不串门的时候还爱看闲书闲报，那些书刊报纸都是夏天雷下工时从铁道边捡回来的，火车上的旅客什么都顺窗往外扔，夏天雷捡回来是为了生炉点灶当引火，没想让夏嫂当了宝贝。夏嫂小时是读过几年书的，对白纸黑字有感情，捧起那些垃圾就入了迷，常常恨得夏天雷跳着脚地吼，有一次还在院子里把那些东西一把火都烧了，燎起冲天的火，引得邻居们看热闹。王大嫂说，吓一跳活该，让他找漂亮的，这回不漂亮了吧？王大年拿眼睛剜她，说少说风凉话，当时还是片生荒地呢，你就知道后来能长啥？

家里的人口多起来，铁道两边开出的荒地就不能只靠女人了。晨起或傍晚下了工，夏天雷和耿玉林常去地里忙一阵。大龙十岁了，二龙八岁，两个男孩子已经能够抡锹舞镐或两人合抬一桶水送到地里去。而夏家的女孩则只能帮着薅薅草间间苗。每到那时，夏天雷就直怔怔火辣辣地望着几个男孩子，眼神里满是艳羡。耿玉林和耿嫂不敢迎视夏天雷的那双眼睛，那是一块痛彻心扉的疤，碰不得的。

但夏嫂的身板还是再一次沉重起来了，也不知夏天雷是怎么得的逞。这一次，夏嫂信心十足，临盆前几天，她把三个丫头托付给耿嫂，由夏天雷陪着，坐火车去了铁路分局的医院。耿嫂说，前三个咱俩都是在家生的，也都顺顺溜溜的，用得着吗？夏嫂说，这回我感觉不一样，还一直爱吃酸的，真要出点儿差错，我家那个牲口还不活嚼了我呀？耿嫂笑，说那可好，只可惜这个小子日后当不了我的姑爷啦。

数日后，夏嫂回来了，却是清清爽爽一个人。耿嫂料到不好，却看不出夏嫂脸上有多少悲戚，小心地问，孩子呢？夏嫂说落地就死了。死了好，又是个赔钱的货。但王大嫂却悄悄告诉耿嫂，说别问了，我在医院有认识的人，孩子没死，她进产房前有话，男孩留下，女孩送人，她连见都没见孩子一面，省得揪心。

时光就像山涧里的溪流，打着小小的波澜，湍湍地奔逝而去，一晃，又是十多年的日子过去了。这期间，夏嫂除了隔段时间骂上一阵街，夏家风平浪静，三个贫寒柴门里出来的挨肩女孩出落得一个比一个清秀漂亮，都像她们的妈妈，且因夏家两口子从没把她们太当回事，正好歪打正着，从小受到磕打磨炼，都吃苦耐劳泼辣能干。倒是耿家发生了几件大事，让人悲悲喜喜，一言难尽。

头一件事，是大龙去当兵两年后，寄回家一张照片和一盒录音磁带。照片上的耿大龙钢枪在手，威风凛凛。磁带里录着大龙亲口唱给爸爸妈妈的一首歌，“再见吧，妈妈，军号已吹响，钢枪已擦亮……当我在战斗中光荣牺牲，你会看到美丽的茶花……”儿子这是去打仗了，耿玉林用密布着胡茬儿的下巴在儿子的照片上磨蹭，说一样当兵，我儿子的命比他爹强，赶上了为国家效力立功。但数月后，随着二等功证书送到家里来的还有耿大龙的烈士证。那天，来家的有部队的领导、铁路局的领导、民政局的领导，后面还跟着夏家的大凤。大凤在护校毕业后，就去铁路分局的医院当了护士。大凤径直进了耿家门，一头扑进耿嫂怀里，痛哭流涕，口口声声叫妈妈，说大龙没了，妈还有我呢。人们发怔，连耿嫂和夏嫂都发怔，两个孩子真的就好上了，怎么连两个妈妈都瞒住了呢。那天，部队的首长刚说上几句话，夏嫂就窜到了院门外，指着南边的天地骂那些良心让狗吃去的东西。王大年示意老伴出去拦一拦，却被夏天雷一把扯住，说大嫂，让她骂，狠狠地骂，她骂了这么些年，就今儿骂到了正经地方。

大龙牺牲不久，二龙又去参加入伍体检，体检极严格，连高压舱都坐了，通知下来时才知是去当飞行员。耿嫂不想再让儿子去，说咱家都贡献一个了，还去呀？耿玉林说，咱养儿子是为啥？头一宗就是保家卫国。别说二龙，再过两年，就是三龙检查上，咱也不能有二话！

紧接着，耿家又发生了一件塌天大事，耿玉林死了。夏夜大雨，山上滚石，正砸落在铁道上。铁路局来了命令，必须尽快排除路障，保证畅通。那夜，王大年将工区所有的人都带上了铁路，喝令所有的人都脱去雨衣，冒雨劳作，又令行事谨慎的耿玉林专职负责山体一侧，小心再有滚石伤人。王大年说，多大的雨也浇不死人，顶多浇病了。可穿雨衣身手就不灵活了，也影响听山上的动静，都把那败家的玩意儿给我扒下来，谁不听话，给我滚回家，搂着娘儿们睡觉去！大雨瓢泼，夜色漆黑，忽听耿玉林大喊，小心，快跑！果然就听山上又响起哗啦啦的滚石声。人们急闪向早已看好的一块巨大悬石下，夏天雷却被脚下的石头绊倒了。年过四十，在养路工里就算偏大的了，腿脚远没年轻人敏捷。说时迟，那时快，耿玉林豹子样冲出，但他还没冲到夏天雷跟前，却被一块弹跳的飞石击倒了。飞石正击中了耿玉林的脑袋，在夏天雷的怀里，他只喃喃了一声“兄弟……”就永远地沉默了。

耿玉林的死，让小站上的人很哀痛，也让王大年背上了一个行政记大过的处分。哀痛过后，有人感慨人生的无常，耿玉林就是不去救吓一跳，吓一跳也没事；又说月有圆缺，不可太满，耿玉林一连生了三个如龙似虎的儿子，娶的媳妇也贤惠能干，所以老天爷就一再拿他找事。可夏天雷生了仨丫头，娶的媳妇又泼又邋遢，老天爷觉得亏了他，就让他的三个姑娘都漂亮能干。话传进夏嫂耳朵，夏嫂立时就炸了，又跳到街上去，先骂那些人吃饱了撑得胡说八道，又指着朗朗虚空咒骂老天爷，说你个玉帝老儿别只知吃柿子捏软的，有本事跟老娘来，姓夏的不怕，今天就跟你他妈的叫板了！那天，小站上的人都躲在屋子里，没人出来看热闹，不知心里都想了些什么。

偏偏耿家的厄运就像那山上的滚石，接二连三，让人难测难料。正读高中的三龙突然在课堂上晕倒了，小医院先说是贫血，送进大医院竟说是白血病。普通百姓知道这种病，还是因了当时播放的一部日本电视连续剧《血疑》，那病不好治，骇人啊！夏嫂陪耿嫂带着三龙去了在省城的军区总医院，因有耿大龙革命烈士和功臣证书罩着，军区首长亲自下了命令，务请尽一切可能，力争烈士遗属康复。主治医生对耿嫂说，耿三龙的病，准确的叫法是造血机能障碍，是造血干细胞出现了问题，通俗地解释，就是骨髓出了毛病，不能再造出满足他身体所需要的血液了。仅靠输血肯定不是长久之计，眼下最可行的办法是抓紧移植造血干细胞。这又出现了两个难点，一是耿三龙干细胞的具体指标有些特殊，不好配对，一般人就是同意移植，也未必符合标准；二是人们普遍对干细胞移植还心存顾忌，认为移植骨髓不像输血，骨髓真要被抽出去一部分，自己的健康，甚至生命都可能受到威胁，所以很多人一听这事就摇了脑袋。

耿嫂对医生口中的专业用语不甚了解，但基本意思还是听明白了，就是要把别人的骨髓抽出一些，再输到三龙身体里去，而且那个骨髓要像螺母扣螺栓，必须丁是丁，卯是卯，严丝合缝，差一点儿都不行，可不像养路工砸道钉，只要抡起大锤就砸进枕木里去了。

耿嫂说："我生了三个儿子，那两个身子都棒棒的，老二还被选去开了飞机，怎么偏偏老三得了这种难缠的病？"

医生说："这里的原因很复杂，我也很难说清楚。"

耿嫂又问："外人摇脑袋，俺们理解，挑不得那个理。要是我们家里人愿意给三龙那啥一下子，行不？"耿嫂心里画着魂儿，不好说出口，她在铁道上看过被火车轧死的人，知道人的骨髓是黄白色的，男人的精液也是那颜色，大夫刚才说配对，近亲结婚乱了天伦，是不是骨髓混在一起也反了纲常呀？

医生笑了："我知道大嫂说的'那啥'的意思。这好啊，非常好啊，我正要说到这个问题呢。按照遗传学的理论，越是血缘相近的人，身体器官、血液和造血干细胞越容易与病者相匹配，而且术后的排斥反应也越小。如果是父母和兄弟姐妹参与配型，那就更好了。"

耿嫂立刻伸出胳膊："三龙是从我身上掉下来的肉，那就先从我来。"耿嫂已多次给儿子输过血，她以为捐献干细胞和献血都是从胳膊上来。

耿嫂被取了样，等待化验结果还要一段时间。这期间，跟在耿嫂身边的夏嫂也没跟耿嫂商量，就偷偷给夏天雷打去电话，让把三个闺女都带上，立马来省城。夏天雷问什么事，夏嫂说，火上房，别问了，来了你们就知道了，这事一分钟也不能等。

夏家五口人齐刷刷站在主治医生面前。夏嫂说，你挨个都给取取样，不管谁合适，只要能救三龙，俺都没二话。耿嫂听说，急跑去拦阻，说等我不行再说嘛。夏嫂说，等了你，再等我们，那得多少日子？早一分钟救下三龙也是好的。要是这三个丫头里头有一个能成，那也先由孩子上，年轻人，火力壮，总比咱们这些秋苞米老庄稼强。

竟然是都不行，耿三龙的干细胞真是太特殊。夏家五口人垂头丧气地回到卧虎营，耿嫂也回来了。医院的劝说委婉而坚决，说病人有专业护理，家属请回吧，有情况我们保证及时通知。

正是秋末冬初时节，热热火火的耿家接连死了两个人，又躺到病床上一个，日子突然变得像飒飒秋风一样凄凉。夏嫂知道耿嫂心里焦灼、烦乱，甚至绝望，就陪她整日整日地坐在门前的小院子里。山坡上传来老牛"哞哞"的叫声，那是在呼唤丢失的小牛犊。房后路基上又有小羊羔"咩——咩——"的急切呼叫，那一定是孩子在寻找妈妈。每当那时，耿嫂就抬起头，两眼空茫地望着远方，眼里旋动起泪水，泪水随之就一串串地滚落下来。耿嫂在想什么？是耿玉林还是大龙、三龙？这么一想，夏嫂的心也跟着酸上来，却忍着不能哭。

"没让二龙去试试？一奶同胞，亲哥哩。不是说越亲的人越容易合上牙口吗？"夏嫂问。

"信早写了，电话也打过去了，二龙倒是没二话，可他们部队的首长却另有想法，打来电话，说国家培养一个飞行员不容易，等于用金子从头到脚重新打造一个人，就是匹配上了，也未必会批准让二龙冒险捐献，飞行员的身体绝对要保证健康。还说他们会给医院打招呼，千方百计，再想别的办法，治病的费用他们也会资助。”耿嫂摇头，一脸的无奈。

“你老家还有什么亲人？都求求。”

“唉，当年那场大饥荒，老家人死的死，逃的逃，这些年没来往，还求谁呀？”

夏嫂望着西天的火烧云发呆，那云彩先还是鲜红的，扎人眼，就像身体里流出的血，渐渐地，那血就黯下去，黑下去。夏嫂突然又冒出一句：“嗨，我想起来了，还有一个人！”

耿嫂问：“还有谁呀？”

夏嫂却没说是谁，直到耿嫂望得她有些发毛，才站起身说：“这两天我得去看看大凤。大龙走了好几年了，可不能让她再守着了。听说又有人给她介绍对象，我得去催催。我不在家时，你可不许胡思乱想的，听我的话，三龙有救，肯定有救。”

夏嫂是当天夜里坐火车走的。沿线的铁路家属拿坐火车不当回事，手里都有乘车证，老百姓又称免票，是为方便铁路家属看病开的，那种方便不亚于乡下人坐村里的大马车。

只两天，夏嫂就回来了，仍陪着耿嫂说长道短，却只字不提大凤相亲的事，眼圈却留着红肿，那肯定是哭的。唉，家家都有本难唱的经，看来也不顺心呀。

数日后，王大年突然疯跑过来报喜，说大夫把电话打到养路工区了，说有人愿意捐献干细胞，各种指标都匹配，医院一两天就要实施移植手术，希望家属抓紧赶过去。耿嫂大喜，拍着大腿说，这可是大恩人，啥样的一个人呀？王大年说，我又没看到真佛，收拾收拾快走吧，到了地方就啥都知道了。

耿嫂是半个月后回来的，一脸的喜气，说老天到底还是开眼了，三龙的脸色在一天天红润起来，看来又能自己造血了，连大夫都说是奇迹。可眼下，人们更关心的是那个捐献骨髓的人。耿嫂说，是个十多岁的小丫头，漂漂亮亮伶伶俐俐的，大凤帮找的，也是大凤带去的。那小丫头的爹妈都六十来岁了，老公母俩厚道，实诚，心善，天下少见。手术完，我拿出几千块钱说给孩子补养补养，老两口儿说啥也不接，我又要请他们一家人和大夫吃顿饭，可趁我没留意，老两口儿已带着孩子走了，连个电话都没留。

大凤帮找的？大凤不过是个小护士，也没长着火眼金睛，她怎么一找，就万里挑一找到了一个正配套的？小站上的人们虽粗憨，没多少文化，这个疑惑却不能不生出。

有了这疑惑，又一个消息便顺着王大年老婆的那条渠道又传过来，说那天夜里夏嫂乘车，先找了大凤，让大凤帮找到知道她当年所生的四丫头下落的那个护士，又让护士带她去找收养孩子的那对夫妇。那天，夏嫂跪在了老两口儿面前，说那个丫头是我生下的，却不是我养大的，我说过的话至死不反悔，那孩子到啥时都是你们的亲骨肉。可现在我有一个孩子病了，大夫说只有他一奶同胞的兄弟姐妹可能救下他，这孩子的三个姐姐做过检查，都不行，现在只剩这最后一线希望了。老两口儿听了缘由，心生顾忌，说我们不是不通情达理，我们老两口儿一辈子没生养，这孩子早成了我们的心尖尖，如果真该着她捐献，手术后留下后遗症，我们老两口儿的晚年可依靠谁？夏嫂呜呜痛哭，把头磕得山响，说大夫说了，这种风险虽有；但不是很大，再说，我不是还有三个闺女嘛，哪个也不比这小的差，这孩子捐献后真要出了毛病，我领回，随便你们老两口儿再挑选一个领回来，我保证她的三个姐姐都能顶替妹妹尽孝道。

哎哟，这个能骂破天的夏嫂呀，原来还有着能跑得开火车的大度量和普惠天下的大善心！卧虎营的人们真真切切地大感动啦！

但感慨之后又有疑惑，夏嫂怎么就知她生下的四丫头才是耿三龙的救星？既是大夫有言在先，越是血缘近的人基因越贴谱，那夏嫂生下就送给了人的四丫头到底是谁的亲闺女？夏耿两家门挨门，拆了墙就是一家子，耿玉林和夏嫂天天低头不见抬头见，现在有了活蹦乱跳的四丫头作证，夏嫂和那死去的耿玉林没有风流故事才是怪事呢。

有疑惑就堵不住人们的嘴，口口相传，风一样。况且，根本不用传，大喜之后，不茶不傻的耿夏两家的人已都在心里小驴拉磨，转起圈圈了，只是碍着情面，谁也没挑头说破它。于是，耿嫂看夏天雷，夏天雷看夏嫂，夏嫂看耿嫂，有如世界杯足球赛里的小组循环赛，三队三场，捉对厮杀，彼此相望的目光里，都有了别样的复杂内容。哦，也不对，耿玉林已是逝去故人，起码那个夏嫂，疑惑中的核心人物，心里应该是有数的，但她迎着别人的揣疑目光，是无愧无畏地正面冲撞，还是环顾左右地避让呢？

是不是大喜之后必有大悲？卧虎营站区里的人们开始忧虑，甚至惊怕，不知又一场人生戏剧的序幕将怎样拉开。那天夜里，夏嫂在睡梦中被唤醒，蒙眬中只见地心立着一个凳子，夏天雷站在上面，房梁上悬下一条绳子，绾着勒死狗的活套，夏天雷的脖颈已伸进绳套里。夏嫂被实实在在地吓了一跳，翻身坐起，问："你干啥？"

夏家的三个闺女脑子都好使，也都好学，大凤读完中专已工作，老二在念大学，老三也去读了高中，吃住都在学校，这也是让小站上所有人都眼热的地方。所以，夏家的多数时间，就成了两个人的世界。

夏天雷说："事到如今，我只问你一句话，那个救下了三龙的丫头到底是谁的孩子？你放心，我不要你的命，我心里有了底数立马蹬开凳子走人。走前我只求你一件事，好歹把那三个丫头都侍候念完书，再打兑嫁人成家。”

夏嫂怔了怔：“你非逼我说出来呀？”

夏天雷说：“我不能整天把脑袋缩在脖腔子里活人。”

夏嫂狠了狠心，说：“那我就说实话，是耿玉林的孩子。”

夏天雷的眼睛瞪圆了，鼓胀出来，比扣在钢轨上的螺丝疙瘩还大。他脚下用了劲儿，凳子已歪下去。夏嫂窜下炕，一把扶稳凳子，又抱住夏天雷的脚，仰着头说：“你总得让我把话说明白，就是死，也该是我，你总不该把罪过怪到耿玉林头上去。”

夏天雷重重地咳了几声，长吐一口气：“好，你说。”

“你这辈子就盼着有个儿子，其实我也盼，盼得一点儿不比你差，可我们生不出，也不敢再生了呀。那次，我不让你沾身，你又打我，打得比哪次都狠，我一赌气，就连夜跑出门，不想活了，趴了火车道算了。说来也巧，那天，正赶上工区的巡道工生病，是耿玉林替他巡道。我坐在铁道上哭着等火车，耿玉林就过来了。他劝我回家，我突然心里一动，就抱住了他，求他帮我生个儿子，我不想死，但也不能让夏天雷再往死里打我。我不跟你撒谎，那天，耿玉林翻了脸，推开我转身就走，说夏天雷是我兄弟，你日后还让我咋见他？我说那你就赶快回家让夏天雷来收尸，反正不要脸的话我已说出了口，夜里的那趟火车马上就开过来，大不了，我心一横，也就是眨眼间的事。我就是那样说，耿玉林也没动心，还是走了。我的心死透了，火车开过来，可就在我眼一闭直往车轱辘下扎的眨眼间，耿玉林不知从哪里冲出来，死抱住我不松手。我说，你拦不住我，拦了这趟还有下趟。耿玉林实在没了办法，才……答应了那一次。”

“真就那一次？”

“一次是不要脸，百次也是不要脸，我既把实底说给了你，还诓你干什么？”

“怎么就那么准？”

“那几天正是落种就坐胎的悬日子，所以我才死活不让你沾身。自那以后，耿玉林见了我就躲着，也再不来咱家和你喝酒，有时头碰头躲不开，他也冷着脸不理我。有一次你还问，你咋得罪耿玉林啦？远亲不如近邻，一墙之隔住着，可不能整得仇人似的。”

夏天雷蹲在凳上，抱住脑袋，娘儿们似的呜呜哭起来：“你、你这败家的娘儿们……怎么会做出这样的事呀？你还让不让我在卧虎营子活人啦？”

“那就我死，我死了，一了百了。罪过都在我身上，一人做事一人当，没你的事了。”

夏天雷仍是哭，多少往事想起来，耿玉林活着时，突然就冷脸了，对夏嫂冷，对自己也冷，可在飞石乱坠的那一刻，他偏偏不要命地扑过来。耿玉林临死前的那一声喃喃雷一样再次在耳边炸响，兄弟！兄弟！！兄弟！！！他心里肯定有话，他要说什么呀？！

夏天雷说："丢人……丢死人啦……事情已经做下了，既是谁也不知，你还把那个已送了人的丫头找出来干啥呀……你让耿玉林在地下都不得安生呀……"

夏嫂说："我只想救三龙。这事我也里出外进地为难了好一阵，知道一旦做出来，啥样的饽饽啥样的馅，就再也瞒不住了。可那边是为救一条人命，这边是护着一张老脸，咋合计，也是命值钱。再说，耿家已为国家献出了一个大龙，耿玉林又为救你送了命，咱咋能眼看着耿家咔嚓一声再折一根梁？就是耿玉林地下有知，我想也不会怪罪。那几天，我一闭上眼睛，就看耿玉林在我眼前转，对我说，救救三龙吧。反正直到今日，不管是你一瞪眼休了我，还是让我这就去死，我都不后悔。"

夏天雷抹了把眼泪，不哭了，说："那……那就是我不是人啦……耿玉林在地下也更不得安生了……只是，不管咋说，这卧虎营子，咱们两口子是不好再待下去了……"

夏家是半月后的一天夜里悄然搬走的，只带走了一些随用的东西，箱柜桌凳和锅碗瓢盆都扔下了，去了哪里连工长都不知道，王大年只接到段人事室的一个电话，说夏天雷调走了，你们工区缺人手，日后段里会补上。

王大年问调哪里去了，段里说，别问了，老夏不让说，我们就得替他保这个密。那几天，正巧耿嫂去省城看三龙，看来夏家选了那个日子遁去，也是精心合计的。耿嫂回家开门时，看到了顺门缝塞进的一封信，是夏嫂写的，字写得丢胳膊扔腿，错别字连篇，意思却明白。信中说，耿嫂，请谅解我们的不辞而别，但不管离了多远，中间隔着多少道山多少条河，我们都永远是一家子。家里留下的那些东西，不值什么钱，你看有用，就留下。耿嫂千万不要错怪了玉林大哥，千错万错，都在我一人。我们都要好好地活着……

时代在进步，列车大提速，一次又一次。四等小站卧虎营撤销了，接着，养路工区合并成机械化养路大工区。当年，耿三龙病愈出院后，铁路局考虑到耿家的情况，又考虑到耿三龙的身体毕竟还虚弱，破例安排他在卧虎营车站当了售票员。小伙子挺努力，身体也日渐强壮，后来还当了副站长，并已结婚生子。小站合并后，耿三龙去邻近一个较大的车站当了客运副主任，每天跑通勤，仍是和妈妈住在一起。王大年这一茬老职工早就退休了，还住在铁路住宅里。但今日的住宅已今非昔比，铁路局一声令下，推土机就把那些干打垒的老房子推倒了，原址处耸起青砖红瓦的新房舍，还是二十四户，每家却变成了两室一厨一卫，清一色的塑钢门窗，面积比以前大了许多。往新家搬的时候，已年近七旬的耿嫂哭了，说老夏家要是还在这儿多好，两家还是邻居，俺们老姐儿俩还常坐在一起说说话。耿三龙急向老娘使眼色，说小点儿声，让界比子（东北话，邻居）听去不好。往新家搬家具时，耿三龙主张旧货淘汰，一码换新的，空军大校耿二龙早把大捆的票子交到了母亲手上。耿嫂说，你愿扔扔原来咱家的，老夏家留下的东西一件也不许丢，不定哪天，他们两口子就回来了，我要让他们看看，他们的东西都在呢，他们的家也还在呢。

但夏嫂却再也不能回来了。今年开春时的一天，一辆银灰色的小轿车颠簸着开到山脚下，两位女士走下车，去了半山上的耿玉林坟前烧纸献花。有人跑来耿家报告，耿嫂急出家门，小轿车已停在了门前，先是大凤跨出车门，另一位年轻些的女士也从驾驶室跨出。大凤往旁边闪了闪，那女士扑通一声跪倒在耿嫂面前，说妈，我是四凤。耿嫂心中酸痛，已情知是怎么回事。大凤说，我妈前些天走了，临走前把心里话都说给了我们，还让我务必带四凤回家，说耿娘耿伯一辈子都盼有个闺女，他们不是没有，四凤就是耿伯的亲闺女，一定要回家认亲啊。耿嫂捂着嘴巴不让自己哭出声，说你爸你妈一走这么多年，怎不回来看看呀？大凤说，我妈我爸本来是早想回来的，可我妈身体不好，在床上一躺十多年。这次给我妈送完葬，我爸就被二凤带去了深圳，我爸说换个地方先去散散心，等回来时，第一站就是卧虎营。耿嫂擦了泪水，一双昏花老眼再也离不开四凤。四凤在市里一家银行做高管，虽已年近四旬，但保养得好，还保持着青春的靓丽，身材和脸庞都像夏嫂，鼻子和嘴巴却明显有着耿玉林的影子。大凤说，我妈临走时一再跟我说，只要你耿娘不恨我，我下辈子还跟她住邻居。

耿嫂又捂着嘴巴哭起来，说："夏嫂啊，你再给我托个梦吧，我就盼着再听你骂上一阵子呢。"

包工头要像鸟一样飞翔

包工头高济军把高凤林的媳妇李月梅“做”了。这个“做”字用得很有些讲究。黑社会取了某人性命或断了某人的胳膊腿儿，不说“杀”或“砍”，而称“做”，那是把一件极凶残的事当成了赚钱的活计。而把女人“做”了，虽不凶残，也含了野蛮强为的意思，新式词叫强暴，法律词叫强奸，被“做”的肯定是被动的，不心甘情愿的，与潇洒肯定不同。平时，高济军常把或高或低或胖或瘦的小姐带回住处来，从不避讳，脸皮不红不白的，当着大伙儿的面就往自己的屋子里带。有谁迎面碰上，还不免开上一句玩笑：“高头，又潇洒呀？”高济军不尴不尬嘻嘻哈哈：“相中了你也来，我先你后。”很少有人跟着喝那口刷锅水，也有人实在熬不住，便偷偷跑到外面糟蹋血汗钱潇洒一回，回来时又忍不住跟人吹嘘显摆。这是包工队里一种公开的秘密，大家回到屯里后自觉遵守攻守同盟，主要是不要叫家里那些守家望户侍候孩子的媳妇们知道。

但高济军“做”了高凤林的媳妇，就有点儿缺德损寿带冒烟儿了，不光是兔子吃了窝边草，还咬了窝里的老弱病残，这让人们怎么能够忍受？再者说，高凤林是高济军的本家兄弟，老一辈少一辈一个屯中住着，虽说出了五服，那也一口一个二哥叫着，大伯哥“做”兄弟媳妇，天理难容，畜牲啊！

昨天夜里，高济军回来得挺晚，干了一天活儿的人们已睡下了。李月梅不敢睡，她让另一个做饭的女人陈晓琴先睡，自己等着。以前这样的事常有，大当家的没回来，两人中就有一人等门，有时还要侍候大当家的垫补点儿什么或洗洗脚擦擦脸。昨夜，高济军裹着一股冬夜的寒气进了门，脸色不好，嘴里喷着酒气，进门只说了句“烫烫脚”便进了自己的屋子。李月梅忙兑好水，端盆送进去时，高济军已仰躺在床铺上，望着天棚不知想什么心事。李月梅将洗脚盆放在地心，又摆了一只小板凳在旁边，提醒说，二哥，洗脚吧，洗了早点儿睡。高济军起身坐到板凳上，蹬掉皮鞋，竟将还穿着袜子的脚放进盆里去。李月梅忍不住笑，说二哥还穿着袜子洗脚啊？高济军也笑，说喝多了喝多了。再弯腰去脱时，沾了水的袜子便不好往下脱了，李月梅看了忍不住又笑。高济军说，你不帮帮手，还笑。李月梅凝神听听门外的动静，知道人们都睡下了，就蹲下身帮他脱袜子。高济军说，穿袜子洗脚，这让我想起一个笑话。我当年在部队当兵时，我们营长超生了一个孩子，团首长批评他不计划生育，问他为什么不用套？他反问团长，你洗脚脱不脱袜子？团长让他问傻了，说你啥意思？他说还啥意思，你穿袜子洗脚好受啊？高济军说完了，自己哈哈笑，李月梅脸红得像秋后的高粱穗子，却不好意思跟着笑。大伯哥怎么能跟兄弟媳妇说这种笑话呢？兄弟媳妇听了大伯哥的这种笑话又怎么能跟着笑呢？李月梅更没想到的是，当高济军擦了脚，她正想端盆离去时，高济军突然从身后抱住了她，一用蛮力，就把她压到了床铺上。李月梅大惊大骇，慌得下力挣推，又不敢放开声响，说二哥二哥你干啥？高济军喘着粗气说，你说我干啥就干啥。李月梅说，二哥你喝多了。高济军说，我是喝多了。李月梅说，你再不松开，我就喊啦！高济军红着眼睛说，你喊吧，你喊了往后就别想再跟我出来挣这份儿钱……李月梅撕挣的力气一下子就像风吹似的飘走了，眼泪紧跟着汩汩流出来。

李月梅的男人高凤林原先也在这个包工队里干活，是木工，入冬时一个闪失从高梯上摔下来，断了一条大腿，还折了两根肋骨。乡下人有点儿伤病是不敢在医院长住的，高凤林被送回家里时，老父老母老婆孩子都哭了。李月梅对高济军说，二哥，一大家子人呢，你给想想办法吧。高济军说，我早想好了，你先在家侍候凤林几天，然后收拾收拾随用的东西，进城找我去，给大伙儿做做饭，行吧？李月梅大喜过望，忙抹了一把脸上的泪水，连着点头说谢字。这个包工队里的人基本都是本屯的，几个外屯的都跟高济军沾着亲戚，木工电工管钳工，瓦工力工油漆工，上阵亲兄弟，打仗父子兵，就组成了这么个装修包工队。高济军当过兵，跑过买卖，熟人多，路子广，脑筋活，是这个装修队的缔造者和统帅，活计也基本都是他拉来的。包工队里只有两员女将，专门负责二三十人的伙食，包括采买和做饭烧菜。这可是让人眼红的岗位，屯里大姑娘小媳妇多，谁不想跑出山屯见见城市里的世面？谁不想给家里挣进几个零用钱？眼下村姑们进城都怕灯红酒绿世界的凶险，有这些本乡本土加本家的弟兄爷们儿护佑着，又何怕豺狼虎豹？这一次，高济军是把自己的小舅子媳妇打发回家换上了李月梅，满屯乡亲都夸高济军这事办得仗义，比那些村干部们蝇营狗苟的经讲究。

受了屈辱的李月梅回到自己的住处就哭，又不敢大声哭，是捂着被子偷偷地哭。他们这次装修的是一幢五层楼房，原来是一家工厂的办公楼，临街，厂里的大烟筒有两年多不冒烟了，厂里就把这幢楼出租给了一个有钱的老板，老板要把这幢楼改造成餐饮、娱乐和洗浴一条龙服务的大酒店，装修面积足有几千平方米。工程是入秋后就动工的，原计划春节前要完工开业。在这么一处地方干活，人们就不愁吃住的地方了，基本是两三个人住一间房，有图清静的，自己住一间也可以，反正已铺好地板的包房不少，把行李往地上一铺就可以睡觉了。

李月梅压抑的哭声惊醒了睡在同屋的陈晓琴，陈晓琴拉亮灯，问嫂子你咋啦？李月梅越发捂严了被子捂紧了嘴巴，身子却在被子里搐动得越发厉害。陈晓琴怔怔神，又问，是不是高济军欺负你了？这一问，李月梅呜呜的哭声不由得就大了些。陈晓琴是村支书的小姨子，高济军再有本事，也强龙惧着地头蛇，不然也不会让她到包工队里来。靠了这点儿权势，陈晓琴平时说话做事就比李月梅扬棒硬气得多。陈晓琴起身就往外走，说他凭什么？我找他算账去！李月梅却一下掀被而起，死死抓住了陈晓琴的胳膊，哭着说，妹子妹子我求你了，这事要是闹腾出去，往后我还咋回屯子？他再不让我在这儿干了，我们那一大家子人还怎么活？这话就等于把底儿都说给陈晓琴了。姐妹俩平时处得不错，知疼知热的，有心里话也都不藏着掖着。陈晓琴也没辙了，一屁股坐到铺板上，只是一声接一声地骂，这个驴，驴，该劁的驴！骂着骂着，满脸也流满了泪水。

两个女人一夜没睡，哪还有心思给大家准备早餐。也不是都存心不做，听到外面有人们起来的走动声时，李月梅也曾想去伙房，陈晓琴说，躺你的，不做！李月梅便又把被子蒙在头上了。及至人们一个个端了盆碗进伙房时，就见了那里不同往日的冷清。有人踅身找到房间来，见李月梅还捂在被子里，陈晓琴头不梳脸不洗，铁冷着脸坐在那里发呆，自然要问，咋不开饭？陈晓琴气冲冲地说，月梅姐病了，病了也得给你们做饭啊？官儿还不踩病人呢！你多大的官儿？问话人说，那你做呗，熬锅粥，馏馏（把熟食品放在锅里蒸一蒸）饼子馒头，也没让你做四碟八碗。陈月梅火气越发大起来，我侍候了一夜月梅姐，你们还叫不叫人活？有话你们找姓高的说去！他妈的，眼看傍年根儿了，工钱一分钱不给开，姑奶奶今天就带头罢工啦！

陈晓琴这是有意在转移视线。其实，还是有人早就看出了蹊跷，昨夜，有觉轻的已察觉了动静不对，又听李月梅捂着被子的哭声，就猜必是高济军酒后失德，做下了什么见不得人的事，只是彼此多是亲友，又惧怕他恼羞翻脸，这层窗户纸才谁也不肯捅破。也有那彼此相近的，早在互使眼色暗中嘀咕了。

陈晓琴的这一招儿立竿见影，果然立刻引发了人们共同的愤慨。高济军不拉人屎，不好立时就闹就骂，但闹工钱却是理直气壮光明正大。出来干半年了，乡下人还不就图个过年时的喜庆，一进腊月门，就不断有家人来信，问什么时候回家，一时回不了家也先寄些钱回去，家里等钱置办过年的嚼货呢。有人响应，对，罢工！也有人说，光罢工有屁用，找政府去，上法院打官司去。也有人探头探脑地往走廊尽头的高济军房门望，说看大当家的这回怎么说吧。

高济军早就醒来了，醒了就躺在床铺上发怔。他想起了昨夜的事，不由得暗暗后悔，兔子啃了窝边草，这是惹众怒的事，尤其大伯哥对兄弟媳妇，平时开开玩笑都有忌讳，别说动手动脚玩邪的了。乡下人有乡下人的道德准则，李月梅要是小姨子，兴许还有人拿这种事开玩笑呢，半拉屁股嘛。昨儿自己怎么就一时驴性到不管天不顾地了呢？李月梅如果把丑事抖搂开，有些人不定会借题发挥闹出什么样的事情，虽说包工队自己是老大，要靠自己去社会上揽活计，大家是指靠自己挣工钱，可自己也是指靠大家的汗水和技术挣票子。工程揽进来，跟那些老板们讲定的是总施工价，自己再把事先讲好的工钱或按工时或按计件支付给大家，结余部分就是自己这个包工头的报酬。要是人们一怒之下都弃自己而去，虽说这个社会不缺卖功夫卖力气的，完全可以招兵买马再拉队伍，但毕竟老老少少的家人还在那个屯子里，在乡亲们眼里缺了人性的人还怎么回得去那个屯子？连家人都要跟着遭白眼的。而且，两眼一抹黑重新组织的力量哪比这些兄弟情父子兵，知根知底遇事好商量起了风波易摩挲，真碰了那种刺头惹事的，当包工头的麻烦事可就海去啦！这么一想，高济军越发后悔，有些后怕，暗骂自己不是东西。

高济军听到了走廊里的喧哗，那口口声声围绕工钱的嚷叫让他意识到了问题的严重。火山爆发的岩浆喷涌只是看得见的表面现象，深层次的原因是地壳运动产生的巨大压力，这个知识是他从电视里学来的。正常情况下，人们不会大清早睁开眼睛就吵闹工钱，那憋在肚里没说出口的话必是可能引发更大哗变的愤怒。

高济军穿好衣服，故作轻松地叼了一支烟，揉着眼皮装出刚睡醒的样子，走出房门责怪道：“大清早的，狗咬吵吵地干啥呢？怕把谁当哑巴卖了呀？”

人们一下静下来，目光齐齐地投向高济军，那里面有责怨，有鄙夷，还有如火炙热的愤怒，当然，也有怕事人做出事不关己的样子把脸扭到一旁去。高济军看到了还捂着被子的李月梅，看到了陈晓琴圆瞪的吊梢杏眼，还看到了人们拿在手里的饭盒小盆，就又做出大彻大悟的样子：“哟，月梅病了，晓琴没工夫做饭，你们饿会儿肚子就叫唤呀？赶上圈里的猪了，睁开俩瞎窟窿就知道吃。”他从怀里摸出一张百元的票子，往身边人的手上递，“二狗子，你带大伙儿到对面饭店去吃，大伙儿嫌天冷不愿去就端回来。”

二狗子却不动，大家都不动，脸上仍都霜冷着。高济军心里明知大家心里憋着的是股什么劲儿，却仍做着不明就里的样子：“咋，嫌少啊？一百块钱还噇不饱你们的猪肚子呀？”

二狗子嘟囔说：“二哥……不是吃不吃饭的事。”

陈晓琴厉声接道：“高济军你听着，姑奶奶罢工了！

王八蛋们不把农民工当人，咱们自个儿不能不把自个儿当人。这帮牲口！”

“对，罢工！”干泥瓦工的楞奎一脚把脚下的砖头踢飞了，砖头砸向立在墙边准备装挂的一块大玻璃镜子，镜子哗啦一声破碎，那声炸响惊得大家心头一震。楞奎吼骂：“二军你听着，这可眼看就过小年了，腊月二十三前不把工钱给我们开出来，可别怪我楞奎手黑！操他妈的，经我手干的活儿，我他妈的都毁了它，再不解恨我就放火烧！兔崽子说话不算数！”楞奎在屯里辈儿大，加之为人耿直，敢说敢为，在包工队里就是坐第二把交椅的角色，高济军平时在外面吃吃喝喝东走西逛应酬多，队里的事大家都看他的眼色。

这要在平时，有人敢在大当家的面前撒野，又故意毁坏物品，高济军早就跳起脚来骂娘咒祖宗了，并当即宣布惩罚事宜，直到喝骂让谁滚蛋。可今天不行，今天稍有不慎就叫火上浇油，激愤的人们什么事情都可能做出来，不能支付工钱本来就是包工头的短处，再加上昨天夜里做下的那不是人的事，人们借题发挥，能把他活撕生嚼了。高济军沉着脸，不吭声，眼睛望着脚下破碎的镜片。镜片里倒映着窗外工厂里的一根大烟筒，那烟筒是红砖砌的，足有十几层楼高。前些天，电视里播一条新闻，说一个想轻生的女子站到了八层楼的楼顶上，招惹得数千市民围观，闻讯赶来的警察们一边用电喇叭劝说，一边暗暗派人攀上楼顶，及时救下了那个女子。当时大家看新闻，有人撇嘴说，这养孩子不叫养孩子，叫吓（下）人呢，要是真想死，上什么楼顶，爬厂里的大烟筒啊，上去了，想啥时跳啥时跳，除非警察长膀儿会飞。说得大家都笑。想到这个事，高济军心头不由得一动，一个破釜沉舟的大胆设想油然而生。

高济军说："工钱的事，你们急，我就不急呀？为了支付大家这几个月的吃喝，还有那些侍候这个爷那个爷的应酬，我把自个儿腰包里的血本都搭进去好几万了，这话我跟谁说去？你们盼着带回票子回家过团圆年，我没家呀？我不想过年呀？这些天，我没头苍蝇似的东撞西找，干啥去了？还不是就想找到朱老板让他赶快给大家开工钱。那东西人不照面，电话不接，手机又不开。昨天，我在冰天雪地里守在朱老板包养的一个二奶家门外，从过晌一直等到入夜，还真把那东西堵到了，死拉硬拽地把他拖进一家饭店喝酒。你们猜那东西怎么说？他说工程没完，不经过最后验收绝不能给工钱。我说工程没按原计划完成不能怪我们，合同上早就说好的，料是他负责，工是我负责，腊月前交工，可他们进料耽误了工期，一误就十天半月的，我们停工待料的损失还没找他算呢。那东西不讲理，死咬着歪理不松口，嘴里还不干不净的。我当时借着酒劲儿，就想收拾他狗日的，要不是有人死拉着，酒瓶子早砸他脑袋上去了。你们说，还让我怎么办？”

人们沉默了，高济军说的有实也有虚，而且实多虚少，大当家的也确有他的难处。乡下人进城，就是低了三辈，不是孙子也得装孙子呀！

陈晓琴察觉到了人们目光中的温软与退让，不由得冷冷哼道：“你少跑回来抱委屈。是不是你在外头窝囊了，就跑回窝里耍光棍？你吃人饭不拉人屎还有理了？”

高济军情知理短，也听得出那骂得贼恶狠的话里的具体指向，嘴巴上却还要装硬装糊涂：“我、我……陈晓琴，你可别在我面前倚仗着什么，我姓高的不吃这套！你跟我说清楚，我、我怎么不……不拉人屎了？”

陈晓琴柳眉陡耸：“你怎么不拉人屎你知道，还非让我说出来呀？”

李月梅突然掀被而起，冲着高济军吼：“高济军，你不给我们开工钱就不行！老板欠你的，我们不欠你的！”捂在被子里的李月梅这是怕陈晓琴一时气急再说出什么，只好挺身而出了。

李月梅的突然出击，似在高济军的软肋处砸了重重一拳。高济军气短了，无力还击，也不敢还击。

楞奎响应：“对，豆鼠子骑兔子，一码（马）是一码（马），你少跟我们绕！朱老板欠你的，你去跟他要；你该我们的，不给就不行！三天之内，你再不给我们一个正经回话，你看我敢不敢砸，敢不敢烧！”

事情逼到这个份儿上，看来那个瞬息之间形成的设想只有变成惊天动地的举动，才能渡过难关了。高济军耸耸肩胛，把披在身上的皮夹克抖了抖，转身往自己的房间走，一边走一边说："用不了三天，今天天黑前我掏不出票子，用不着你们动手，我砸，我烧，行了吧？"

高济军的话说得挺平静，表情也不见什么张扬，但轻轻一语出口，还似一声炸雷，把人们都镇住了。大家大眼盯小眼地对望着，一时辨不清这话里的确切含义，怔怔的不知该说什么好了。

高济军走了几步，又停下来，转过身，再一次把那张百元票子递过来："二狗子，去给我买瓶酒，要高度的，再称二斤猪头肉。快去快回。大成子，你那双翻毛棉皮鞋厚实，送我屋里来。福头，把你那顶狗皮帽子和大棉手闷子也送过来。"

大当家的要唱什么戏？人们越发丈二和尚，摸不着头脑了。

一个钟头后，紧闭的房门打开，高济军口吐酒气，满嘴油光地走出来，一身北边大山里的老客装束，头扣狗皮帽，脚蹬翻毛鞋，手戴棉手闷，皮夹克外又罩了件羽绒衣，臃臃肿肿的全没了往日的利整。高济军面无表情，在众人目光的注视下大踏步往外走，在快出大门时，二狗子追上几步，小心地问："二哥，你这是去哪儿呀？"高济军的回答如冰坨子一样冷，如铁疙瘩一样硬："等着给我收尸。”说完就推开大门去了。

人们越发闹不明白了，高济军这是要去哪里？要干什么？再去朱老板家门外守着？这身打扮不像啊！他在黑龙江有腰粗的朋友，借钱去？那临出门喝大酒吃猪头肉干什么？而且天黑前怎么就能给大家回话呢？有人提出是不是应该跟去一个人，好歹也给大当家的当当帮手做个伴儿，咋说人家也是给大家办事去了。人们面面相觑，谁也拿不准主意。

很快有人发现了高济军。那时，高济军已爬到了大烟筒的半腰处，还在顺着筑在烟筒上的梯子继续往上爬。人们想起高济军刚才说的收尸的话，陡然明白了，大当家的这是要以死相拼，跟抓着票子不给工钱的朱老板叫板了，不给钱就要跳烟筒。人们蜂拥着追出去，冲着烟筒上喊：“高济军，高济军，你下来，你快下来呀！我们不催工钱了还不行啊！”

高济军停下攀爬的手脚，低头往下看了看，眼前一阵晕眩，大烟筒似乎摇摇晃晃要倾倒，下面的人影已如蝇蚁般微小，三九天的强劲北风一吹，胃里的酒力返上来，有了要呕吐的感觉。高济军闭闭眼，稳稳神，不敢再往下面看，手抓足蹬，继续一级级往上爬。开弓没有回头箭，如果就这般下去了，人们会怎样看我？还以为姓高的不过是做做自敲锣鼓自扮猴的样子，那个姓朱的王八蛋也必然更不把我高济军放在眼里。娘的，该死该活屌朝上，就看这一锤子的买卖了，也只有这般拿命赌一把，把大家的工钱讨到手，才能把昨夜做下的那个上不得台面的事在人们心目中冲淡，进而得到人们的原谅。用前些年的话说，这叫转移斗争大方向，用眼下的话讲，就是转嫁危机，爱拼才能赢，歌里都这么唱啊。

高济军爬到烟筒顶端的时候，巡警的面包车已呼啸着驰来了。是包工队的人打110把警察找来的。警察用电喇叭对上面喊："高济军，请你赶快下来，有事可以商量，我们一定尽全力帮助你解决问题！"

高济军一时还来不及与下面对话，眼下不光眼晕，头也木涨上来，迎风一吹，酒劲儿上得极快，刚才一时脑热，只以为有酒下肚既可壮胆又可御寒，哪里想到一醉酒就会手脚失措倒栽葱。好在他另有准备，怕到了烟筒顶扛不住冻，先缠了一根结结实实的尼龙绳在腰里。他要抓紧时间，在脑子还清醒时赶快把尼龙绳拦腰系在铁梯上。

警察仍在喊："高济军，你一定要注意安全，有事好商量——"

高济军有时间回话了："姓朱的王八蛋不给钱，我就不下去，死也不下去——"

但半空里的风太强硬，加上距离地面太远，人们只知高济军张舞着一只胳膊在喊，却听不清他在喊什么。

一股兜头风直往口里灌，高济军哇的一声，肚里的秽物直从嘴巴里喷吐而出，在强风中立刻有了天女散花般的效果。当下面仰脖观看的人们感觉到有冰滴淋面的时候，想躲闪已来不及了。

围观的人越来越多，霎时间便聚集了数千之众，人们仰望着，惊讶着，有为这种舍生忘死为农民工请命的举动叫好的，也有不住摇头叹息的。一辆又一辆的小轿车面包车也停靠过来，公安局长来了，一位副市长来了，来的还有扛着机器的电视台记者。副市长钻出汽车就往烟筒顶端看，问：

“怎么回事？”

跟过来的公安局长答：“爬烟筒的是个包工头。眼看快过年了，工程老板还拖着不给农民工发工钱，他就整了这么一出事。”

“要尽快解决问题，越快越好，刻不容缓，绝不能死人。要坚决地把政治影响减少到最低程度。这是市委主要领导的指示。”

“我们已用手机和烟筒上的人直接通话了，这人态度还挺强硬，说不解决问题就跳烟筒。这个包工头选地方也绝，我们想派人上去解救都难。”

“马上在烟筒下面张网铺垫子，防止万一。”

“我用望远镜看了，这人腰间捆了绳子，绑在了烟筒的梯子上，他并不真想死，只是以死相威胁。”

副市长黑了脸：“摔不死也能冻死，冻死的不算人命啊？三九天，零下二十多度，上头无遮无掩，就算穿得再厚，他也扛不住两个钟头。赶快想办法，一分钟也不能拖！”

公安局长又歪头往上看了看，恶狠狠地骂了一句什么，又说：“要想快，眼下有两个办法。一，调消防队伸展长臂的消防车过来，或许能接近一些，面对面对话就好办；二，马上找到工程老板，让他立马掏钱消灾。这后一种办法才是钱到病除的最佳之策。”

“有办法还等什么？说办就办。”

“可两个办法都得市长您亲自说话，您不说话消防队不会派车。那个老板姓朱，电话号码包工头也都告诉我们了，可电话没人接，手机又不开，看来只好求助电信部门帮忙，让他们提供老板电话的详细地址或卫星定位查找，这也得请您说话。”

“办，就说是我的话。谁要讨价还价，让他直接跟我说。哦，对了，你用手机跟上边那个人接通，他叫什么来着？我现在就跟他对话。”

手机接通了，副市长说：“高济军高先生，我是副市长，我请你马上下来，并以市政府的名义向你承诺，农民工工资的问题一定能够得到妥善解决。你听清楚了吧？”

耳机里传来呼呼的风声。“我不下……下去，不见票子，我、我就……宁可死……”高济军的口齿已不灵便，声音很僵硬，看来，人真要冻成冰棍了。

突然，围观的人们一声惊叫，迅速地四下躲闪，便见高空中有一黑点儿飞落。黑点儿飞速落地，摔得粉碎，是高济军的手机。二狗子哇地哭出了声："二哥要冻死啦，手机都拿不住啦！"

二十分钟后，一辆黑色轿车驶来，一个三十多岁的小平头下了车，惊惊慌慌地往副市长身边跑："市长市长，我姓朱。"

副市长斜了一眼送到面前的名片，又斜了一眼那辆轿车，冷笑："行啊，坐林肯车的大老板，为俩小钱儿能把农民工逼到大烟筒上去，够牛的啦！"

"市长，是这么回事，工程还没验收呢，不验收怎能付工钱，这是……规矩。"

副市长瞪了眼："我没工夫听你讲什么狗屁的规矩！有理你去法庭上讲。我只问你，你的公司在哪家银行开户？"

"这……市长……"

"五分钟之内，你不给我一个满意的答复，我就让银行封你的账户！"

"行行行，我认栽，认栽，这就开支票。"

人群中一声欢呼，那是农民工们辛酸的喜悦。

"我们胜啦！"

"高济军，下来吧，老板给钱啦！"

高济军是消防车接下来的。消防车长长的铁臂仍够不着他，又上去了两名消防队员。高济军已快冻僵了，嘴巴四周满是冰碴儿，也分不清是口水还是呕吐的秽物，手脚动作不再灵便，脸上的肌肉也僵僵的看不出是要笑还是要哭，甚至眼睛都直勾勾的不太会眨动了。在他落地时，农民工们拥上去，或哭或笑或叫，似在迎接自己的英雄。副市长转身往自己的车前走，记者们追过来，说农民工已经脱险了，市长能不能对电视观众说几句话？副市长不客气地把电视镜头拨到一边去，说没有市委市政府的同意，这件事不许有一个字的报道，请你们遵守新闻纪律。拉开车门时，他扭头看看高济军，又看看怔在那里的朱老板，低声对跟在身后的公安局长说：

“此风不可长。”

公安局长会意地点头：“请市长放心，明白。”

副市长的车风一般旋走了。公安局长对巡警队长说了几句什么，也上车走了。朱老板以为没自己什么事了，也拉开车门要上车，两位巡警走过来，伸臂挡住了车门，说有些情况需进一步调查核实，请你跟我们走一趟。朱老板说工钱我都给足了，你们还要干什么？巡警也不答话，架了他的两条胳膊就往巡警车前推。朱老板一路挣扭着，喊叫着，还是被警察塞进车里去了。

高济军被农民工们连抬带架地送回楼内的房间时，门口也站了两位雄赳赳的巡警。楞奎问，事儿都了了，你们还干什么？巡警的回答跟对朱老板一样，有些情况需要进一步调查核实，请高济军跟我们走一趟。楞奎急三火四地跑进屋里，对高济军说，警察等在外面呢，说要带你走！高济军虽说冻得半死，神志却还清醒，他怔怔神，长叹一口气，苦笑说：

“没事别找事，有事别怕事，这一步，我早该想到的。你去跟警察说，叫他们稍等一会儿，我暖暖身子，收拾收拾随身带的东西，就跟他们走。这边的活计呢，奎叔你多操心吧，该抢还是要往前抢。我可能要多去几天，回屯过年时，跟我们家里说，我没啥了不得的大事，估计年饭还能赶回去吃的。”

还在喜悦中的农民工们听说大当家的要被警察带走，又都傻眼了，一个个站在走廊里发呆，还有人撺掇楞奎带头闹事，不能让刚为大家的事玩命的高济军再吃眼前亏。楞奎摇头说，这事我问过二军了，二军说咱胳膊能掰一掰大拇指，却休想扭过大腿，拉倒吧。连楞奎都说拉倒，大家肚里的火气就像挨了一锥子的气球，很快瘪了下去，心里却越发对大当家的信服。

陈晓琴扭头回了房间，往脸盆里倒了些热水，用手试了试，端起来往高济军的房间走。李月梅犹豫了一下，追上去，低声说，给我吧。陈晓琴定定地看看她，便把脸盆交到了她手上。

正巧屋里只有高济军一个人。李月梅将脸盆放在他面前，轻声说："二哥，擦擦脸吧。"

高济军望望李月梅红涨的脸和低垂的眼睑，斟酌了一下，说："人在想玩命的时候，脑子就犯浑了。昨儿是二哥混账，你多担待吧。"

李月梅拉门就往外走，两滴大大的泪珠淋落下来。

地下爱情

市里的红光机械厂新近开发了一种民用煤气灶，批量推向市场前要做做广告宣传，因我二十多年前是这个厂的老人，又知道眼下我在报社里负责着广告栏目，便把我找了去，用意十分明显，少花钱，多办事，不花钱，也办事。务实的人们支撑着务实的社会，务实的社会到处都是务实的谋略，这很正常，用不着奇怪。厂长是近两年才派来的，跟我虽还不熟，却不失热情，亲自陪我看产品，谈创意，之后便是杯盏交错，呼兄唤弟，已俨如多年的朋友。望着眼前一张张堆笑的脸庞，我恍然又想起当年在厂里工作时那些熟悉而年轻的面容，不由得问：

“咱厂里的那个地下靶场现在做啥用呢？”

“靶场？”厂长一怔，“咱厂还有靶场？”

销售科长是厂里几十年的老同志了，提醒说：“就是南头的那个……啊？不是早就包出去了嘛。咱孙老兄当年就在那里战斗过，是不是？”

“哦——”厂长想起来了，“听说以前是个靶场，”

旋即又笑，“那喝完酒咱们就去看看？故地重游，必是格外有一番感触呢。”

销售科长笑说：“只是档次低了点儿，不然酒后我们也另有安排呢。”

我却一时没咂吧出档次高低的含义，竟稀里糊涂地引用了一句诗词：“什么高低，‘战地黄花分外香’啊。”

众人大笑，连叫“高人妙语，好个战地黄花分外香”，竟笑得我一时懵懂，不知自己说错了什么。

大家起身出了厂招待所，闹哄哄笑哈哈直奔了南去。红光机械厂是个不小的企业，高大的厂房一排又一排，占了好大的一片土地。可近些年厂里的效益不好，那些大烟囱便都孤孤寂寂地矗着，一入夜，厂房也都黑了灯，整个厂区一片冷寂。我说的那个靶场原在厂区的最南端，翻过大墙就是一片庄稼地了。近些年，城市向南扩展，大墙外已是一条宽阔的街道，昔日的庄稼地也早林立起了大片的楼群。离开工厂后，我和这里的联系便日渐减少，真没想到已日新月异到这种程度。穿过厂区，便到了那条宽阔的街道，眼见一处朱红的门脸，上方悬空几个紫幽幽的霓虹大字：地下爱情茶座。我一惊，问：

“到这里来干什么？”

厂长说：“你不是说要来这里看看吗？”

销售科长也忙解释：“我那时说的包，就是指这个地下靶场已经包给了一个老板，老板把靶场改造成了茶座，每年要交厂里二十万元钱呢。”

我无话再说，只好随着走进朱红的大门，里面的厅堂不大，迎面一个吧台，旁边就是通向地下的梯道。灯光明亮，让人难以察觉我们正在一阶阶地走向地下。下了五六米深，就该是我所熟悉的地方了，可哪里再寻昔日的一丝印记。只见一条长达百米的长长走廊，廊顶闪着迷离的五彩灯光，走廊只有一米半宽的样子，旁边便是一个又一个紧闭的房门，门上的铜牌上镂刻着“牡丹厅”“玫瑰厅”“夜来香厅”等字样，清一色以艳丽之花冠名。老板是个风韵犹存的徐娘，听说厂长带人来了，急急地跑过来，赔笑说：

“大驾光临大驾光临，怎不先告诉一声？”

厂长说：“告诉你干什么，我们也不来扫你的黄。”

老板更笑：“我可不黄，厂长大人你得认罚啊。”

厂长说：“好好，你不黄，我黄。赶快给安排一下吧。”

老板扫了众人一眼：“是在一起，还是分几个单间？”

厂长便扭头问我：“老兄，今儿就看你的意思啦。”

我想了想，说：“我想找个地方，自个儿坐一会儿，行吧？”

厂长怔了怔，忙笑说：“那怎么不行，文人雅玩，俗人疯闹，进了这里，也看得出档次啊。”又转向老板，“那你就先给这位先生找间安静雅致的包房，我们这几位你就找间大点儿的，音响可一定保证得好，我们酒喝多了，想吼他几嗓子。小姐嘛，今儿你就是乔太守，随你乱点吧。”

老板笑着，抽身疾步而去。我也向着长长走廊深处走，估摸着到了中间的位置，便在一间包房前站下了，凝目而望，门上牌牌写的是“腊梅厅”，一个“梅”字，让我怦然心动，是天意？还是巧合？我默默地站了一会儿，便要伸手推门，跟在后面的服务生忙拦阻说，这屋已有客人，先生另选别的屋吧。我转身离去，扔下话，那就算了。服务生可怜巴巴地扭头看厂长，厂长冷冷地说，看什么看，他是我的客人，他走了我们就都走了，你就不能想想变通的办法？服务生只好轻轻地敲门，待里面有了回声，才开门进去，过了一会儿出来，后面就跟了一双男女，那男人还恶狠狠地翻了我们这些人两眼。

我便进了那间腊梅厅。屋子昏昏暗暗的，很小，也就七八平方米的样子，平地架起有一尺来高的台面，上面铺了一层厚厚的炕被，因此也说不准是该叫地，叫床，还是叫炕。中间是一张小炕桌，不过堆些杯杯盏盏的饮嚼之物。墙角还有两个做工精致的靠垫，似可做枕，也可充为沙发的扶手。一切简洁而暧昧，地下、爱情、茶座，名副其实，应有尽有啦。

我倚墙坐下，阖目养神。酒意开始升腾，脑里晕晕的，无数的往事像剪辑错了的拷贝，胡乱地映现。服务生麻利地收拾完小桌上的杯盏，问：

“先生，您用些什么？”

我摆摆手：“什么也不要，你出去吧。”

耳边响起叭叭的枪响，因是在地下，枪声也显得沉闷而滞重。

还有报靶员平平淡淡地回应：“五环左上，七环左上，六环左上——”

二十多年前，全国备战，全民备战。市里指定红光机械厂成立了一个军工车间，具体任务便是组装半自动步枪，步枪的零部件来自哪家工厂不得而知，反正这里的任务便只是组装。装好后的枪支涂满黄油，包好蜡纸，然后一箱箱地运到城北的一片大山，据说那里有一处戒备森严的战备洞，库存的枪支弹药足可装备这个城市的所有基干民兵。

枪支组装后要校验，这处地下靶场便是校枪验枪的地方。

那年我从部队转业，被分配到了军工车间。组装枪支需精益求精的钳工技术，我一无所能，便被派到了靶场。在部队时我实弹射击的机会也极有限，且成绩平平，还捞不到校枪员的活计。我的任务是给校验好的枪支擦拭涂油裹蜡纸，极平庸极低级的劳动。可这也需要根正苗红政治可靠，我在部队时当过五好战士，战士不摆弄枪干什么，正好量才而用，我毫无怨言，有怨言也白有。

我的工作台案就在校枪室，离校枪员不过三尺远，校枪员侧侧身，便可将校过的枪放到我的台案上，然后由我拆解，擦拭，涂油。

校枪员叫祝福忠，跟我一样也是个转业兵，那年二十八岁了，当时国家号召晚婚，二十八岁的祝福忠还是光棍一条，听说连女朋友还没谈。祝福忠长得健壮结实，两条胳膊小檩样粗，一箱钢枪二百来斤沉，他两手一悠就甩上了肩，有时干脆就用腋窝夹，轻巧得就像摆弄军人的行李，走出几百米大气都不喘一喘。车间离靶场有一里地呢，靶场里又不能存放枪支，所以常要搬来搬去，凡是只需搬一箱时，他从不让我下手，只对我说一声“拿好杂碎”，便率先扛枪而去了，我收拾好零杂用品，急急尾随而去，心里便时时生出些感动，也生出些惭愧。

祝福忠不爱言谈，却喜欢唱，唱也是哼唱，校枪间歇的时间，他便唱《我爱五指山，我爱万泉河》，还唱《我为祖国守大桥》，味很正。那个年月没有卡拉OK，所以近些年我一听有人抓着话筒再唱这些歌，便不由得会想起他，他一定会唱得声情并茂，豪迈激昂。有一次车间张罗新年联欢会，我便动员他唱，他竟脸红得像关公，大手摇得风车样。我说，你不唱，可别怪我到时带头往上哄你呀。他急扯白脸地说，你哄我，我就……上前给大伙儿背诵你的那封信，你看我敢不敢！这一下，我就软了。当兵时，我和部队营房附近屯里的一个女知青偷偷交了朋友，转业后继续书信传情，有一封信不知怎么让我落在了校枪室，让他捡到了，也看过了，竟能大致背下来。那封信女友写得很缠绵，用当年的话说，叫很有小资产阶级的情调，这要是让他公开曝光还了得！

知道祝福忠爱唱也唱得有味的，除了我，还有一人就是靶场那边的报靶员。地下靶场百米长，是按标准设计的。东侧地面上建一砖石小房，开门便是梯道，下了五六米是我们校枪室，十几平方米大小的样子。校枪员不用卧射，而是坐射，朝西的墙上开出一个射击口，子弹出膛，便穿过百米长的地下通道，直射了对面有灯光照射的靶标。靶标可用滑轮自由提降，报靶员的任务便是用对讲机向校枪员报告弹着点，校枪员再根据弹着点调整准星。我在部队里的靶场，测试的是射击水平，人家祝福忠拿起枪来，叭叭叭三枪，验的是新枪的准星精度，这么一说，谁都可以想象得出我和人家的差距了，不说祝福忠是神枪手，也是那个层次的人物。有一次市武装部来了位副部长检查验收，随手拿起一支枪射出三发，对面报了靶，祝福忠说，首长瞄准时有毛病，稍偏右下。首长说，不能吧，经我手打出的子弹头划拉划拉也能装一麻袋啦。祝福忠便接枪，把准星调了调，试也没试便又递回去，说首长再试试。这一试果然连中三个十环。首长说，怎么样，还是枪有毛病吧？祝福忠接过枪，竟把那支枪放到待校的枪箱里去，不卑不亢地说，首长能领导我们，但校枪的活还是由我们干吧。副部长哈哈大笑起来，连连拍了祝福忠好几下肩头，说小伙子好好校，就这样校，我知道我打枪的毛病。自那以后，我越发佩服起祝福忠来。

地面上的砖石小房也不是孤立的，西边百米处还有完全一样的一座，进到那个门便是报靶室，距地面要浅一些，三四米深。小屋子我只随祝福忠进去过一次，报靶员是女同志，那个屋子收拾得洁洁净净，四面墙壁都用报纸糊了，上面还贴了李铁梅和阿庆嫂的剧照，地下也没有乱七八糟油油纸纸擦枪布之类的东西。那次我有口无心地说了一句，哟，这么一比，我们那边就成了狗窝了，啥时韩师傅发扬发扬风格，到我们那边去帮助收拾收拾吧。韩师傅脸一红，也没说什么。祝福忠却白了我一眼，闹得我好半天莫名其妙。

报靶员叫韩秉梅，也是二十几岁的年纪，脸略微有些红，黑睛白齿，人长得清秀，也显得清纯。可韩秉梅很少跟人说笑，跟女同志们也很少扎堆，见了人常是抿嘴一笑，点点头，便算打了招呼，每天上班来，便一头钻进报靶室，那份工作做得无可挑剔。以我所知，韩秉梅也不是天性孤独喜静，而是与她特殊的身份有关。她是一位年轻的寡妇，报纸和电台上在提她的名字时，便在前面注上“英雄的妻子”。两年前，我们这座城市出了一位刘英俊式的英雄，当一辆大马车疯狂地在街道上奔突，就要踏碾到惊呆的行人时，一位解放军连长奋不顾身地冲了上去。马蹄从英雄的身上踏过去，车轮从英雄的胸膛碾过去，一曲英雄的赞歌唱落了全城所有人的泪水。英雄牺牲的那一天，刚刚从家乡回来走出站口，身上还带着妻子的体香。市里和部队的领导把韩秉梅接来，安葬了英雄，然后便安排她去各处做报告，当学习英雄的热潮渐渐退落的时候，领导们便把英雄的妻子从乡下调进城市，安排进红光机械厂当了一名工人。韩秉梅原在乡供销社里当营业员，进了工厂，情况跟我刚从部队转业差不多，安排她当报靶员除了技术上的原因，领导上还有其他考虑，比如不时地还有机关或学校请她去讲英雄的事迹，至于更深层次的，则是我后来慢慢领会到的。

咚咚咚，房门轻轻敲，还没等我喊进，服务生已拉开了门，他知道屋里只坐着一位客人，当然也就无须顾忌，也无须等待。跟在服务生后面的是位小姐，高高挑挑，薄衣裹体，很年轻，也很靓丽扎眼。服务生按了墙上的一个钮，小屋里的幽暗立刻让位于一片雪亮，小姐的眉眼也立刻清晰地展示在我的面前。服务生说：

“先生如果不满意，可以再选。”

我说：“让她走吧，我只想自己坐一坐。”

服务生说："这是你们厂长亲自给你选的，他说那边已经唱上了，就不过来打搅了。"

服务生传达的这话里，便明显有了厂长自以为美意让你却之不恭的味道。我叹了口气，说：

"那就坐吧。"

小姐蹬掉了鞋，就丢在走廊里，留给服务生去收拾，然后麻麻利利一屁股坐在我身边，一只手很随意地放在了我的腿上。我把腿往起立了立，小姐识趣地又忙着去斟茶，说：

"大哥喝了酒吧。多喝点儿茶，这茶解酒。"

服务生退出去，关门前留下话，先生需要什么，请按门边这个钮，我马上到。他的话里的另一层意思便是你尽可放肆，客人不招呼，这里便再不会有人来打扰了。我听得懂这种话，便说：

"你把门留道缝，我嫌这屋里闷。"

小姐也自然听得懂我的话，借着起身挂包的因由，坐到对面去了。

我跟小姐无话，小姐却要无话找话，问：

"大哥是第一次到这里来吧？"

我说："怎么会是第一次，我来这里的时候，可能你还没出生呢。"

小姐笑起来："大哥真会开玩笑，这个茶座刚开业两年，可我都二十岁了。"

“可你知道二十年前这里是做什么的吗？”

“做什么？”

我无意回答，说了她能明白吗？我转了话题：

“还不知该怎么称呼你？”

“我姓张，叫张梅。”

我的心不由又怦然一动：“是真名字吗？”

“啥叫真，啥叫假，大哥喊张梅，我应了，那就是真的呗。好比钞票，能花出去的就是真，花不出去的才是假，对不大哥？”

我冷冷一笑：“如果警察来抓张梅，你还会承认张梅就是你吗？”

小姐的嘴巴也不白给：“既坐在这里，我要是问大哥姓啥叫啥，大哥能把真名实姓告诉我吗？”

我说：“那你就改用一个名字，好不好？”

“改什么？”

“随你便。”

“为什么？”

我想了想：“梅，迎寒傲雪，本为高洁的象征，‘脏’（张）了它可就是罪过啦。”

“听大哥这么说，可知大哥是有学问的人，那就随大哥阿花阿草地叫，我只管应就是了。”

“但愿你没有误会我的意思。”

“还用误会吗？别说别人瞧不起，我都瞧不起自个儿。时髦话，不用水，不用电，自己设备自己干，不吃这碗青春饭我们还能干什么？”

有一天，军工车间党支部的杜书记把我叫到他的办公室，掩严了门，很严肃地跟我进行了一次谈话。杜书记问了校枪的进度，又问了祝福忠和韩秉梅的工作情况，我如实汇报，说两人都很努力认真自觉踏实，比如地下靶场冬天阴冷，夏天闷热，又没有取暖和防暑设施，我当过兵的都有点儿受不了了，却从来没听两人说过什么抱怨的话。杜书记却突然放低了声音，问：

“他们两人的吃苦精神我知道，我要问你的是，发没发现两人有超出平常同志关系之外的交往？”

我一怔，忙摇头：“没有啊。那间小屋子，只我和祝福忠两个人，韩秉梅上班就钻进她的报靶室，没事从不到我们这边来，怎么可能。”

杜书记又问：“就没听他们俩在对讲机里说过什么？”

我又摇头：“讲的也只是几环几环偏左偏右的话，连家常唠都很少听他们讲的。”

杜书记沉吟了一下，说：“你是党员，组织上相信你，有些情况你知道一下也好。最近有人看到祝福忠到韩秉梅家里脱过煤坯，还有人看到他们一起看过电影，祝福忠先进的电影院，开演后韩秉梅才进去，两人挨坐在了一起，可没等演完，韩秉梅又先走了。还有，韩秉梅往厂里的热饭器送饭盒时，往祝福忠的饭盒里夹过鸡蛋，还夹过炒菜，不是一次两次了。你说，这说明什么？”

我想了想说：“祝福忠还没搞对象，韩秉梅也是独身一人，我看他们俩要是处上了，倒也挺好，挺般配的嘛，年龄也早都过了晚婚。”

“你呀你呀，咋这么没脑子？”杜书记翻了我一眼，说，“小祝咱且不去说他，可韩秉梅能随随便便地就这么处理生活问题吗？她是谁？她是英雄的妻子！市里和部队的领导早跟咱们厂领导有过明确交代，一定要保护好这个典型，千方百计，想尽办法，要不然也不会把她从乡下调到咱这里来。你想想嘛，要是韩秉梅搞了对象，再和别人结了婚，往后再安排她出去做报告，可怎么介绍她？还能说她是英雄的妻子吗？这是个简单得不能再简单的问题嘛。”

我仍有些不服，说：“可韩秉梅年纪轻轻的，总不能让人家就这样独身下去吧？新社会这么些年了，还能让人家守一辈子的寡呀？”

杜书记说：“起码眼下三两年还不行。英雄刚离开我们两年，我们正需要有英雄的精神鼓舞人民的斗志，至于以后怎么说，我们只好等时间说话了。再过几年，又有新的英雄模范人物涌现，人们自然对昔日英雄的印象会慢慢淡下去，那时她再考虑个人的问题，我们组织上的责任也就不很重要了，你说是不是？”

我说：“组织上的这些考虑，韩秉梅知道吗？”

“已经暗示过她，但不好像跟你说得这么透。”

“她怎么说？”

“她只晕头涨脸的，低头不说话。”

我无言了，心里揣摩着韩秉梅晕头涨脸低头不说话的意思。杜书记以为已说服了我，便继续说：

“我再强调一次，你是党员，组织上信任你，所以才把这个光荣的政治任务交给你。具体说，这个任务含了两项内容：一，要密切注意两个人的动向，如果发现他们有什么超出同志关系的迹象，要马上向我报告；二，从今天起，你不要只是擦枪打杂，找机会多练练枪，要尽快把射击水平搞上去，特别是要把调试准星的这个关键技术掌握到手，这叫有备在先，从长计议。你明白了吧？”

我说：“咋调准星我可以学，可能不能把枪打得准，我可心里没数。我在部队里待过，这个理我知道，同样用子弹堆，有人能堆成个神枪手，有人就堆不出来，这要看射手的视力，还要看心理素质。我请教过枪打得好的战友，他说打枪还得凭感觉，感觉找不到，累死也练不出来。可我到今儿个也不知感觉是个啥，只觉有些玄。”

杜书记很严肃地说：“你咋信那些胡说八道？报纸上早批过天才论先验论，世界上哪有生下来没摸过枪就百发百中的神枪手？你要是没入过伍，怕是枪栓咋拉都不会呢。你就放心地练，别心疼子弹，校枪用弹指标有我呢。这是政治任务，一切要服从政治，政治是一切工作的灵魂和生命线，这一点，不光你和我，任何人都不能有一丝一毫的怀疑和动摇。”

那往后，我便“居心叵测”地积极练起枪来，只要一有闲暇，便操枪射上一阵。且不论共产党员要无条件执行组织任务一说，就是能当上校枪员，听起来也比擦枪的打腰提气，就好比同是泥瓦工，砌墙挂面的就永远比和泥倒灰的腰板挺得直，一个是师傅，一个是徒弟，一个是皇上，一个是太监，侍候人的与被人侍候的，咋批判也有个尊卑贵贱。当时我给我的那个女友写信，便吹自己到工厂后当校枪员，把校枪工作吹得神乎其神，女友回信时，用词便越发热烈缠绵，弄得我一捧起信就心狂跳体灼烫，读过一遍又一遍也放不下。后来那个女知青上了大学,终没能成我的妻子,个中缘由,一言难尽,不说也罢。祝福忠是个憨厚人，对我练枪也不疑心，只要我操枪，便热心地指点，讲要领，讲技巧，也讲扣动扳机时的感觉，还手把手地教我如何调试准星，全然不觉其中对他潜在的威胁。只是时间一长，他对子弹有些心疼，便有意无意地嘀咕，说怕要超标啦。我故作大大咧咧状，说没事，市人武部有我一个战友，我跟他另要，不然堆在战备库里过些年也得报废。隔了两天，我果然就扛回一箱来，祝福忠便再没话。

我对杜书记交给我的那第一项任务却存心不想完成，那不符合我的做人准则，“特务”不是个好词，打小报告更不应是男子汉大丈夫所为。初开始练枪的时候，有一次我扣上耳机操枪就打，对面环靶升上去，耳机里立刻传来韩秉梅的嗔怪声：“你个大鹅头，又瞎想啥啦，天女散花啦！”“大鹅头”是祝福忠的外号，车间里的男工友们差不多都有外号，祝福忠的眉骨长得高，大家就叫他大鹅头，玩笑里透着亲热。可从不见跟男工友开玩笑的韩秉梅怎么也这么叫他？我心一悠，忙说：“对不起韩师傅，是我打的。”那边立刻噤了声，好一阵才说：“都打散了，你重打吧。”客气里明显带了距离。那以后，我再操枪，都先报名号，以免再生尴尬。

我的确没有发现祝福忠和韩秉梅有过什么超出同志关系的交往，甚至从没见过他们两人单独在一起。但因有了杜书记的私下点示，渐渐地也还是觉察出了一些“树欲静而风不止”的蛛丝马迹。比如，祝福忠爱哼歌，尤其是一边校枪一边哼，是对着话筒哼，便可猜知他是唱给韩秉梅听的，我不过是借光。再比如，我从没听他对着话筒说过什么与校枪无关的话，可我有时为什么事走出那间砖石小房，便再听不到地下传出沉闷枪响，可待我回来时房门一响，便听祝福忠说，“那我就再试几枪”，枪声也随即又响了起来，不知我不在时他们对着对讲机都说了些什么，不会就那么不校枪也不说话地干守着吧？还有一次，祝福忠兴冲冲地从外面跑回来，叭叭叭三枪响过，便急切地对着话筒喊：“我的枪法不错吧，先是两个九环，那两枪是四环和五环！”你打的枪，你自己可报的什么靶？你打出的是三枪，怎么又出了四个弹着点？这明显是黑话，里面藏着谜呢。可这个谜当天晚上就让我破解了。那天晚上我去看电影《侦察兵》，“文革”后期，国产片除了几部样板戏和《闪闪的红星》，再出的可能就是《侦察兵》了，影片刚到我们这个中等城市，人们疯了一样到处搞票。那天我托人也搞到一张，进影院时才发现祝福忠也去了，因先有杜书记告诉我说祝韩两人看电影的事，我便躲在暗处留意观察，也没上前跟大鹅头打招呼。韩秉梅果然是电影开演以后进去的，就坐在祝福忠的身边。再数一数他们的席位号，我便恍然大悟，18 排 4 号 5 号，正是祝福忠白天报的那个靶数。

天地良心，这些情况当时我跟谁也没说，更没向杜书记汇报。杜书记几次问到我发现了什么，我都只是摇头，杜书记便显出老大的不满意，说别人都闻风看出了雨，你整天跟他们在一起，怎么就跟聋子瞎子似的？我说我这人心粗，有人拐着弯地骂我我都听不出来，再说，杜书记你还盼着出情况啊？杜书记被我噎得横了我一眼，再说不出什么。其实，也不是我的人格有多么高尚，除了前面我说到的我做人准则方面的原因，我对大鹅头和韩秉梅的这种地下工作般的爱恋，还暗存了几分羡慕，孩子偷嘴般扑向禁果（真的是禁果，含了另一种味道的禁果），因神秘而刺激，这是何等的幸福和甜蜜！可在此后长长的岁月里，我也不时为我没能及时“举报”后悔，如果当时我如实向杜书记汇报了，组织上早些采取措施，也许就可避免后来的那个惨烈事件的发生了。

那是个寒冷而多雪的冬天。一天早晨的车间派班会上，杜书记突然宣布，市里要扩建城北的战备工程，这是一项很光荣很艰巨的政治任务（又是政治任务），必须选派一些政治上可靠的同志参加。厂党委经过认真研究，决定派祝福忠同志去，时间为一年。小祝，我知道这批枪只剩最后十几支要校了，你今天上午抓紧校完，午后就可以回家做做准备了，明天上午直接到市人武部报到。北山里要艰苦些，今年冬天又出奇地冷，被褥一定要准备得厚一些。我注意到祝福忠和韩秉梅对了一下目光，然后说，这批枪校完，还要验收呢。杜书记说，验枪的活技术性不强，就交给小孙办，你放心就是了。祝福忠又问，是不是以后校枪的任务也都交给小孙？我好把用得着的家什都交给他。杜书记扫了我一眼，说小孙的技术暂时还不行，可这你也不用惦记，厂里已和部队联系过了，到时他们会派校枪员来。

那天上午，祝福忠一直沉闷着，校枪时也再不对着话筒哼唱。我知道厂里如此调兵的真实目的所在，也猜想得出祝福忠不愿离开厂子，不愿离开韩秉梅，却又找不出开导安慰他的话，便总是找借口离开那间清冷的小屋子，就让他在对讲机里多和韩秉梅说说告别的话吧。

谁能想得到，就在那天中午，祝福忠和韩秉梅突然双双失踪了。

我说去卫生间，离开了“腊梅厅”。我不想再在那间屋子坐，更不想再跟小姐没话找话地闲扯，太累人。我本想一走了之，可听那边歌厅里，嚎天吼地的唱兴正浓，我怎么去告辞？若就这样走开呢，又极容易引起别人的误会。这种地方，客人找小姐聊上一阵，讨价还价后便带小姐出去开房，是很寻常的事情。我若是不声不响地离去，让人家怎么想呢？

我坐在走廊东头的小厅堂里抽烟，思绪像烟雾一样腾绕虚浮。这个地方，当年就是校枪室，我坐在这里擦枪涂油，祝福忠坐在我旁边校枪，砰砰叭叭的枪声又在我的耳畔响起来。祝福忠若是活到今天，他会做什么呢？也会来这种地方怀怀旧，追忆那青春的岁月吗？他若是和韩秉梅成了一家人，孩子都该上大学了吧？那孩子会像他长了一个大鹅头还是像韩秉梅长了一张红扑扑的脸？想到这些，我的眼角不由得湿润了。

厂长可能是听了服务生的报告，叼着烟卷从歌厅里跑出来，问我说，咋跑出来了，那丫头不可心？我淡漠一笑，说没啥意思，不如自己坐坐。厂长说，那也去唱唱？

我说我五音不全，别给大家扫兴了吧。厂长说，你一脸的深沉,是不是故地重游,想起了什么事？我想了想,问：

“你知不知道二十多年前，这里死过两个人？”

厂长眨眨眼，说：“我刚派来时，听人说过，是不是一男一女跑到这里来搞破鞋？”

我正色说：“胡说！一个二十大几了，还是光棍汉，一个死了丈夫独身一人，你能给他们这么定性？”

厂长笑起来：“是胡说，屁话屁话，不知不怪吧。”

我长叹了一口气，说：“过去的事啦，是非功过，一言难尽，可怎么说呢？”

厂长说：“我猜你心情可能不好，那就不说不想，干脆从脑子里忘掉。”

我说：“怎能忘得掉……”

厂长突然把嘴巴凑到我跟前来，压低声音说：“这里死过人的事，可千万不能对别人说，尤其不能跟这里的老板说。她左一趟右一趟地找我，一劲儿嚷嚷租金出高了，正找缝儿下蛆呢，这要叫她知道了，只说死过人的地方影响上座率，可让我咋答对？”

我冷笑说：“哪家医院没死过人，患者就不去看病啦？”

厂长又笑：“我不跟你抬杠。没想毛主席当年发动全国人民深挖洞，他老人家咋深谋远虑，也想不到‘洞’里眼下会干这个吧？可也好，一年二十万，起码我白得了一笔招待费。”

我无意跟他探讨这类问题，说：“我坐一会儿就回去了，你们尽情唱，我就不过去告辞了。”

厂长说：“再玩一会儿嘛。”

我说：“我心情确实不好，回去后还要赶一篇稿子，以后再聚吧。”

祝福忠和韩秉梅失踪那天，我并没有什么察觉，车间也没察觉。那天下午我验了半天枪，厂里有几个工友听说我在验枪，便跑来过枪瘾，大家嘻嘻哈哈闹闹哄哄的，下班时枪验完了，也就回了家。早晨杜书记说过祝福忠午后可以回家做去北山的准备，所以他半天没露面，我丝毫也没生疑心。他把校枪的器具都摆放在一只铁盒内，铁盒就放在我擦枪的台案上。祝福忠是个细心稳靠的人，该他做的事不会让人挑剔。

百米外对面报靶室也半天没动静，一直黑着灯。验枪没有韩秉梅的事，这我也没疑心。

所谓验枪，就是一批枪组装校试完后，市人武部来人随手在那批枪中抽出一支做破坏性试验，其中主要的验收项目是在规定的时间内，要求连续击发出若干发子弹，然后再对枪支的主要部件做物理检验，此枪合格，这一批枪都合格入库，此枪达不到质量要求，一批枪都成了废品。我们当时组装的半自动步枪要求在四个小时内要击发出九千发子弹，那便只是听枪在响，砰砰叭叭，就是捂了耳罩，也震得两耳嗡嗡响，三五天过不来那个劲儿，总觉耳畔似有蚊子在叫。不用瞄准，子弹压进膛便放，地道入口处堆了老大一堆的黄沙，就往那里打，直打得小屋子里硝烟腾绕，黄土飞扬，抠一抠那黄沙堆，那里面满是铸铅子弹头。小屋墙角又立着一只大油桶，里面装的却是水，枪管打红了，往里一插，吱啦啦响过，腾起一股白汽，抽出来压进弹夹再打。靶场里又没有排气设施，那种焦辣苦涩的味道没亲临现场的人是很难体会到的。所以武装部的人来了，抽出一支枪，预先清点一下子弹，顶多装模作样地坐上一会儿，便远远地躲到什么地方扯闲白去了，他们才不陪着震耳朵熏嗓子呢。也该着那天事情出得凑巧，正赶上市人武部来验收的人午后有点儿私事，所以抢在午饭前就赶到厂里，抽出一支枪交给我，说午后你抓紧验，下班前我再来。我当时还跟他开了一句玩笑，说首长不临场监督了？那人常跑厂里验收，早就熟头巴脑的了，便也回笑说，你是我党我军信得过的光荣战士，好好表现，日后我给你请功。

察觉两人失踪已是第二天早晨。先是每日例行的派班会上不见韩秉梅，杜书记的目光在人群里扫过一遍又一遍，脸色便沉下来。韩秉梅是很自觉遵守纪律的人，上班从没迟过到，甚至连因私事或身体不舒服请假的事都很少，今儿这是怎么了？接着便是市人武部打来电话，问你们厂派去北山施工的祝福忠怎么到这时候还不来报到，别人都上了汽车等着出发呢。杜书记的脸色阴得更难看了，对我使了个眼色，说你跟我走一趟。我们蹬上自行车便出了厂大门，我问去哪里，杜书记说去小韩家里看看。闷头蹬了一阵车子，他又叮嘱我，说要是祝福忠真在小韩家，你嘴巴可得严实点儿，这事传出去影响可就大了。我忙点头，连说我懂我懂。韩秉梅住的是一处干打垒的平房，离厂子不远，门前还有一处小院。可到了韩家，院门却挂着锁，隔着木板院门缝往里看，见房门也挂着锁。杜书记又冲里喊了几声小韩，也没人应答，他仍不甘心，又对我说，你年轻，跳墙进去，再扒窗看看。我有些犹豫，说这好吗？那一刻杜书记的脸已冷得像铁板，说什么好不好，这都什么时候了，叫你跳你就跳。我攀墙进了院子，扒窗往里看，屋子里整洁安静，又哪里有一点儿有人的迹象。

杜书记转身带我又奔了祝福忠的家。杜书记平时是个很尽职尽责的人，对车间里的职工都进行过家访。可一进了祝家门，见到的却是祝福忠老父老母的一脸惊慌色，说福忠咋一宿不回家，也不跟家里打声招呼，是不是他在厂里出了啥事？杜书记你可别瞒着，我们吓得一宿没合眼，你不来我们也要去厂里问问啦。杜书记只好实话实说，说我们也正在找他，又问祝福忠除了家里，附近是不是还有什么亲友家常来常往。祝福忠老爹说，亲友是有，可这孩子就是在外留宿，也会告诉家里一声啊，又到了上班的时候，他哪能连班都不去上啊！

杜书记安慰了老人们几句，带我又往厂里奔，嘴里自言自语地说：“丢不了，早晚会回来，只是回来时可能会给领导们带来一些不大不小的尴尬和麻烦。”真正发慌的只是厂和车间的领导，这事闹大了，公开了，明朗化了，政治影响不好，市里和部队的领导会责怪。

厂里急又派了别人替补祝福忠去了北山。车间也开了紧急大会，严令韩秉梅和祝福忠失踪的事不许胡乱猜疑，不许向外扩散。又派出人去四处查找。可过了两天，一切仍是杳无音信。厂领导终于耐不住，也绷不住，只好向公安局报了案。那天，我正在校枪室里给枪涂油，便见两位公安同志带了一条黑黑亮亮的警犬进了我的屋子。那警犬东闻闻西嗅嗅，突然撞开通向地道深处的小门，箭一般直向地道里射去。很快，汪汪的叫声传来，公安同志说了声“找到了”，便也急急跟进去了。

谁会想到韩秉梅和祝福忠会在地道里。那里阴冷黑暗，那里只是子弹呼啸而过的通道。虽然地道与东西两侧的校枪室和报靶室都有小门相通，可那小门平时总是关闭着，只有我这边验枪或那边靶架出了什么毛病时，才会把门打开进人。我来地下靶场半年多，还从没到地道深处去过呢。

正是眼下腊梅厅所在的位置。几束手电光束的照射下，祝福忠和韩秉梅至死还紧紧地拥抱在一起。惨啊，实在太惨了！子弹是从祝福忠背后穿过去的，再穿透韩秉梅的胸膛。两个人的鲜血凝固在一起，已变成了青紫色。两个人惨白的脸庞上还都带着微笑，那笑里含着凄惨，含着绝望，也含着满足。两个人的心至死都是贴在一起的！

杜书记愤怒的目光锥子一样刺向我，厉声问："怎么回事？"

我早惊呆了，吓傻了，浑身筛子样抖起来，慌慌地说："不，我不、不知道……"

"靶场里就你们三个人，到这种时候你还说不知道？"

"我真……真不知道。"

"你不知道什么？你是不知道你打枪时他们在这里，还是不知道他们早已死在了这里？"

"我、我什么都不知道……"

公安同志要冷静些，拍拍我的肩，说："你不要慌，也不要怕，好好想一想，除了你，还有谁来靶场打过枪？哦，当然，主要是指他们两人失踪前后的一段时间。"

我再也站不住，颓然地蹲下身子，心里空白得就像北方风雪中的原野，一片空旷白茫茫，刺骨冰寒，时而还有一股强劲的旋风裹起漫天的雪，呼啸着从心头掠过，好一阵，我才想起那天午间的事情。

那天午间，我扔下饭盒就去了篮球场。有两个我在部队时的战友听说我午后要验枪，便缠着我带他们去过枪瘾。在部队里，他们和我差不多，都没有多少真枪实弹的机会，再说午前人武部的人已把要验的枪抽拣了出来，子弹也放在了靶场，有他们打一阵，倒正减轻了我午后独自一人枪震烟熏外加寂寞的折磨，这份人情不做白不做。我带了两位战友扔下篮球便回到了靶场。校枪室上面小房的门是锁了的，我不由得心里一喜，小房的钥匙只有我和祝福忠各揣一把，车间里又早有严格纪律，除了靶场工作人员，外人进靶场则必须有车间领导的批准。如此说，祝福忠不在这里，起码我可以猴子称王于一时。午休前我离开这里时，还见祝福忠正在清点准备移交给我的物品，我催他去吃饭，他说我一会儿就完，你先走吧。我猜他午后要回家准备明天去北山的事，便也没想太多。这么说，他已经回家了。我打开了门锁。那两位战友猴急地抢先冲了进去，待我闩好门下到校枪室里，一个叫张二宝的战友已操枪在手，麻麻利利地将子弹压进了枪膛。我推开那扇通向靶道深处的门，指指门口的那堆沙子，说，就冲这里打吧。张二宝却嚷吵吵地说，操，那还过个屁的枪瘾，放炮仗似的！说着，便平端了枪，叭叭叭，扣紧扳机，直向靶道深处射去。另一位战友还不无惋惜地说，这要能练练准儿多好。张二宝说，拉倒吧，没肉啃啃骨头，咱就偷着乐去吧，你没见那边黑着灯，那边没人看靶，你练个屁准儿。那个战友问我，那边的小韩呢？张二宝一边打枪一边抢着说，这大晌午的，谁愿在这里猫着呀，又阴又潮的，小韩她是耗子啊！

也许是张二宝的第一枪，就洞穿了正热烈拥抱在一起的祝福忠和韩秉梅的胸膛，不然，听到枪响，他们总会采取就地卧倒的防范措施，他们本不乏这方面的常识。即使他们不想让外人知道这靶道深处的秘密，也断没有紧紧拥在一起等着死亡之神降临的道理。他们还那么年轻，他们那么热爱生活，尽管这种地下的爱情太过压抑，但他们也绝不会选择死亡。

厂里只按一般的伤亡处理，不声不响地将祝福忠和韩秉梅的尸体送到火葬场就算完事了，连追悼会都没开。车间的女工在给韩秉梅擦洗遗体更换衣服时，哭得死去活来，有人还哭晕了过去。在此后的几天，女工们的眼睛都是红红的，她们不住地念叨着小韩的善良、温顺和勤快，念叨着小韩的命不好。那个年月，宿命论早被批得体无完肤，可没人反驳，男工友们的心也酸疼了好长好长一段时间，为小韩，也为大鹅头祝福忠。

军工车间出了这么严重的事故，上级责令停产整顿。过了一段时间，全民备战的提法也渐渐淡了下去，军工车间便名存实亡，彻底转了产。不过几天时间，精明强干精力旺盛的杜书记突然衰老了许多，神情总是怔怔的，鬓角出现了浓重的白丝。很快，他被调到了市里的另一家企业，听说是他自己向市机械局打的请调报告，他还请求组织上给他处分。

前年，我听说杜书记患了癌症，已是晚期，便到医院去看望。正巧我女儿皮肤有点儿小毛病要去看医生，我便把她也带了去。瘦骨嶙峋的杜书记拉住我女儿的手，眼圈竟红了起来，好一阵才喃喃地说，要是小祝和小韩结了婚，孩子也该这么大了吧？我知道他又想起了过去的事情，却又一时不知该怎样安慰他，只好把脸扭向了窗外。正是春光明媚的时节，窗外的桃花正闹得繁盛，有嗡嗡的蜂儿在采蜜。远处隐隐传来歌声，是《迟来的爱》。眼下，连本不该有的婚外恋情都在明目张胆赤裸裸地表白张扬，而祝福忠和韩秉梅的爱情本应该是光明正大无所顾忌的，可他们却把那份深爱连同年轻的生命一起埋葬在了那阴冷黑暗的地下靶道里……

我没有向陈厂长他们告别，独自一人走出地下爱情茶座，漫步而去。可我走出很远很远，仍觉得那幽幽紫紫的霓虹灯光像鬼火一样在眼前迷离闪烁。有辆出租车在我身边停下来，我怕鬼似的忙坐进去。司机问去哪里，我的思绪竟还沉在往事的哀痛中，便怔怔地说，往远处，随便去哪里，只是不再是这种乌烟瘴气的地方。司机笑起来，踩动油门，随手按下录音机的键子，里面唱的是：天不下雨天不刮风天上有太阳……

彭雪莲的第二职业

一

彭雪莲接到老徐电话时，正哄女儿小萌吃药。老徐说，我以为你上班走了，还好，你在。彭雪莲问，就走，有事吗？老徐说，我今天晚上到。彭雪莲心往下沉了一下，说孩子病了，烧得挺厉害，我请了假，你一定要今天来吗？老徐说，病了就留在家里，晚上我替你照管。彭雪莲说，每月你都是月初来，今天才二十几号吧？老徐说，有点儿情况，不去不行，到了再跟你说。彭雪莲心堵上来，心想以前几次他来得都挺准，一月一次，都是月初那几天，好像女人的例假，这回是怎么了？她想着该怎样说，才能让他这几天最好不来，可听电话里有脚步声走近，又有一个老女人的声音在问，大早起的，你给谁打电话呀？老徐答，我去省城，总得先打声招呼，不然旅店没留客房，让我满世界现去找啊？又听老徐对电话说，最好还是我以前住过的那个房间，换地方我这人睡不好觉。说完，电话就断了。

彭雪莲放下电话，七岁的小萌瞪着疑惑的眼睛问：“妈，是不是家里要来人？”

彭雪莲掩饰地说：“不是。是有人要去厂里找妈妈。”

小萌问：“那你呢？你不请假了吗？”

彭雪莲说：“上午妈妈带你去医院，午后送你去奶奶家。妈妈这几天要出差，等回来再接你。”

小萌虎起了眼睛：“不对，妈妈撒谎。”

彭雪莲佯作生气地说：“怎么跟妈妈说话呢？妈妈累得要死要活，跟你撒谎干什么？”

女儿嘴巴软下来，怯怯地问：“那妈妈总出差干什么？为什么工人也要常出差？我不想让妈妈走，我身上难受。”

彭雪莲心里酸上来，想哭，但忍着：“厂里的布匹不合格，人家要退货，妈妈要去处理呀。听话，在奶奶家好好养病，好了就去上学，可别再让妈妈操心了……”

小萌自己将两片药送到了嘴里，又端起水碗送下去，哄着妈妈：“妈，你别生气，你看，我吃药了。”

二

老徐是入夜时分进的家门，进屋就跌坐在沙发里，一身疲惫。老徐真的老了，年过半百，满脸褶子，细瘦的身子有些佝偻，不比彭雪莲的父亲年轻多少，头发根又出现了白刷刷的一指宽茬茬。每月来，他那头发都像变魔术，有时一头漆黑，染发用料又很没档次，就像假发套扣在了脑瓜子上；有时又一头枯黄花白，发梢处却留着未尽的染发痕迹，色彩斑驳得像深秋落雪的荒山，以白为主，兼存枯芜。每次见到他，彭雪莲都想，这是个连染发都要算计算计票子的人，怎么还要做贼似的干这种事情呢？

彭雪莲将女儿的东西都归拢进柜里去，双人床铺展得干净平整，热水器的插销也又插进去，平时，她是舍不得用那份电钱的。她问："水烧好了，不先洗洗吗？"

老徐摇头："歇歇，吃完饭再说吧。"

彭雪莲问："不到一月，怎么又跑来了？"

老徐恨恨地骂："有两个摊柜，月初刚收下的货，听说突然撒手不干了，退铺了，人也没影了。妈的，账还没结呢，这不是存心躲着我想昧那份货款吗？哼，他腿儿快，我的探子也不是白吃饭的瞎子，听到信儿我就跑来了。"

"人找到了吗？"

"人家存心要跑，那么好找？头晌坐了半天汽车，下了车就满市场转，见人就打听，两条腿都快跑折了。这活儿，真他妈不是人干的。"

老徐的家在省里西部一个县城，他在一家服装厂当副总经理，总经理是他的小舅子。亮出名片头衔听着挺大，其实是吓唬人。他的任务就是送货，催款，每月初来省城那么几天，求爷爷告奶奶地将货送到服装大市场的各个摊柜，同时将上个月寄售的货款收回去。服装大市场的摊柜成百上千，这么一送一收挨家结算的过程，每月都需三天五日。遇到麻烦时，七八天也是它。总经理对老徐的差旅费采取的是一次性包干政策，不管你每月在省城逗留几天，都是一千元，包括乘车、住宿、吃饭。算一算，每天平均一二百，也是够用的。如果遇到会耍心眼的，这一送一收的过程，肯定还可以玩出一些额外创收的猫腻，可老徐是总经理的姐夫啊，正经亲戚，老徐好歹也算个实在人，他不敢，也不想，他怕一旦事露，不光这个饭碗彻底砸了，还在亲友们眼里丢了人性。他能算计的，也就是那一千元差旅包干费了。

也不知多少次，老徐酣酣地睡着了，在那已明显老态俗称吹土的“扑、扑”呼吸声里，彭雪莲蜷卧在他的身边，一次次地问自己，我和他，算是一种什么关系呢？情人吗？笑话！一个满脑袋高粱花子的土老帽，一个强打精神浪的老东西，真想找情人，我闭眼瞎摸也轮不上他呀；我是他的二奶吗？呸，世上还没听说这么包二奶的，一月六百元钱，包吃包住还包陪他睡觉，到底是谁包谁呢？那么他……是嫖客？可嫖客的对应人是小姐，是“鸡”，我是吗？这辈子，除了小萌她爸，再有就是他，我还跟过别的男人吗？若真狠心去当“鸡”，去挣那种一把一利索的票子，日子也不至于过得这样艰难吧？每次这般想着，彭雪莲就泪流满面，无声哭泣，直至昏昏沉沉地睡去。

晚饭是大米饭，酸菜炖肉粉。知道老徐来，特意多买了一块五花肉，都放了进去。老徐不挑拣，吃得挺香甜，还自己从碗橱里摸出上次留下的半瓶白酒，自斟自饮了一杯。推碗放筷时，他想起什么似的，从裤袋里摸出一张五十元的票子，放在饭桌上，说孩子有病，你掂量，给她买点儿什么吧。彭雪莲心里冷笑，这是要上床了，卡拉 OK 嘛，总要来点儿前奏，总比做完事再把钱放在枕边来得体面。她说，你也不容易，不要。老徐将票子往前推了推，很大方地说，长辈嘛，总得有点儿表示，收下。彭雪莲不看票子，也不看他，起身收拾碗筷，进厨房去了。

老徐钻进了卫生间。她将折叠椅放在门外，再从衣柜里找出特意备给他的那身衬衣衬裤，搭在椅背上。老徐洗完出来，会把这身换上，再将换下的丢进洗衣机里。可她不给他洗，等他走时再掏出来换上。她要洗的是他每次丢下的这身。彭雪莲讨厌烟味，可老徐烟抽得挺重，且专抽那种自己卷的老旱烟，他衣服上的每丝纤维里，都浸透了那种让人头痛的蛤蟆癞的味道。老徐第一次来家，刚把烟尾巴从嘴边拿下来，她便捧过一只烟灰缸，再送到卫生间放水送走，又去打开窗户放风。她说，闺女大了，可不能让她知道家里来了男人。老徐还算聪明，从那以后，再也不在这个家里吸烟。可那衬衣衬裤也好悬惹出麻烦。那一次，老徐走了，她将他换下的那身衣裤洗完挂在阳台上，还没来得及收走，就被小萌发现了。小萌问，这是谁的？她遮掩说，是你爸爸的。小萌问，爸爸回来了吗？她说，是以前爸爸在家时的，压在柜底忘洗了。可这样的谎言还能对孩子再说二次吗？

老徐洗完澡，就跑到床上去了。别看他老了，对吃喝不挑拣，可对那种事却在意得很，而且是恨不得多捞一把是一把，不捞尽掏干不罢休的贪婪。一个月花六百元钱，他的心思主要在这上面。彭雪莲也进卫生间冲洗了一下，出来时便躺在了他的身边。老徐细瘦的身子立刻缠过来，一只手搂着她，一只手在她赤裸丰满的身子上放肆地游走，嘴里叨咕着，想死我啦，小宝贝，想死我啦。她不应，随他怎样说，其实他也就会这么两句。老徐又扳过她的脸，将嘴巴凑过来，她则坚决地梗过脖颈，躲开，说你满嘴的烟味，我不。老徐说，我刷牙了，还嚼了口香糖。她说，那乱七八糟的味儿，更烦人。

老徐不再勉强，开始直奔主题。她平展展地摊开身子，仰面而卧，随手拉了灯绳，任他作为。他是耗子尾巴上的疖子，就那么点儿脓水，完了也就完了，完了才会死猪般地睡去。可这次，黑暗中，他折腾了好一阵，仍是没有实质性的作为，反倒弄得自己大汗淋漓。以前，这样的情况也有，五十微软，六十松下，都属正常。她帮助做些配合，他便奋而骁勇了。他虽老些，却不乏经验，也能自控，常能给她年轻旺盛的身体一些安慰。可这次，他不行，真的不行，软塌塌的，彻底死机。

她安慰说，你今天太累了。

他说，他妈的，累死了。

她又说，你今天心情也不好。

他说，他妈的，等找到那两个人，看我不剥了他们的皮。

她说，你睡吧，不是不急着回去吗？

他说，我是觉得对不住你。

她说，我也没心情，孩子正病着。

他说，看我明天不收拾死你。

她说，那就等明天，睡吧。

老徐翻过身去。他没死心，一时半晌还不会睡着。她也侧过身，默默地想心事。她正年轻，刚刚三十三岁，如狼似虎之年，被男人那样撩拨了一阵，从心到身，不会一无反应。可她忍着，不想再去碰惹他。唉，这一夜，又不知什么时候才能睡着了。

电话突然响起来。她拉亮灯，坐起身，先看了看来电显示，然后才抓起话筒。来电显示是他来了之后才配上的，是按他的要求，也是他花的钱。鬼祟人要做鬼祟事，腰里有手机又怕长途加漫游话费太贵，似乎也只能这样了。

“小彭，还没睡吧？”电话是厂里打来的。

“是赵师傅吧。哪能就睡这么早。有事吗？”彭雪莲答。

“听说你女儿病了，好点儿了吗？”

“好多了，她刚睡下。谢谢你惦记着。”

“是这样，三班的赵姐刚才突然心口疼，挺不住，去医院了。她看的那几台床子空了下来。我不知你……想不想来？”

彭雪莲扫了坐起的老徐一眼，说：“孩子……还没好利索，离不开人。再找找别人吧，谢谢你了。”

“那好，你休息吧。”

电话放下了。老徐瞪着一双疑惑的眼睛问：“是谁？”

彭雪莲说：“我们车间的一位师傅。有人当班病了，空档了，问我能不能去顶顶岗。”

老徐又问：“是男的吧？”

彭雪莲心里窝着的火气蠢蠢欲动，倔哼哼地答：“这满世界，除了女的，就是男的，想找不男不女的二尾子，也有，可难！”

老徐闷了一会儿，又吭吭哧哧地问：“你……不是除了我，还有别的男人吧？”

彭雪莲一掀被子，恨恨地说：“对，还有，一帮呢，个顶个生龙活虎，你不来，我就去找他们！”

灯又熄了，两人一时无话。彭雪莲背对着已上了年纪的空壳男人，身上和心里本来就被他闹腾得不好受，再添上刚才的这一场，越发火气难平。打电话来的赵师傅是车间里的保全工，技术好，心也善良。她跟赵师傅说过，如果车间里一时缺了人手，千万别忘了她，顶一个班能多挣四十来元钱呢。可今天，就因为这个老家伙，到手的钱说没就没了。

身后的老徐揪开被角，将瘦得硌人的身子贴过来，手又不老实了，胡乱地抓摸，嘴里还嘟囔，生气了是不是？何苦呢，你又不是我明媒正娶的老婆，只要我来的这几天，你能让我高兴，我啥都不管，随你便，行不？其实我知道，我想管也管不了，我也没权利管，你跟了谁也不算给我戴绿帽子……

"咔"的一声，彭雪莲又扯亮了灯，起身就穿衣裳。老徐愣了，问你、你要干啥？彭雪莲压低声音吼道：

"对，你想管我，休想！你要有本事，现在就来，我收了你的钱，随你折腾！可你就这水了吧唧的熊样儿，对不起，做你的美梦去吧。明早的饭，亏不了你，我回来！我现在要去上班了，我犯不上再为你耽误一份工钱！"

三

彭雪莲是合成纺织厂的女工。

彭雪莲的老家在乡下。读完中学，她考进了省城的纺织技校，毕业后就进厂当了工人，再往后就结婚生女，有了这个小巢。丈夫是阀门厂的工人。两年前，阀门厂宣布倒闭，丈夫和一些工人为争日后的出路，和厂里雇来的保安人员发生了冲突，造成一位保安重伤致残的那一砖头是她丈夫砸出去的，丈夫被判了八年徒刑。如果丈夫盗窃抢劫或者嫖娼养二奶做了什么对不起她的事，拜拜分手各奔前程也是很正常的事，可丈夫是血性汉子呀，丈夫只是性子耿直躁烈，以前在家时一直都把她和孩子当成手心里的宝，怎么能在他那已受伤害的心灵上再捅上一刀呢？怎么能让他在漫漫刑期里心如死灰无所期盼呢？所以，在收监服刑后的第一次狱中会面时，当丈夫硬着心肠将一纸离婚书递过来时，她看都没看就将那张纸片片撕碎了，她说，别说八年，就是八十年，我和孩子也等你回来。你记着，你还有家，有老婆孩子，好好接受改造，到啥时候也不许破罐子破摔。

彭雪莲每月去探一次监，给丈夫留下一百元钱。丈夫不要，往回推，说你和孩子还得过日子呢，我在这里饿不着，也冻不着。彭雪莲说，外面的日子总比你在里面好将就，你别挂念我和孩子，留着。眼下纺织行业的效益都不好，彭雪莲在厂里的工资一月能开五六百元，效益好时，或者她能顶两份替班，有时能开上七八百元。两口人的日子，煤水电费，柴米油盐，确实好将就，但不好将就的是孩子的学杂费，要是五天小萌没跟她伸手，她就心念阿弥陀佛了，光是午间的那顿“小饭桌”，一月就是一百元呢。乡下的父母和亲戚是指靠不上的，逢年过节还得跟她要。公公也是阀门厂的老人儿，三扎票子，黄摊儿的厂子便把工龄养老什么的统统买断了。为儿子的那个官司，老人先豁出去一万多元，剩下的置办点儿家什，老两口儿天天晚上去路边炒瓜子卖。老人心疼孙女，也感谢儿媳给儿子守着这个家，可除了有时帮忙照看照看孩子，还能帮上什么呢？

车间里有个袁姐，可能算是最知彭雪莲艰辛的一个人了。袁姐比彭雪莲大两岁，模样不如彭雪莲长得周正，圆圆胖胖的，男人跟人跑买卖，花了心，把她和家一块扔了。袁姐独自带养儿子，日子却过得比彭雪莲好得多。袁姐私下里对彭雪莲说，想开些吧，何苦硬撑着，这年月，谁还稀罕贞节牌坊啊？对别人，发展是硬道理，对咱姐妹，生存才是天经地义第一宗。彭雪莲说，我也愁着再做点儿啥，好歹有些收入，可厂里的床子拴死人，晚来早走地惹烦了领导，真要打发咱下了岗，就更没活路了。袁姐说，班上的活儿，咱照干，八小时之外，谁还管你呀？家里的房子现成，不兴找个客人，当当全职保姆呀？彭雪莲一听这话，脸先红了。她知道袁姐说的全职保姆的意思，也早听人私下议论，说袁姐早在当这种保姆了，而且侍候的还不止一位两位。有嘴巴损的说，袁师傅不光是个合格车前工，还得是个好调度呢，不然几头发情的公牛顶在一块可咋整？彭雪莲把脑袋摇成了拨浪鼓，说不不不，我这人好清静，孩子早晚闹得还侍候不过来呢。

半年前，小萌病了，进了医院就被留下了，大夫说是急性脑膜炎，必须住院治疗。彭雪莲说，我按时送来打针，不住院行不？大夫说，这种病，一旦耽误，或有生命危险，或大脑受影响，变成痴呆儿，而且有传染，我们不敢承担可能出现的任何后果。可住院的押金就是三千元，彭雪莲傻眼了，急打电话给袁姐。袁姐说，那还犹豫个啥，你快办手续，我这就给你张罗钱，随后就到。

那一次，孩子住了十天院，花了四千多。再见袁姐时，彭雪莲说，孩子保住了，我也想明白了，就求袁姐帮我踅摸一个主儿吧。袁姐长叹一口气，说这种事，也得慢慢等机会，不求别的，总得是长颗人心的吧，不然，把狼心狗肺的引进家门，那日后的麻烦可就大了。钱的事，你别太挂在心上，是我和赵师傅垫上的，谁让咱顶天立地的工人是一个命呢。

陪女儿在病房的那些天，彭雪莲不知流了多少泪水。这个月，请了十天事假，怕是四百元钱也难开到手。孩子的爷爷奶奶来看孙女，放下一千元钱，已经不少了，他们才有多少钱啊，风烛残年的，不定哪天更需要票子呢。彭雪莲心里一遍遍地叨念着丈夫的名字，说不是我不要脸，我是真挺不下去了，我的身子脏就脏了吧，可我的心里还干净，只放着你，我巴不得你立时就回到家里来，我是真没办法了……

几天后，袁姐悄悄地对彭雪莲说，我真替你找到一个，姓徐，西边县里的，一个月也就来那么几天，他说给五百，我没同意，想在宾馆里包个有点儿模样的房间，一天还得一二百元呢。他答应掏六百，再不肯加了。要说不可心的地方呢，我看就是年龄大点儿，长得也老相，看样子往六十奔了。可老点儿更好，囊子空了，没本事了，老实，省着没完没了地闹腾你。我跟你说，这是为你，不然，我就把他领家里去了，正好这几天我也是闲着。彭雪莲脸红心跳，低声问，我和那个人还先见个面不？袁姐说，你要想见，我就给你安排。可见有啥用？又不想跟他长远过日子。让他住几天，觉着还行，欢迎再来。心里要是烦，随便找个啥理由，下回不让他来就是了。彭雪莲又问，一天三顿饭咋给他安排？袁姐说，咱在家吃啥，他就随着吃啥呗，别让他打扫剩菜剩饭就算对得起他了。我跟你说，千万别把这些人当回事，回到他们自己家里，日子未必比咱们过得强多少，要真是趁钱的主儿，早包养二奶去了，还用得着要这套呀？这套叫啥？叫穷鬼乐。穷得就差挨家门口去叫爷爷求奶奶了，还想乐，玩潇洒，细寻思寻思，除了找个吃饭睡觉的地方，也就图那点儿事呗。你我又不是大姑娘，往开了想，有啥呀？就好比进菜市，匀整的茄子辣椒任挑拣，论斤卖，咱是过了口让人挑拣剩下的，就一堆一块，包圆卖呗。哼，说咱侍候他，他还侍候了咱呢，累得呼哧带喘的，自作自受，活该。我看书上说，女人可不能总守着，时间长了，容易得病，家里养盆花，还得常浇浇水呢……彭雪莲捅了她一下，不让她再说下去，说你住嘴吧，不嫌丢人呀？我只是……有点儿怕。袁姐说，你咋啦你怕？满社会天天喊开放搞活，谁交个朋友不行啊？谁家来个亲戚朋友还得向居委会报告啊？来个岁数大点儿的更好，有人嘴欠，就说是三叔五舅二大爷，他管得着啊？放心吧，没人问，保证没人问。

事情就是这么开头的。那一天，彭雪莲甚至想到去找车间里的保全工赵师傅，把他请到家里，把这身子先给了他。赵师傅为人厚道实在，尤其对她深表同情，提来开水时，总是往她杯子里续上一点儿，午间去蒸饭器上取饭盒，也常替她带回来，却很少说什么话，可他那关切同情的眼神她读得懂，她一听电视里唱《懂你》那首歌，眼前似乎就有赵师傅的影子。“春去秋来，你的爱已无声……多想靠近你，告诉你其实我一直都懂你……依偎在你温暖寂寞的怀里。”可再多想，她就骂自己了，呸，你以为你是谁？你还是黄花闺女啊？谁还稀罕你？既想当婊子，就别再自作多情让人恶心了吧……

人来了，彭雪莲找个借口先将孩子送到奶奶那里住几天。女儿大了，懂事了，这种事无论如何不能让她知道，都说养猪随圈，可不能让孩子长大了再走这一步啊。第一夜，彭雪莲畏畏缩缩地上床前，先把灯关了。可那老徐偏又把灯拉开，还把她的衣裳都剥光。她由他，却把眼睛紧紧地闭上，脸也扭到一边，感觉到有嘴巴往前凑，就干脆扯过枕巾将脸彻底捂上，心里想着是丈夫回来了。那一次老徐还顺利，完事时将枕巾扯下来，见彭雪莲泪流满面，就哑了嘴巴，不知说什么好了。

应该说，老徐还是个挺省心也好侍候的人。饭熟了，招呼一声，他凑到桌前去，端碗就吃，从不说咸道淡，问可口不可口，便答挺好挺好。早晨，她去上班，他也出门去忙自己的事，傍晚回来时，她开门进屋，刚扎上围裙做饭，他也敲门了。后来听说，他早就回来了，在附近转，直到看灯亮了，才跑上楼。正是入冬时节，天冷，风也大，彭雪莲心里不忍，找出备用的房门钥匙交给他，说再回来，就自己进家吧，别冻着。彭雪莲再下班回家时，就见他老老实实看电视，再细看，水池里的碗刷了，地也擦过，几处有抽屉有门儿的地方却没随意翻找的迹象。彭雪莲说，你回家只管歇着就是了，别累着。老徐说，我愿活动活动，累不着，在家时也常干。彭雪莲心里生出一些感动，心想，若不是夜里陪他睡觉，岂不就像家里来了亲戚？

老徐住了几天，放下钥匙，走了。袁姐问，还行吧，这个人？彭雪莲叹了口气，说就那样吧，什么行不行。袁姐问，是不是太老了点儿？彭雪莲说，老点儿好，省饭。一声“省饭”，把袁姐逗笑了，说这年月，再穷，谁家还在乎两碗饭？你要是在那个事上不称心，咱俩换换。来我家的那位，年轻，四十岁还不到，家里的老婆跟人跑了，他一来，就像捞血本儿似的，一夜最少折腾两回，让人根本睡不好觉。彭雪莲狠狠掐了袁姐一把，说你再胡说，往后不理你了。

不久后，袁姐跟彭雪莲说，又有了一个主儿，条件也不错，你想不想也接下来？彭雪莲有些羞恼，想也不想就回绝了，说那我成了啥了？袁姐说，你还想为那个老东西守着呀，嘁，他也配！反正一只羊是放，两只羊也是放。彭雪莲不想在这个问题上太伤袁姐的面子，人家是真心实意在帮你的忙，打人别打脸，况且老鸹已经落在了猪身上，一般的黑，何苦呢，便软下口气说，也不是给谁守着，孩子不好总往她奶奶那儿送，谢谢袁姐，就这样吧。

老徐第二次来的时候，除了先放桌上六百元钱，还送给她一套衬衣，全棉的，粉红色，包装挺精致。老徐说，我看你的衬衣都穿破了，真像以前说的那句话了，纺织娘，没衣裳。也许是那身衬衣起的作用，那一夜，彭雪莲上了床，只觉浑身滚烫，双臂紧紧缠绕住了老徐的腰身，到了极致处，忍不住叫起来，还突然腾身坐起，一口咬住了老徐的肩头。老徐大惊，忙问怎么了怎么了？彭雪莲全身的骨肉都紧绷着，有那么一瞬，突然就土崩瓦解，嘴巴也松开了，散包的棉花一样瘫软在床上。那一刻，彭雪莲的心里似很充实，又很空茫，她不知是应该高兴，还是应该羞惭、悔恨，我这是怎么了？跟这么个老东西，怎么还能出这种洋相？老徐傻怔怔地还在抚揉着肩头上的那一排牙印，一个劲儿地问，怎么了，你是怎么了？彭雪莲慵懒地说，死了……死了好。老徐似乎一下明白过来，兴奋地搂紧她的身子，说我还行吧？他妈的，我家里的那个败家娘儿们，孩子给我生了好几个，一辈子也没给我死过一回。你等着，往后我回回让你死。

可哪里还有往后？那种感觉，彭雪莲再也没有过，想找也找不回来了。老徐以为摸索出了经验，以后再来，除了票子一分不缺，总是再带点儿女人喜欢的东西，可没用。一颗已死去的心，若活过一次又死去，再想让它复转，就难上加难啦！

四

彭雪莲顶替别人上了夜班，白天又走自己的正班，这种连轴转，铁打的人也会腰酸腿软头昏脑涨。好不容易盼到下班了，她先在家附近的小副食店买了半斤猪肉和青椒蒜薹。不管昨晚闹得怎样不愉快，饭菜总还是要给人家预备下，多少上些档次，也算略示歉意主动和解的一种表示吧。进了家门，屋子里静悄悄，她先掀开洗衣机看了看，一股浓重的汗酸味和烟草味扑面而来，他的那身衬衣还在，彭雪莲放心了。老徐确实还没回来，而不是她所担心的撂脸子要脾气一走了之。也许，这也应该算作他的一点儿可取之处吧，还知道自己的半斤八两，还没把自己当作惹不起碰不得的霸王。

彭雪莲做了大米饭，炒了两个菜，还蒸了一碗鸡蛋羹。在这个家里，已接近年节的水平了。饭菜熟了老半天，人却还没回来。将东西放进大蒸锅里小火温着，她靠在枕上看电视，看着看着，就沉沉地睡去了。

被老徐拨醒的时候，已是入夜时分。老徐说，我看你也没动筷呢，快起来吃一口再睡。连轴的班，累坏了吧？彭雪莲起身说，等你呢。咋才回来？老徐说，跟踪追击加守株待兔，我也饿坏了，一边吃我一边跟你说。

菜已端到桌上，两碗饭也盛好，连筷子都横在了碗上。老徐进了门，先没惊动她，将这些都做好了，服务得挺自觉，也挺彻底。老徐很高兴地说，真是好饭不怕晚。彭雪莲问，你不再喝一口？老徐说，今儿不喝。你听我说说今天的事，老有意思了。

原来今天老徐问张三问李四，总算找到了一位摊主的家，找到家他又不敢去敲门，怕人家听出他的声音就躲起来，便守在小区花园里等，一直等到傍晚，才见那位中年女士出来遛腿散步。老徐留了心眼儿，仍不急着露面，只是一路尾随，直到那位女士再返家门，他才一步抢过去。他有话，你要想躲账赖账，对不起，我可就要在你家住下了，我不信你跑得了和尚还跑得了庙！女士无计可施，只好答应三天之内结账。

彭雪莲感叹地说，没想你还挺有办法呢，真是做哪行都不容易呀。

吃着说着的时候，电话响了，是老徐起身去看的来电显示，然后说是找我的，你先接，彭雪莲便明白了。彭雪莲稳稳神，拿起话筒，捏着很职业化的语调，说："红利宾馆，您请讲话。"电话里那个已熟悉了的老年女声气冲冲的："你们宾馆是怎么回事，大白天的怎么连总机都没人接？"彭雪莲答："对不起，我们接线员白天还有清理客房的任务。"老年女声又说："徐先生还是住 603 房间吧，我找他说话。"彭雪莲应："您稍候。"顺手磕了一下什么键子，给那边的音响效果便是在接转。那老徐站在旁边，又故意磨蹭一下，才接过了话筒。

一切都很程序化，因此也就轻车熟路，表演自如。老徐对电话说的，不外还是白天找人讨债的情况，又说吃住都方便，让家里放心。再回桌前，两人相视一笑，继续吃饭。

饭后，老徐又去洗澡。彭雪莲收拾完厨房，上床前也冲了身子。她知道，那道主菜没落肚，老徐是不会让她安安稳稳睡觉的，昨晚他就觉亏着呢。没想，她躺到床上时，他又跳下地，说去方便，却先在衣挂前窸窸窣窣地摆弄了一阵什么，然后才钻进卫生间去。

老徐再回床上，就将彭雪莲揽在了怀里，手也开始了那些老生常谈的模式化动作。彭雪莲说，今儿你快点儿吧，我太累了。老徐说，先说说话，我今儿高兴。没想两人头一句脚一句没话找话地说着，彭雪莲就感觉出了异常，她发觉老徐的身子迅速热起来，人生病发烧也是热，但哪会这么快？那速度就好似接通了电源的电热毯。还有，他身子开始抖，尤其是两只手，抖得像拉胡琴的人在揉弦。彭雪莲问，你怎么啦？老徐说，我、我……我头晕，脑袋疼，疼得厉害。彭雪莲把手放在老徐赤裸的左胸上，这一摸，更觉了不得，他心跳得像擂鼓，咚、咚咚……也不光擂得重，而且乱，全无节奏，还快，像个疯子操起了鼓槌，在胡乱地敲击。彭雪莲盯住墙上的电子钟，手不动，看着秒针跳了一圈，我的妈，一百多下呀！她怔怔神，想了想刚才的事，就想起老徐说去方便，却在衣挂前窸窣，问：

"你刚才是不是吃了什么？"

"没、没有。哎哟，头疼，涨……"老徐抱着脑袋说。

"你是不是吃了药？乱七八糟的药？"

"药店说，没、没毒副作用……"

“你是不是早就有高血压心脏病？”

“有……有也不重。”

彭雪莲跳下床，去衣挂上他的衣袋裤袋里翻，果然就翻出一个烟盒大的药盒子，盒面上是不堪入目的赤男裸女。不用再说，一目了然，老徐怕今天再无战斗力，便偷偷去买了壮阳药，却又舍不得花票子买正宗货，便弄回了这种假冒伪劣的害人东西。该，活该，看不吃死你！真是气死人啦！

彭雪莲气得喊起来，也不管隔壁是不是会有人听到了：“你找死呀？你不要命啦？这种东西你也敢吃！”

老徐脸色红紫，快成了生猪肝，两手抱着太阳穴，闭着两眼不动：“你别、别说话，让我躺、躺一会儿就好了……”

“你还等好啊？这是刚发作，再等就更大发了，你是等死呀！”

“死就死……死了利索，省心……”

彭雪莲恨得骂：“想死你回自己家去死，你死在这儿让我怎么办？你还让不让我活人啦？走，穿衣裳，上医院！”

“不……我不去……”

“还磨叽什么！快起来，走，我陪你去！”

“我、我身上没剩几个钱儿啦……”

“有没有钱，也得要命，走！”

那一刻，彭雪莲什么也顾不得了，当着老徐的面，将紧锁的箱子打开，把家里仅存的几百元钱都抓在手里，又动手帮老徐穿好衣裳，系好鞋，就连拉带扶地和他一起走进夜色中了。

五

这天上午，如果把车间的质量检查员比喻为一只鹰，那由彭雪莲负责的几台床子便成了常有愚笨的土鸡游荡出没的村庄。那只鹰的每一次俯冲抓掠，都能准确地劫获肥硕的猎物。猎物不是别的，就是彭雪莲床子上混纺织品出现的纰点。有了那么几次，检查员就将车间主任找来了。主任黑着脸，鼻子不是鼻子脸不是脸地训斥说，想挣这份工资就给我好好干，别占着茅坑拉歪屎，整得埋埋汰汰的，让谁给你收拾！赵师傅跑过来，说这几台床子这几天一直有毛病，我正给她查呢。主任说，你少替她遮（意为另找理由掩饰），换个人给我守守看，看还出不出毛病？你再胡说八道，小心我连你的工资一块扣！彭雪莲晕头涨脸地站在那里，低声说，这两天，我身体不好，精神集中不起来，我请病假……

累计起来，前儿一夜，昨儿一天，再加上昨天的又是一夜，彭雪莲已有四十多个小时没睡觉了。前一昼夜，她是忙在床子上，身子累，心里却还平静。可昨儿这一夜，她心惊肉跳，闭上眼就是老徐，老徐一忽儿龇牙咧嘴双目圆瞪，一忽儿头破肢断周身是血躺在她的身边，那是老徐的魂灵，亡魂无归路，在缠着呢。

彭雪莲进了女工更衣室，坐在那里发呆。她不想回家，也不敢回家，一进了家门，就能闻到老徐留下的气味，似乎就有老徐的身影在她身边游晃。老徐死得实在太冤，冤魂野鬼，无处可去，只能缠着她，缠她讨公道。可她又能为老徐做什么呢？

彭雪莲从更衣箱里翻出那张《晨报》，目光直直地盯在那条消息上，白纸黑字，触目惊心。报纸是早晨上班时买的，买了就藏在怀里，换工装时又塞进了更衣箱底部。其实那个消息已是路人皆知，早晨在公共汽车上，交通台就在广播，播了一遍又一遍，还有主持人的评述，有征询线索的意思。听到的人则议论纷纷，斥的，骂的，猜测的，设想的，说什么的都有，甚至还有人说逃逸的司机和那个失踪的女人是同谋作案，图财或为情害命。进了车间，工友们一边更衣，一边也在议论这件事，说这世界，越来让人不认识了，什么离奇的事都出，什么鬼祟的人都有，可都是图的什么呢……

恶司机撞人致死仓皇逃逸

怪女人一路搀行神秘失踪

本报消息　昨日入夜时分，具体时间是 21 时 05 分左右，我市工人村附近发生一起严重交通肇事事件。一位年近花甲的男子过街道时，突被一辆快速行驶的面包车撞倒，男子倒地，当即死亡。肇事面包车曾在数十米外小作停留，而后在夜色中仓皇逃逸。令人奇怪的是，有路边下象棋的人发现，男子过马路时曾有一年轻女士搀扶，被撞倒地后还听那位女士惊慌而急切地喊了几声“老徐”或“老许”，人们闻讯赶过去救助，却没想在手忙脚乱中，那位女士神秘失踪。死亡男子年纪在55岁至60岁之间，中等身材，偏瘦，面色黝黑，看体貌像外地人，似应姓徐或姓许，被撞后身体没有明显伤痕，送第三人民医院后据医生判断，是被撞倒地后心脑血管猝然破裂而亡。而据警方推测，失踪女士似应与死亡男子相熟。警方请求广大群众提供线索，对肇事逃逸车辆及司机，还有死亡男子和失踪女士的情况，都须进行紧密追查和了解。有知情者请与工人村派出所取得联系，联系电话是……

咚咚咚，有人敲门。彭雪莲急将报纸塞进手提袋，问是谁，听了应答，她嘘口气，说你进来吧，没别人。进来的是赵师傅，说你脸色特别不好，是不是连了两个班，孩子有病，昨天夜里又没休息好？回家好好睡一觉吧，可不能再硬挺着了。彭雪莲心里又酸又热，有泪涌上来，低声说，我也想睡，可睡不着。赵师傅说，人一累过了劲儿，就容易出现这种情况，我给你找了两片药，帮助睡觉的。可别一次两片都吃了，有一片就行。彭雪莲接过用纸包着的药，道了谢，说你忙去吧，我再坐一会儿，就回去。

赵师傅走了，不大的时辰，袁姐又闪进来，进屋就埋怨："你这是咋的啦？丢了魂儿似的。"

彭雪莲呆坐在那里不说话，眼里的泪水再也忍不住，断线似的流下来。袁姐说：

"你说话呀，我是撒谎说上厕所跑来看你，让人替我看着床子呢，可不敢多耽搁。"

彭雪莲说："袁姐，坏了，出大事啦！"

袁姐问："出啥大事啦，你说呀。"

彭雪莲说："那个女人就是我，你说我可咋整呀？"

袁姐问："哪个女人是你？你从头说，别整得鬼画弧似的。"

彭雪莲拿出了报纸，指着那则消息说："你看看吧……"

袁姐草草扫了报纸两眼，也傻了，问："真是你？"

彭雪莲点头说："死的是老徐。昨儿夜里，老徐为了逞能，背着我偷吃了也不知是从哪儿买来的害人药，吃完就犯了病，浑身乱抖乱颤的，心脏也跳得吓人。我怕他出事，陪他去医院。我家那片小区你是知道的，穷人住的地方，夜里黑灯瞎火，连出租车都很少去那里揽活儿。我扶他往大街上找，冷不丁闯出一辆面包车，就把他挂倒了。我是闪得快，不然也躲不开。可老徐正犯病，木头人似的，我拉了他一把，也没救下他。他那一下摔得挺重，扑通一声，我去扶他喊他，可他嘴里吐白沫，就是不吭声。后来路上的人跑过来，我怕去了医院说不清楚，就趁乱躲起来了。其实……也没躲多远，就藏在附近的树丛后，人们的大呼小叫声都听得清清楚楚，也就咱俩说话的这么大工夫，老徐就咽气了……”

袁姐在地上转起圈子来，嘴里不住地叨念：“这咋整？这可咋整？”转了一会儿，又问：“撞人的那辆面包车你看清楚了吗？”

彭雪莲说：“我扫了一眼，车牌子尾数还记得，是348。可我……我可咋去跟警察说呀？说了我也完啦！我家里还有孩子呢……”

袁姐又问：“老徐家里的人知道他住在你这里吗？”

彭雪莲摇头：“不知道。可……可老徐把我家的电话告诉他家里了，说是宾馆的总机。每次家里有电话找他，他就让我先接，再装作把电话接到他的房间。”

“他没有手机吗？”

“有，可他怕贵，说长途加漫游啥的。”

袁姐恨骂：“这个小抠儿，该，死了也活该！”

彭雪莲哀告说：“袁姐，你给出出主意吧，我真是没办法啦。”

袁姐想了想，狠下心来说："那你就听我的，眯着，彻底地眯着，不露面，也啥都别说，就是有人问到头上，也是一问三不知。他家里有电话咋？还许记错号了呢。那玩意儿也算不了什么证据。反正你死不认账，警察也只能白怀疑。"

彭雪莲说："可总是……一条人命啊。"

袁姐说："冤有头，债有主，人命也不是你害的，这没错吧？如果警察把那个王八蛋司机抓住，那算他们有本事，也是他们的责任。抓不住，老徐死后有魂儿，那也恨不到你，他带小鬼找那小子索命去！再说，你就是出面认了账，也没人说你是见义勇为，给你自己白惹了一身埋汰，人不人鬼不鬼的不说，连那个死老徐都要遭家里人唾骂。人都死了，死了死了，一死百了，你就让他消消停停地去了吧。"

彭雪莲嘟哝说："老徐随身带的皮夹包还在我家里呢。"

"还有啥值钱的东西吗？"

"倒也没啥。一个手机，一个电话本，还有一些追款的账单子。啊对，身份证也在里面呢。"

"一把火，趁早烧掉，不好烧，就找个远点儿的地方，越远越好，往包里塞块石头，沉水泡子里去。"

有人敲门，挺急，也挺重。车间主任在门外喊，袁师傅在屋里吧？说上厕所钻更衣室里来干什么？快回床子去。袁姐大声答，老娘们儿有老娘们儿的事，不许进来呀！又小声对彭雪莲说："就照我说的办，听到没？"

六

恶司机难逃法网　怪女士已露端倪

本报消息　前几天本报登载出面包车撞人致死仓皇逃逸的消息后，广大读者给予了极大的关注，纷纷给报社和派出所打来电话，询问案件进展情况并积极提供线索。昨天夜里，工人村派出所院内意外出现一只皮夹包，包内有被撞致死者徐某的身份证及手机等，特别是还附有一张字条，提供了肇事面包车车牌的后三位尾号。警方根据线索立即追查，已将肇事后逃逸的司机抓捕归案。据初步审讯，犯罪嫌疑人已初步承认为酒后驾车所致，并对致人死命而后逃逸表示忏悔。

另，据警方分析，将徐某遗留物品送至派出所院内并提供肇事车辆线索者，极可能就是那位神秘失踪的女士。警方对此表示感谢，并真诚希望这位女士走出幕后，为进一步审理此案提供更直接的证据。

这天，下班后，彭雪莲骑车子去公婆处接回了孩子。小萌进了家门，就惊奇地乱跑乱看起来。家里原来的那张双人床已搬到小北屋去了，那间大些的南屋则摆了四张单人铁床。铁床已很破旧，油漆脱落，锈迹斑斑，好在床上铺了被褥和新床单，给人很整洁的感觉。小萌不住地问，为什么，为什么呀？彭雪莲说，妈妈想在家里开旅店，以后家里可能要来客人了。小萌问，会有人来吗？彭雪莲说，慢慢地，会有人来的，妈妈要的价钱便宜。妈妈要给你多挣些钱，盼着你以后念大学。小萌问，那我以后住哪儿呀？彭雪莲说，跟妈妈一起住北屋啊。小萌又问，这是妈妈要搞的第二职业吗？彭雪莲点点头，苦涩地笑了，说就算是吧。小萌明白了似的说，原来妈妈没出差，是在家里准备开旅店，那为什么不打电话告诉我一声呀？彭雪莲说，你回来就知道了，还打电话干什么，不怕花电话费呀？小萌哼了哼鼻子说，奶奶也不让我往家里打电话。

自从丈夫出事后，公婆往家里打来的电话明显少多了。有时彭雪莲说有事，将孩子送过去，老人二话不说，就将孩子留下。但如果不去接，老人们绝不会送，也不会打电话询问。孩子回家说，就是她想用电话跟妈妈说说话，爷爷奶奶也坚决地拦阻，说妈妈忙，不要打扰她。那是一种理解，还是一种宽容呢？那不言自明的疏淡中，是否已给了人一种意味深长的暗示？

有人敲门，打开，迎面是一位警察，身后站着一位上了年纪的妇女，还有一个小伙子，引人注目处，是两人臂上都戴着黑纱。彭雪莲心里紧了紧，猜知这两个人是谁了。

几个人进屋。警察先亮出证件，说我是工人村派出所的。前几天在咱们小区附近发生一起交通肇事，有一位老同志，姓徐，被撞死了，这事你知道吧？

彭雪莲点点头，平静作答："我知道。"

警察问："死者你认识吗？"

彭雪莲答："认识。他死前就住在我这里。"

那位妇女和小伙子闻言，就窜进了南屋北屋，东张西望地看。彭雪莲心里说，看吧看吧，预备出来，就是为给你们看的。她本来算计着，他们可能要过一两天才能找来，没想这么快就来了。

警察问："徐同志被撞时，你是不是在现场？"

彭雪莲答："是，我亲眼看到了，我也差点儿被撞死。"

警察问："这么说，将死者遗物送到派出所的，也是你了？"

彭雪莲答："对，是我。"

妇女跑过来，将信将疑地问："我家老徐怎么能住在这里？你这里是旅店吗？"

彭雪莲答："说是就是，说不是，也没错。徐先生住在这里，图的就是便宜。"

妇女瞪着眼睛问："那我打电话，你为什么说是红利旅店，还装模作样地转电话？"

彭雪莲答："我办不下来营业执照，可我家里又穷，没办法，我只能这么办。那天在出事现场，我躲了，也是怕开这种旅店露馅被罚款。”

妇女问：“你男人呢？你男人在家吗？”

彭雪莲答：“我男人在监狱里，不然家里也不会穷到这个地步。”

妇女激愤起来，将手指戳到彭雪莲鼻前，恶狠狠地问：“你、你把我家老徐整到家里来，是不是……还做了啥见不得人的事？”

彭雪莲将妇女的手拨开，冷冷地说：“这位大姨，你家死了人，心里肯定难受，我今天不想跟你计较。可以后你如果再说这样的话，别怪我不客气。我问你，我要真做了什么见不得人的事，还会主动将老徐的东西送到派出所去吗？我不交，不信你们就能找到我！”

妇女一时哑了嘴巴，不知说什么好。那小伙子也说，妈，我爸都没了，你就别乱猜乱讲了。我爸的性子你不是不知道，他也是想为家里省几个钱儿。

警察做个手势，制止他们再争辩，对彭雪莲说：“这样吧，你马上跟我去派出所，有些情况，我们要做进一步的调查，也需做笔录，请你配合我们的工作，好不好？”

彭雪莲说：“我家里有孩子，等我安排一下，行吗？”

彭雪莲随警察和那两人走出家门的时候，又是入夜时分。无月，很黑，风很硬，也很凉。过马路的时候，她伫步而立，不禁打了个寒战，那一夜的噩梦似乎又在眼前闪了一下。警察拉拉她，说你家里的情况，死者家属已都看到了，你要好好想一想，到了我们那里，一定要如实说明。

彭雪莲似乎听明白了警察话里的意思，点点头，向着茫茫的夜色中走去。

学者出行

冯先生原在一个中等城市的艺术研究所当研究员，对美学颇有些造诣，出过两本专著，也算得一位在省内有影响的学者了。近几年，大学扩招，省城的一所高等院校由学院改成大学，既称大学，就要文理兼备，新增了文科的几个教研室。为增加师资力量，冯先生被调进大学的美学教研室当主任，研究员也改成了教授，老师同学们都这样口口声声地叫。

当了教授却不能很快全面享受教授的待遇，比如住宅，一时不能解决，家还在原来的那座城市，住独身宿舍的冯先生只好周五晚上回家，周一清早再赶回来。大学初上规模，一切都要花钱，学生宿舍还挤得鸽子笼似的呢，教职工的住宅只好留在计划中，急也没用。

两个城市之间有城际列车，傍晚时开，跑上两三个钟头，就到家了。除了几个较大节假日前后客流骤增，平常时候车上都很安静舒适，坐在明亮的灯光下看上一阵书，觉得眼睛累时，也该准备下车了。冯先生是个清苦惯了也极易满足的人，他觉得这很好，书也看了，车也坐了，回到家里还有天伦之乐，做学问的人还求什么呢？

这一天，冯先生走下天桥，正顺着站台往车厢走，突然有人快步迎过来。“是冯老师吧？还记得我吗？”

站台上的灯光很明亮，冯先生凝目细看，笑了：“是赵杰吧？胖了，你不说话，我不敢认啦。”

赵杰伸手去接冯先生手上的提包。“冯老师是回家吧？正巧同路，难得有机会向老师请教啊。”

冯先生注意了，提包到了赵杰手里，身后一个年轻人刚要接，立刻被女列车长抢到手里去了。列车长微笑着，又做出很职业化的手势：“赵局长，请吧。”

十几年前，市里的职工大学请冯先生去讲过半年文艺理论课，那一届学生是半脱产，赵杰就是其中的一个。印象中赵杰三天打鱼两天晒网的，课堂上常见不到他，人却聪明，也刻苦，期末考试的成绩总是不错。知道他当时已是铁路部门的一个干部，带职学习，见缝插针，学业工作两不误。毕业后就听说赵杰一路绿灯，进步很快，先调到铁路分局，两年前已升为分局长。好风凭借力，现在的年轻人，何须三日，就得刮目相看啊！

列车长在一个车门口停下来，再一次做出相请的手势。冯先生抬头看了看，是软席车，便说：“我是六号车，有座席号的。”

赵杰挽住了冯先生的胳膊：“冯老师，今天我不对号，您也不对号，请上车吧。”

软席车厢里更清静，只有稀稀落落的十几个人，乐曲低回，暗香扑鼻，曲子是萨克斯管的《回家》，听了让人心动。两人选了座位对面坐下，看得出跟在后面的小伙子是秘书，放好提包，便很识趣地坐到相邻的位子上去了。立刻有乘务小姐送来热茶，还在茶几上放上一包中华烟。赵杰抓起烟扯包装，抽出一支先送过来，见冯先生摆手，便说，我记得冯老师是吸烟的，下课时没少与我们学生同乐。这一声同乐，让冯先生不禁哈哈笑起来，今天不能同乐啦，车上有规定的。赵杰说，今天破例。冯先生笑说，别抽了吧。赵杰不再勉强，说早听说冯老师调来大学当教授了，也早有去拜访的打算，可俗务缠身，一拖再拖，巧的是周末稍闲，想挤出点儿时间随车走走，搞一搞城际列车运行的调查，能与冯老师巧遇，可谓天遂人愿啊。言辞虽有些客套，却不乏热情。老师们心中的骄傲，常是在此情此景下油然而生的。

列车开动了。列车长走过来，规规矩矩在分局长对面坐下，神情不免透出些紧张，说我是不是现在就把列车上的情况向领导汇报？赵杰便把冯先生介绍给了列车长：

“今天就免了。我给你介绍，这位冯先生现在是大学里的教授，国内的著名学者，我的亲老师。亲老师懂不懂？就是亲自给我讲过课，给过我教诲的老师。冯老师以后可能常坐你这趟车，你给我记住，日后不管我在不在车上，你都一定要替我照顾好。要说指示，这就是我今晚对你的唯一指示；不说指示，就算我的拜托，好不好？”

列车长慌忙立正，敬礼，是那种标准的军人式的敬礼：“请局长放心，也请冯老师经常指导我们的工作。”

半军事化嘛，领导者的一句话便是命令，何况这命令里还含了“拜托”的私人情谊，就更具有了不可抗拒也不好抗拒的力量。冯先生有些受不了了，忙说：“你坐，你坐嘛。”

没想，这道命令便成了颇令冯先生尴尬再尴尬的起始。在此后的日子，冯先生只要再登上这趟列车，也不管他坐在哪节车厢或挤在哪个角落，都难逃脱这位女列车长的眼睛。列车长的眼睛有着职业化的敏锐，还有着过目不忘的记忆。每次，她都热情、礼貌却又坚定不移地要把冯先生请到软席车厢里去，众目睽睽之下，冯先生又不好坚决谢拒，只好起身随列车长走，再感谢再三地享受远接近送和热茶一杯的服侍。有了这般三两次，冯先生只觉越发承受不起，虽然软席车厢更适宜读书，但他心里似长了草，竟看不进一字，更严重的是他心里那种逃票一般的不安与自责。兜里揣的是硬席车票，总是这么坐到软席上来算是怎么回事呢？虽是彼此都心知肚明的关照，但无功受禄的心虚给人的感觉并不好受，他想起狐假虎威那个成语，如果赵杰是老虎，我就是狐狸吗？可我并不想当狐狸呀。于是，当列车长再请他去软席车厢的时候，他只好尴尬地说出了自己不想再去的理由，尽管那理由一点儿也不会让人家生出意外：“我买的是硬席票，就坐这里吧。”列车长却淡淡一笑：“不说这些，请您跟我来吧。”被盛情相逼的冯先生使出了最后的一招：“那我补票。”列车长却将冯先生的手坚决地挡回去：“冯老师，您再客气，就是对我们的批评了。”

这是一种让人如坐针毡的盛情与客气，那心中的尴尬与不安却又不好明对人言。莫说你怀中揣着硬席车票，就是根本没票，人家不是也一字没提票的事吗？那你还推拒什么呢？一次两次，人家可以理解为那是一种姿态，再演下去，戏过了，那就是矫情，年近半百之人还要矫情，讨不讨厌呢？而自己又实在不想这般尴尬下去。思来想去的，冯先生决定再不乘这趟列车。好在这是一条干线，除了城际列车，每天通过的列车还有十多趟，在此之前的那一趟显然不合适，学校里的事情多，这学期他的课又恰在午后，时间来不及，那就晚点儿走吧。虽说要比以前晚两个多小时，直达列车也不如特快列车省时，但心里的安宁比什么都重要，这就很好，真的很好。

但他一走进那趟列车的车厢，心头便又紧上来。长途列车，客流太大，车门口和过道上站着不少人，有人实在站累了，就铺张报纸坐在过道间。看来想找个地方坐下已是奢望了，就更别说安安静静地读上一会儿书。但冯先生很快又找到了安慰自己的理由：好在时间不长，权当锻炼身体了，再说直达列车也比特快列车的票价便宜呀，便宜的那一块便是补偿，甘蔗哪会两头甜呢？

这就要说说我们的主人公对票价何以这般算计了。冯先生是正高级知识分子，大学里的教研室主任享受的待遇可比照国家公务员中的正处级，无论职称还是级别，他本都可以理直气壮地享受乘坐软席的待遇。可冯先生对软席避而远之，并不是因为“节约每一个铜板，为了革命和战争的事业”那样高尚无私的操守，实实在在地说，他调来大学后，学校考虑到不能立刻解决住宅的具体情况，决定每月给他五百元钱交通费，多用不补，节省归己，算作定额包干，也算作财务改革了。按说，这五百元钱，一月按四次往返计算，买软席车票还是够用的，但节约归己的新举措却不能不让我们的冯先生精打细算了。妻子已被单位一刀切，提前退休了，每月只开四百多元钱；儿子雄心勃勃地正准备考研，读完研还要考博，当父母的不能不搞一点儿基金储备；老父老母还有岳父岳母都是风烛残年，说用钱也是突然哪一天的事情；再有，学校终是要分配住房，房改金不能不花，再说眼下的新房都是清水房，不简单进行一下装修，想去卫生间方便一下都不可能。这几项都需要花钱，虽说当教授一月收入总有两千多，但扣除日常开销，所余终是有限。稿费也算有那么一点儿，但文艺理论性的文章又能换回多少票子？就是那两本专著，出版社也是以书代酬，只换回几分风光而已。自古以来，书生二字前面都是冠以“穷”字，甘守清贫，不甘守又能如何？其中苦涩，心中自知吧。

冯先生便开始挤坐拥挤的直达列车，再到家时已是半夜。妻子一边急急热饭热菜一边抱怨，冯先生也不解释，一身的疲惫已令他无心多言。待周一返程，他则为避开城际列车提前出发，理由都很堂皇，工作忙，课程紧，只好这样了。

这便是知识分子的可叹之处，心中有苦，却不肯说，有时甚至跟最亲最近的人也不肯说。就是为了那不值一文的清高，就是为省下那不值一提的小钱儿，若坦然相陈了，是不是让妻子都瞧不起呢？看人家张某，经常也是往返省城，连火车都不肯坐，自有豪华轿车接送到家；更别说李某某了，睡软卧奔京城，还要派小轿车跑高速公路先去北京站前候驾，图的就是又舒坦又气派。你们曾是同窗呢，还说你自幼就才智过人考试时他们打你的小抄呢，堂堂的大学教授怎么就连坐火车都要斤斤算计呢？女人常为这种事情不平，男人却又常怕这种事情伤了自尊，于是便有苦自咽，缄口不言。缄口不言或许真是一方良药？

但冯先生却忽视了妻子心中生出的疑惑。他怎么突然换乘了直达列车呢？他为什么回到家里就懒懒软软的连句话都不愿多说了呢？一天忙，两天忙，他真的总那么忙吗？都说女过四十豆腐渣，男过四十一朵花，自己可是五十旁边的人了，再比徐娘都自觉作秀，可五十岁的男人，尤其是学者型的男人，却正在事业的巅峰上，自信，强健，倜傥，优雅，身边何愁倾慕的女人？早有知心的女友暗示，说及早跟了去吧，没有房子先租也好，彼此都需照顾；心直口快的便全无遮拦，说你不怕他老太太擤大鼻涕，甩了你呀？每到这种时候，妻子虽也觉心中没底，却总是装出很雍容大度的样子，说我家老冯可不是那样人，要变心还等到今天？可异常现象终于还是出现了，有宏观的，也有微观的，这就不能不让本来就觉得踏在薄冰上的女人越发心里没底了，他可千万别是在打时间差呀！

那个冬日的午后，是周五，妻子乘火车奔了省城，再挤公共汽车奔了大学。冬天昼短，寒风凛冽，吃过晚饭的学生或回宿舍，或去自习，傍晚的校园已很安静。妻子找到人文学院办公楼，楼里更静，只有美学教研室的灯还亮着。从虚掩的门缝里，妻子看到冯先生坐在微机前，十指在键盘上弹击，在停下思索的片刻，就从旁边拿起面包咬上两口。冯先生很专注，全然不知门外正有一双关切的眼睛在望着他。妻子在门外站了一会儿，便悄然离去，等在校门对面的一家超市里，眼睛却仍牢牢地盯着校门。冯先生终于走出校门，登上公共汽车，再进了车站售票大厅，然后排在长长的旅客队伍之中。妻子的做法在篮球场上叫人盯人，特工人员则叫盯梢，她登上了与丈夫相邻的另一节车厢。车上的人很多，她看到丈夫先是倚立在座席靠背上，手里仍抓着书，再后来就从提包里翻出一张报纸，铺在过道上，盘腿坐下，神态很安然，只是有售货车过来时，才慌慌地站起身。她还看到丈夫从提包里找出水杯，到车厢一头的热水器去打水。车上用水的人这么多，那水必是温的，丈夫只从水嘴下接了一点点，好在只是漱漱口，便吐进了洗面池里。那一刻，妻子心里酸酸的，热热的，似乎一切都想明白了，只想一步冲过去，却终没动，只是在心里暗暗地骂："小抠儿的东西，为省钱坐这趟车也就罢了，怎么连口水都舍不得喝？售货车上什么饮料矿泉水没有，你就买呀！"

冯先生走出站口时，有数不清的出租车司机热情地拦阻他，可他只是不住地摇头，匆匆地走过广场，又匆匆地踏上回家的夜路。在静寂的深夜里，那脚步因疲倦而显得格外的沉重。

半个小时后，冯先生开始敲自己家的房门。咚咚，没人应，咚咚咚，还是没人应。儿子还没有放假，这么晚了，妻子去了哪里呢？每次这个时候，只要听到楼道里的脚步声，妻子已打开房门等在那里了，家的温馨感觉，是随着那房门的灯光一块泻出来的，像一瓮老酒，存放越久，越浓烈甘醇得让人不忍下咽。今天是怎么回事呢？一种不祥的感觉袭上心头。她病了？抑或是老父老母病了她去照料？冯先生找出钥匙，打开房门，弯腰换拖鞋时，妻子也推门进来了。他感到了妻子身体带进来的扑面而来的寒气，也注意到了妻子噙泪欲落的眼睛。可妻子什么也没说，脱下外套，就进厨房去了。

他忐忑着跟过去，问：“你干什么去了？出了什么事吗？”

妻子面对着炉灶，只让他看到肩头在轻轻地抖颤。他惊了，凑上前，看到两行清亮的泪水正在妻子面颊上酣畅地流淌。

“你到外面接我去了？这么冷的天，深更半夜的，你傻呀？”

妻子突然对他吼起来：“我不图你给我省那几个钱儿，我不图！你还坐原来那趟车，行不行？”

冯先生绷紧的心松下来，想笑，但陡地又揪上来，他不知道，这点儿小事的原原委委，该怎样向妻子解释呢？

纠结的老院公

这话得从三年前说起了。那年开春的一天，陈老泽和老伴又为房顶是揭去重铺还是再压层泥巴的事发愁了，突听大黄狗在院门口汪汪叫，便迎了出去。院门外，停了一辆油光瓦亮的小轿车，车上下来两个人。西装革履扎着大红领带的是乡长，认识，以前来过村里，还给村民们讲过话。另一个人则看不出身份了，一身深蓝色的员工服。村里去矿山打工的青壮年都发了这种衣裳，说是干活时穿的。可穿在这人身上就不一样了，一丝尘土不沾，更别说油污了。尤其是看乡长跟在那人身后的神态，肯定不是出大力甩大汗的干活人。

乡长介绍客人，说是什么集团公司的刘总。看陈老泽听得茫然，又说，你们村上去矿山打工的人不少吧，挣的就是刘总的钱，这可是咱们县里市里的大财神爷。陈老泽心里紧了紧，心里揣度着刘总由乡长陪着是来干什么，莫不是在家房后的这片山上也发现了钼矿？乡长又问，你是叫陈泽富吧？陈老泽点头道，一上了岁数，村里人就叫我陈老泽了。刘总挺和气，掏出一盒红彤彤的中华烟，递上来，还叫了声大叔。陈老泽把烟推回去，说可别，山里人显老，就是论弟兄，咱俩还不一定谁大呢。刘总不尴不尬地哈哈笑两声，自点了一支烟，一边吸一边站在院心四下张望。乡长看刘总微微点了点头，便对陈老泽说，刘总听说你家想卖房子，连房带院一块卖，让我带过来看看。陈老泽吃了一惊，说谁要卖房？我可没说。老伴则转身抓扫帚，重重地清除刚落下的鸡屎，说卖完了，让我们老两口儿住狗窝？乡长说，你没说，怎么还把帖子挂到网上去了？还有好几张照片呢。不会是家里的孩子挂上的吧？你们老两口儿不妨掂量掂量，过几天我们再来。

听乡长这么一说，老两口儿心里就有数了。挂网粘贴的事肯定是儿子干的，这王八羔子！

陈老泽只有一个儿子，脑瓜好使，书念得不错，考上了省城的师范大学。毕业后，求爷爷告奶奶的，总算在市里的一所中学落下了脚。很快，儿子把一个姑娘带回了家，姑娘挺清秀，嘴巴甜，手脚也算勤快，听说也端着铁饭碗，娘家在另一个县里。老两口儿心里自是高兴。可去年过国庆节的时候，儿子单独跑回来，就让老两口儿心里不痛快了。儿子拿着手机，先是房前屋后地好一通拍照，回屋后就问陈老泽，当初咱家怎么把房子盖到这儿来啦？陈老泽摇头叹息说，唉，这是你爷爷经手盖起来的。你太爷爷不是成分不好嘛，富农。你爷爷都快三十了，为结婚请求批房场（房基地），跑大队，跑公社，不知跑了多少趟，才算批到了这山旮旯里来，后面靠着山，前面还贴着河，别说去城里，就连跑趟大队，都得走上两三里路。为这事，你爷爷又去跑，可公社干部说，我们这就够政策的了。你还想咋，还想翻天呀？不愿要就算了，别给了你碗饭还嫌馊。你爷爷再没辙，只好认下了。没想，儿子听了陈老泽这般说，反倒哈哈笑起来，说这才叫三十年河东，三十年河西呢。老爸知道不知道，眼下咱家这样的房场，傍山依水，环境幽静，空气新鲜，才最是值了银子呢。现在网上可有不少求购的信息，都是城里有钱人挂上去的，人家在城里住腻了，专想来有山有水的地方过过采菊东篱下的日子。陈老泽说，值不值银子跟咱家有什么关系，还能卖呀？儿子这才暴露了跑回家里来的目的，说怎么不能卖？不卖我又去哪儿结婚？我在城里已看中了一户房，八十多平，就按五千一平算，总得四十多万。我在网上已经打探过了，咱家这房，连院子一块卖，估计能卖十五万，交首付足够，往后的按月按揭就由我们小两口儿交。陈老泽一听这话就急了，说你倒够了，我和你妈去哪儿住？还去山上挖地窨子呀？儿子听了这话，龇着一口白牙又笑了，说看老爸说的，你儿子还能娶了媳妇不要爹娘呀。八十多平是什么概念呢？那就是两室一厅，你和我妈住一室，我们小两口儿住一室。最近听说上头有文件，小两口儿都是独生子女的，可以将父母的户口都办到城里去。那以后你和我妈就算彻底告别了山沟里的生活，也变成城里人啦。陈老泽说，那家里的责任田怎么办，就荒着？儿子撇嘴道，荒就荒呗，从春累到秋，又能挣回几个钱。再说，也可以放租嘛，一亩地总能收回几百。

父子俩在屋子里说得不甚融洽，在厨间忙着做饭的老伴用烧火棍拨开门帘参与说，你爸说不卖就不卖。金窝银窝，不如家里这个穷窝。我和你爸在山里住习惯了，哪儿也不去。你跟你媳妇去想自己的辙，用不着来算计我们老两口儿。

一家人说得不欢而散，儿子吃完饭就走了，走后就很少再有电话来。家里的手机是儿子淘汰下来的，选的号是接听不收费，以前隔个十天半月的，儿子总能打来一个电话。可这一走，就足有一两个月再没叫手机唱一唱。老两口儿知道儿子这是生气了，在跟老人较劲儿呢。这小兔崽子，真是长能耐啦，想较劲儿你就较吧，我这老树根不动，你那枝叶也是白晃。你爹你妈怎么就对不住你了？从小学到高中，再念了四年大学，汗珠子掉地摔八瓣，苦挣苦拽地总算供出了你。为给你毕业后找工作求人，一狠心，把家里的那几只绒山羊都卖了，那对种羊被牵出院门时，没看把你妈哭得呀，鼻涕一把泪一把，直到一个多月后听说你的工作落了下来，脸上才算重有了笑模样。

儿子总算没灭尽天良，大年三十那天又回家里来了，还带着烟酒。老伴小心地问，你对象……回娘家了吧？儿子说，没，我和她合租了一处小房，她自己留那儿过年呢。老伴又问，那怎么不带她一块回来？儿子用手比画一下肚子，说，她都显怀了，怕回来让村里人笑话，也怕你和我爸生气。老两口儿这一惊非同小可，眼下的年轻人，胆子可真大，脸皮也太厚，不光没结婚就敢住到一起，还把孩子都怀上了！两人对望了一眼，老伴又问，那你们准备什么时候结婚呀？家里养的那口黑毛猪，过年你爸都没叫杀，说给你们预备着。儿子说，结什么婚呀，人家说了，有房子结婚，没房子就把孩子做掉。只怕要耽误你们抱孙子了。

儿子虽然再没主动提起卖家里老房子的事，但这就相当于下了最后通牒。大年三十的，老两口儿心里像压上了一块大石头，沉沉的，堵堵的，连赵本山在电视里耍得一团欢，老两口儿都没破颜笑一笑。第二天一早，儿子走了，说还要回去照顾怀孕的那位。老伴让带点儿冻在缸里的黏豆包，儿子也没带，说城里的农贸市场啥都有。哼，走就走吧，树大分根，早晚是要走的，而且还会走得越来越远。老伴送走儿子回屋，坐在炕头抹眼泪，嘟哝说，都坐胎了，真就眼看着拿掉？陈老泽狠着心说，想不想生，那是他们的事。他们能租房子住一块，怎么就不能在租下的房子里生孩子？别听蝲蝲蛄瞎叫唤，咱们的日子该咋过还咋过。

一潭水，表面上看似渐渐平静，但乡长和刘总一来，那潭水就又翻腾了起来，而且是暗流涌动，不止不歇。陈老泽把开春种地的犁铧翻出来，忙着补楔加铆，老伴则抱着簸箕选种子，两人都成了闷葫芦，连吃饭时都只听嘴巴的吧唧声。半夜里，老伴嘟哝说，咱们也都是年过半百的人了，又只有这一个儿子，老来舒心最当紧，就遂了那个孽障的愿吧。再说，儿媳妇早晚也是生，生了就要喊我去侍候，侍候完月子还得帮带孩子，我去城里，哪能放心把你一个孤老头子扔家里。陈老泽也没睡着，接话说，他们要是肯给二十万，就卖。咱们老两口儿，这辈子也就这房场还算值俩钱儿，总不能一股脑儿都给了那个兔崽子，手里多少得攥着几个留过河。十五万给出去，剩下的五万谁也不告诉，都放进信用社，一年总还有点儿利息。再有，户口的事，兔崽子就是说破大天，咱也不办。真成了城里人，除了表面上的亮堂，咱骨子里的亏可就吃大了。头一宗，那几亩责任田就得收回去。到了咱们实在种不动那一天，租出去也还能收回几个钱儿，加上银行的利息，估摸够咱老两口儿的零花了。放进信用社的那一笔，不到非动不可的时候，死活不能欠口风。

原来老头子想得如此细致长远，又如此贴心。老伴掀开被子，钻进陈老泽的被窝儿，身子还紧紧地缠贴过来，喃喃地说，这辈子，谁也别指望了，还得是咱们老夫老妻呀。这般亲热，老两口儿已有些年月没有了，恍如隔世。陈老泽又说，他们真要买，我还有个条件。老伴问是什么，陈老泽说，到时候你少说话，看我脸色就是了。哎哟，你今儿个还真想拿我过年呀……

半月后，河边的柳枝泛了青，畦子里的隔冬菠菜也绿莹莹的了，乡长陪刘总又来了。陈老泽说，我儿子大学毕业了，在城里又要娶媳妇又要买房子，家里这些年真让刮得没剩啥了。刘总真要诚心买，那就二十万，别讲价，我嫌磨叽。

刘总哈哈笑，说买卖嘛，价钱上总还是要讲一讲，市场经济，公平交易嘛。

陈老泽说，也好，那你就给个价我听听。

刘总说，二十五万，可好？

陈老泽和老伴大吃一惊，你望我，我望你，顿时都傻了。这是哪种还价法，还有上赶子往上抬的吗？

乡长说，看看，刘总敞亮吧。人家大老板，这才叫不差儿钱呢。还有啥要求，再说说。

陈老泽叫刘总的回价一下整蒙了，竟忘了早想在心里的另一个条件，是老伴在身后捅，他才想起来，吭吭哧哧地又说，我们老两口儿还有个想法，要是刘总不答应，我们还是……不敢卖。我寻思吧，这房子刘总买下后，肯定要扒了重盖，也肯定不会成年累月住在这里。房子不怕住，就怕空啊。刘总从城里另带了人来侍候这院子，我就啥也不说了。可要是想另雇人，不知能不能……把我排头里？我们老两口儿别的能耐没有，可手脚还算勤快。至于工钱，我不说了，全凭东家赏，中不？

乡长对陈老泽的这个请求不敢表态，眼巴巴地望着刘总。刘总这回没有笑，而是很认真地说，老哥的这个想法很实在。其实，上次我相中这院子，除了风水，再相中的就是你们老两口儿的勤快。这院子和房子，虽说有了些年头，可收拾得整洁呀，连柴垛都码放得刀切一样整齐，屋子里也肯定是一尘不染。那就这样，扒掉房子重盖时，我专门设计出一个房间给你们老两口儿住。冬天嘛，我基本不来。从春到秋，我也是隔三岔五才来躲躲清静。所以，这院子就交给你们老两口儿了，包括这青菜园子，你给我多种上几样，千万别用农药和化肥，一定要保证纯绿色无污染。院里再养上两头黑毛猪，一群鸡鸭，都用前些年的笨法养，别用任何添加剂，让它们随便溜达。大嫂嘛，帮我擦擦扫扫，做做饭菜。我不稀罕煎炒烹炸，大饭店大酒楼我早吃厌了，只想回到家里吃一口正宗的农家饭菜。报酬嘛，一人一月一千元，日后钱毛了，咱们再议。这中吧？

陈老泽惊喜得不住搓巴掌，连连点头说，那咋不中，东家这么实在，不给钱都中。乡长问，给我的任务是啥？刘总说，产权的事自然交你，盖房修院子的事也只好让你受累。但切切记住，我只要农家院，不要别墅。想住别墅，我有现成的，不用跑山里来。

大事议定，两人又急着坐小车走了。陈老泽说留二位吃饭，又说正好请东家先品尝品尝我家老太婆的手艺。刘总说，今后的日子长着呢，矿山上正有事，今天就不麻烦大哥大嫂了。临上车，刘总又对司机说，车上还有酒吧，留两瓶，生意谈成了，总要庆祝一下，就算我给大哥大嫂敬酒啦。司机送过来的是两瓶五粮液，这又让陈老泽吃了一惊，听说一瓶得上千，今儿可真是开眼了，这有钱人！

老两口儿回了院子，陈老泽将酒放到老伴怀里，自己美得在院心转圈子，转了好一阵，才想起自己是想抓只鸡。老伴看他舞舞扎扎的，急从屋里跑出来，问你干啥呀，疯啦？陈老泽说，东家不是说嘛，庆祝庆祝，杀只鸡，你再去村里哪家养鱼的买条鱼来，咱也来他个吉（鸡）庆有余（鱼）。老伴说，开春的鸡刚开裆，正下蛋呢。不年不节的，祸害啥。陈老泽说，下一年蛋又值几个钱儿，你快去买鱼吧。吃饭的时候，老伴问，你想留下来侍候院子，心里既早有章程，为啥一直不跟我说？陈老泽嗞儿嗞儿地喝酒，当然舍不得喝五粮液，而是喝从小卖部打来的散装酒，得意地说，那主意得东家拿，人家要是相不中咱俩这老不嘎嚓眼的，咱们也得卷起铺盖卷麻溜儿走人。八字还没一撇，我跟你说干啥。老伴说，你的这一手，可是太好了。以前也是两眼一睁从早忙到黑，谁敢指望一月还能有两千块钱。随手的，连家里的那几亩地都侍候啦。陈老泽说，那钱一到手，咱就再买一对绒山羊养上，中不？老伴说，那你可得问东家啦，人家要是烦羊膻味呢。陈老泽说，我估摸着，刘总也是庄稼人出身，不能烦，要不，怎么非要来山旮旯里住呢。

几天后，乡长坐小车来了，这回是他自己来的，手里还提着一个沉甸甸的银行纸袋，倾在炕桌上，二十五扎百元的票子便像码砖头一样摆在了面前。老两口儿心里虽有准备，可一下见了这么多的票子，还是有点儿心惊肉跳。乡长还带来了一个验钞器，说验验吧，也再点点，虽说我是刚从银行提出来的，可这个过程少不得。陈老泽说，这么多的钱，家里哪敢放。正好你有车，就带上我们老两口儿送信用社去，行不？反正你也得去乡政府上班，回来我们就自己走了。乡长点头道，也是个办法。那你就先把合同签了吧，刘总已签过了，你签下名字按上手印，这些票子就都是你的了。陈老泽没敢马虎，戴上老花镜，从头至尾把人家已打印好的合同认真看了一遍，才又犹犹豫豫地说，到底是领导，到底是人家大老板，连我们老两口儿没想到的都写进去了。只是……这是篇外的话了，说出来跟乡长商量，就不怕乡长笑话了。我们老两口儿不想把钱一勺都给了儿子，也不想让他知道我们还留着压箱底的钱……你看能不能另外给我们签个合同，上面只写卖了十五万。我们这是防着那个败家玩意儿非要看合同。乡长听了哈哈大笑，还站起身直拍陈老泽肩头，说也没听说老哥做过买卖呀，怎么就无师自通地把买卖人的这点儿鬼招子都捉摸去了呢。这好办，我这就给乡里的办事员打电话，让他马上再打印一份十五万的合同送到信用社。不过，刘总陪着市里的领导出国去了，合同上的名字就得由我代签了。反正也只是为了蒙你儿子，他看不透。

剩下的事就是招呼儿子回家取钱了。以前怕花钱，家里的那个手机虽然一直充足了电日夜候着，却没往外打过几次。这次狠了狠心，还是打了，但为了节省通话时间，打得也很匆忙。陈老泽倔哼哼地说，家里的房子卖了，你抓紧回来一趟。儿子问，卖了多少钱呀？陈老泽说，就是你说的那个数。儿子似乎还想问什么，可陈老泽已经把电话按断了。老伴问，败家玩意儿没说哪天回来呀？陈老泽说，问那干什么，挺费钱的。老伴说，打手机按分钟收钱，你才说了几句话，可能半分钟都不到，也算一分钟。陈老泽怔了怔，知道自己还是亏了，便硬着嘴巴说，不用问，听说叫回家取钱，保准比兔子跑得还快。

果然，星期六头晌，儿子就回家了，身后还跟着那个没过门的儿媳妇。两人手里提着花花绿绿的礼品盒，比那丫头头次登门拿的东西都多。那丫头还扑上来抱住老太太撒娇，说妈，我都想死你了。老伴吃了一惊，人家这就改口叫妈了，按规矩，这是要赏红包的，可哪准备了呀。她对陈老泽说，他爸，快把储蓄折给他们吧，家里的钱都在这儿啦，就别讲红包不红包的虚礼啦。再看媳妇的腰身，苗苗条条的，还非让儿子陪她去房后的山上玩，这是把肚里的孩子拿掉了，还是根本就没怀上呢？

只要钱到位，时下建房的进度不用愁。乡长带来了一个工程队，两辆大卡车满登登地拉来应有尽有的建筑材料。乡长还让人在院子里架上一个深绿色的帆布帐篷，上面有挺显眼的“救灾”两个字。他对陈老泽说，从今儿起，你们老两口儿就算上工了，主要是负责看管东西。吃住呢，暂时就在帐篷里，好在天也不凉了，也就十天半月的事。老房子被扒掉的那天夜里，陈老泽坐在外面，泪水洗面，潸潸不休，迟迟不肯进帐篷。老伴知道他的心思，出来陪他坐。陈老泽说，这三间老屋，还是经我爷爷的手盖起来的呢，老爸老妈也住了一辈子，没想在咱们手上没了。从今往后，咱俩可连个猫人的窝都没啦。老伴也抹眼泪，却安慰说，住了几十年的房子哪能总不扒。再说，咱们在城里还有个新家呢，老人们要是真有在天之灵，备不住正抿嘴笑呢。哪家老人不盼着晚人后辈的日子越过越好呀……

槐花盛开的时候，五间高大亮堂的砖瓦房已经赫然而立，屋内设了城里人才有的卫生间和淋浴室，四周还围了栅栏。那栅栏也格外别致，冷眼看是锯开的黄花松木板，摸上去才知是塑料做的，据说比黄花松还抗造。陈老泽和老伴的新住处是耳房。耳房一共两间，东一间，西一间。乡长说，西边那间当车库，你们在东边这间盘炕住人。等日后你们老两口儿不想住了，拆了窗户开大门，也是间车库。陈老泽私下里跟老伴嘀咕，说以前咱家的老房子是三间，这回盖的要是算上耳房，可就七间啦，不会犯啥毛病吧？老伴嗔他咸吃萝卜淡操心，说别说是一乡之长亲自出面跑前跑后地张罗，眼下村里盖房的人家，只要有村干部罩着的，哪家院子没明睁眼露地往外扩。你就扔下老皇历吧。

陈老泽抢着农时，在庭院里种满了各种菜蔬，还在院子四角栽上了桃树梨树。迎着大门的甬道上面搭了棚架，栽了葡萄和葫芦，夏日里自会有宜人的阴凉和累累的“福禄”。又将山泉引进院子，开出一块炕面大小的水塘，里面养上一群耐得水凉的虹鳟鱼，整日里潺潺水唱。且等时日吧，这里将是新农家的典范。

那年入秋后的一天，刘总来家时交到陈老泽手上一本画册，让他好好看看。画册是飞机上给客人解闷的，清一色的铜版纸，翻一翻嘎嘎响。陈老泽和老伴都是念过几年书的，看看报纸什么的还没问题。这一翻就翻出了惊讶，原来有人将这个家拍了照片，登在了画册上。

照片是两幅，一张远景，一张近景。远景那张有雾霭在山冈和河流之间蒸腾浮荡，这个家便宛若梦幻中的神仙府第。另一张近景则有老两口儿的身影，陈老泽在菜园里锄草，老伴则在门前给小鸡抛撒粮食。两张照片下边还附了一行文字：社会主义新农村的山里人家。陈老泽想起，夏天的时候，确有一个挎着照相机的年轻人隔着栅栏问话，问这房子是啥时盖的，一共花了多少钱，还问家里儿女都是干什么的。陈老泽情知有些问题不好深聊，含含糊糊地应过两声之后，便提着锄头躲开了。躲开时内心里还愧疚，人家大老远地来山里，热火盆似的凑上来，怎么连句话也陪不起了呢？可刘总把画册拿回来，又一再提醒好好看是什么意思呢？想了一会儿，陈老泽便慌慌张张地跑去对刘总说，咱指着大太阳说话，我陈泽富不论跟谁，可从没说过这是我的家呀！这要差一点儿，天打五雷轰！刘总哈哈大笑，说老哥想哪儿去了嘛。我是在飞机上看了画册，心里高兴，就塞进手提包给你带回来了。这回让满世界的人都看看，我这家，虽不大，可真山真水的，还算行吧！

刘总践行诺言，新房落成之后，果然是十天半月才来一次，或三五友人，或老婆孩子。有时也只带一个女人，都年轻，也都漂亮，刘总有时介绍，或外甥女，或表妹，有时则一言不吭。老两口儿在这事上识趣，人家不介绍便不多嘴，还找着因由远远地躲开。可白天好躲，夜里又往哪里去？有时，刘总的房间会传出女人忘乎所以要死要活的动静，正是开窗开门的时节，不想听都不行。老伴在这种时候就会露出满脸的厌恶，说这人呀，别的事上还算讲究，怎么在这种事上就连脸皮都不要了呢。有当舅的跟外甥女扯这种事的吗，那跟牲口还有啥两样？陈老泽说，不过是为了遮羞遮臊，哪会是亲外甥女。老伴说，那也不该隔几天就换个人吧，他也不怕他家老娘们儿知道？

有天夜里，刘总的房里又传来那种让人脸红心跳的动静，刘总却穿着睡衣跑到耳房来，对陈老泽说，有个电话都来好几遍了，一会儿再来，你替我接，就说我喝多了，正睡呢。不然这一宿也不会让我消停。陈老泽小心地问，知道是谁打来的不？刘总说，还有谁，我家的那位夫人呗。陈老泽看老伴，老伴却将脸一扭，大半夜的，竟起身去院里坐了。过了一会儿，手机果然又唱起来，唱的是《今天是个好日子》，陈老泽迟迟疑疑地接了电话，说我是陈老泽，听手机响了好几回了，怕耽误正经事，才冒昧接了。刘总喝多了，正睡呢。你是谁呀？有什么事？要是不怕我知道，就跟我说吧。手机里的女人说，他真喝多啦？陈老泽说，可不，不然哪能连电话这么唱他都不醒，不信你听听他的呼噜。刘总闻言，立刻入戏，瞪着眼睛打起鼾来，还吧唧了几声嘴巴。女人说，那就让他睡吧，别忘了让他明早给我回个电话。刘总心安理得地回自己房间去了，陈老泽发了好一阵呆，恨不得抽自己的嘴巴。老伴很快也回屋了，低着声音骂，我真替你丢不起这份人，这种事你也干！陈老泽吭哧着说，事情……不是逼到这儿了嘛，我咋好说不……人家又对咱不薄。老伴说，他不薄，你的脸皮也跟着厚了，呸！

刘总对陈老泽的“不薄”主要表现在高度信任上，尤其在花钱的事上，一直是放开手脚用人不疑。刘总爱吃蘑菇炖小鸡，每次来之前，都会打来电话。蘑菇是老两口儿上山采的，采完晾晒，怕不够吃，又去村里买来一些。家里原先养的那几只鸡早已宰杀殆尽，陈老泽便又买来一群鸡雏，放在院里养起来。再加买猪羔子，添买油盐酱醋，这都需要花钱。陈老泽表现得相当自觉，抽空便将自己记的账本呈过去，请东家过目。可刘总则说声“你办事我放心”就拉倒了，根本不看，还把一张银行卡递到他手上，说往后老哥不用记账了，花钱就从这里往出划，划光了我再往里充就是。陈老泽将这事说给回家来的儿子，儿子撇嘴笑道，说这才叫照相馆的药水，泡人呢，明着说不用记账，其实是只要你一动用了卡里的钱，不过几分钟，人家就从手机里知道了支出信息。陈老泽不同意儿子的话，说我根本没接那张卡，我说我花钱的地方多数没划卡的家什儿，人家只认票子，刘总就从手提袋里摸出一捆票子，还说家里买的那两只绒山羊，也从这里出。听刘总说，就是陪大领导出国，所有埋单的事也都是由他一手操办。儿子笑对母亲说，妈听到了吧，我爸就是及时雨宋江，这么快就被招安了。老伴一扭身，走了，扔下话说，可不是，连帮人家撒谎，都不带打半点儿奔儿的。儿子追过去问详细，老伴却再不肯说了。

陈老泽也不是凡事都对刘总感恩戴德的。那年，他痛彻心扉地哭过一回，就跟刘总有直接的关系。过了小雪节令后的一天，刘总突然跑家来了，还带来几个朋友。尤其惹人注目处，朋友们怀里还抱着两只半大的狗。一只是黑贝，认识，据说老家是德国。另一只毛茸茸的，褚红色，一尺多长，黑亮亮的两眼像珍珠，更是可爱。刘总说过，冬天基本不过来的，来前又没打过电话，这就把陈老泽弄得有点儿手忙脚乱，慌慌地问，家里来了客人，想吃点儿啥，我这就去准备。刘总却把那只毛茸茸的小狗往陈老泽怀里送，说家里的酸菜不是渍好了嘛，再泡点儿蘑菇。这两只狗我可是特意给老哥带回来的。那只黑贝，帮你看家护院。这只是松鼠犬，又叫博美犬，就给你和大嫂带着玩。这两只小母狗可都是正宗的名犬，春秋两季狗发情的时候你务必看紧，千万不能让它们跟村里的那些柴狗串了种。到时候，我让人带它们去找婆家就是了。陈老泽说，外头的狗好拦，把院门关严实就行。可家里还有一条大黄狗呢，正好是公的，可怎么好？刘总笑道，跟我来的这几个弟兄说，小雪过后，狗正肥，吃了大补，所以我才在这时候带他们来了。陈老泽大惊，啊，杀狗？刘总仍是哈哈笑，说我就是怕老哥舍不得，才特意带来这么两只。我两只名犬，总换得下你的一条土柴狗吧？再说，这么漂亮的院子，养着一条那样的柴狗，也不般配嘛。朋友们早就笑话我了，说开着奔驰车，却穿条抿裆裤。在厨间忙着从冰箱里往外拿鱼肉的老伴闻言，急跑过来，冷着脸色说，要说做农家饭菜，不讲好赖，我总能对付熟了。可这狗肉席，我可从没做过。光是杀狗，别说我们老两口儿下不了手，怕是连看都不敢看。刘总说，不敢看就别看，我给你和大哥放假，随便去什么地方散散心，明早回来就行。我的哥们儿里有会这一手的，让他们下手就是了。

看来东家是铁了心了。刘总好说“就是了”，凡事，只要这三个字吐出口，就是没商量了。老两口儿离开院子时，扭着脸不忍看拴在檐下的大黄狗。大黄狗似乎已意识到死亡近在眼前，汪汪地一声接一声叫，叫得急切而慌乱，还挣着拴在颈上的绳索死命往老两口儿身边扑。这狗以前可从没这样，老两口儿离开院子，只要说一声“好好看家”，它便伏在那里再不动了。陈老泽回了屋里，再跟刘总商量，说这样行不行，我这就去村里买条狗，保证比家里的这条大，也比它肥。这条我带它走。一个刘总的朋友抢话说，嫌不嫌磨叽呀？我就奇了怪了，这个家，到底谁是一家之主？刘总也不耐烦了，重重地摆手说，你带它去哪里？这种东西，你就是带它去了千里之外，也会找回家里来。我不想再在我的院子里看到它！这话说得就有些重了，也有点儿狠，东家以前很少说“我的院子”这样的话，人家在行使主权了。

迎着凛冽的北风，走在出村的路上，身后隐隐传来大黄狗绝望的吠吼，老两口儿不禁泪流满面。那条大黄狗，虽说也寻常，没有什么太出彩的地方，可它毕竟是一条命啊，老两口儿早把它当成家中的一员了，难道说杀就杀了吗？前几年，陈老泽在责任田里种过一季香瓜，只要把大黄狗留在地里，那是任何人想揪走一片叶子都难的。去年，老伴病了，烧得滚烫，大黄狗伏在炕沿下，寸步不离，撵都撵不走，不时还把前爪搭到炕沿上，伸出舌头在老伴的额头上手掌上舔。它通着人性，只是说不出话呀。老伴一路走一路擦着泪水，嘴里恶狠狠地骂，这个败家的畜生，上辈子欠着他啦！陈老泽知道老伴不是骂东家，更不是在骂大黄狗，而是在骂逼着他们把家卖出去的儿子，把心中的怨恨迁怒到儿子身上了。他说，咱们不去城里了，去你哥家住一晚吧。见老伴好一阵没吭声，他又说，到你哥家，可再别提狗的事。老伴说，咱们俩，现在像不像两条无家可归的狗呀……

当然，更多的时候，老两口儿不仅不虞栖身之地，而且生活得还很舒适富足。老两口儿住的耳房，也是钢筋水泥筑就，再不怕漏雨漏风，只比正房矮上那么一截。

数九时，陈老泽说，靠房山这边还是有点儿凉，反正东家也不回来，要不，咱俩就住到正房去？老伴说，愿去你去，我不去。怕凉你不会把电暖器打开呀。其实，正不正房的又差在哪儿，咱人在哪儿，哪儿就是正房。陈老泽拧着眉头想想，这话说得竟有点儿读书人的味道。吃的呢，冰箱里总是满满的，都是刘总开车回来时带的，带回一茬扔一茬，说是快过期了，扔的比吃掉的还要多，还怪老两口儿吃得少。这富人的日子，让人实在不敢想。那在冰箱里冻得石头一样的大鱼大肉怎么还会过期呢？有次老伴问，咱们这么过，可算什么？陈老泽想想说，我是皇宫里的太监，你是嬷嬷，虽说要看别人的脸色，但过日子的事终归不用愁。老伴嘁道，太监和嬷嬷还在一铺炕上睡呀？陈老泽嬉笑说，你忘了古装电视剧吧，有时皇上一高兴，也恩准太监和嬷嬷结婚，咱俩就是对食呗。老伴说，你愿当太监你去当，我可不想当嬷嬷一样的奴才。再说，你去势了吗？去势了怎么还有儿子？陈老泽说，那我就是院公，记得杨家将里的杨洪吧，我就是杨洪老院公。老伴问，老院公有老婆孩子吗？陈老泽说，应该有吧，只不过戏文里没演。

日子如行云流水，日复一日，年复一年，就这般平平淡淡地过。儿子那边，房买了，婚结了，儿子一月两月地倒还能回来看看，当初口口声声喊想老妈的儿媳妇却只是在过大年或过中秋节时才露上一面。问起什么时候要孩子，儿子答，忙什么嘛，人家还没玩够呢，早晚的事，反正只许生一个。

今年放暑假的时候，老伴跟回家来的儿子说起刘总足有两三个月没回来的事，儿子说，哟，你们还不知道呀，市里县里好几个贪官被双规，连你们乡长那个小沙勒弥（小人物）都被刮带了进去，听说都跟收受姓刘的贿赂有关。姓刘的也被找去协助调查了。陈老泽问什么叫双规，协助调查又是什么意思，儿子一一解释，还说协助调查就像拉皮筋，牵扯得重了，也可能被以行贿罪判刑，轻了，则屁事没有。但被窝囊一阵是肯定的了，有吃有喝，老实交代，不许见任何人，也不许跟外界有任何联系。儿子走后，老两口儿就吃不下睡不安了，满脑子里想的都是刘总的事。也不是心疼或担心刘总，人家跟咱不沾亲不带故的，咱跟着操个什么心呢。老两口儿怕的是，刘总真要是摊了事，这房子被官家收了去，往后的日子可怎么过呢？那可只剩随儿子进城一条道儿，那道并不宽绰啊。有一天，老两口儿在秧架上摘豆角时，老伴突然冒出一句话，说要是总不回来，也挺好，咱老两口儿就在这大房子里住到死。只是那热水器空调冰箱啥的太费电，咱们得把插销往下拔拔啦。陈老泽知道她在说刘总的事，便笑道，别净想美事啦。你看电视剧里，皇上倒台了，有把皇宫留给太监和嬷嬷享福的吗？

没过多久，刘总突然回来了，事先也没打个电话，而且一回来就住了十来天，不像以前，只住一两日。看脸色，刘总明显有些消瘦，神情也不似先前那般万事遂愿的开心与快活。陈老泽小心翼翼地试探问，这一阵，出远门了吧？刘总说，平光光的路上，也不知被谁挖了个坑，我栽了，还崴了脚，回家好好休养几天吧。陈老泽猜这话是借事说事打比方，也不好多问，就退下去忙自己的事了。很快，家里就来了客人，看小汽车上的牌子，有当老板的，也有当官的，而且那官还不小。这两年，靠儿子回家指点，也靠自己慢慢琢磨，陈老泽已学会从停在院里院外的小汽车上辨识客人的身份了。这番客人来，一拨又一拨，多是在夜间，手上也多是提着大包小裹的东西，见面也多是喊“压惊”，还说刘总找这么个地方修身养性，堪比神仙。或在茶几旁，或在酒桌上，刘总和客人们小声嘀咕的是什么不知道，可陈老泽却一次次听刘总大声亮嗓地对那些人说，怪只能怪他们自个儿脑皮薄，扛不住，活该，我可什么都没说。我刘某要是连这张嘴巴都管不住，那往后还想不想在这地面上混啦？客人们便连连喊佩服，还说跟刘总交朋友，可交，值交。

夏日里，挂锄歇伏那些日子，村子里有了把年纪的男人们好聚到村中老槐树下，一边喝茶水，一边扯闲白。陈老泽有时在家闲不住，也好去凑凑热闹。他把大红的中华烟掏出来，一一给那些老哥们儿撒去。中华烟是刘总抽剩下的。刘总烟不重，却又不想戒，他抽烟的讲究是每次开包后只抽第一支，余下的就丢开不要了。刘总刚住进这个家时，离开后陈老泽陪老伴清理房间，见茶几上扔着好几包只抽出一支的烟，便将那些烟用塑料袋裹起来，放进冰箱，等刘总再来时送过去。没想刘总说，老哥要是不嫌弃，这些烟你就抽了吧，不然也是扔。我这人有个毛病，香烟开包后只喜欢抽第一支。不信你也品品，这开包后的第一支味道就是不一样啊。唉，啥叫毛病，都是钱多了惯的呀！可也好，从那往后，陈老泽的烟基本够抽了，而且是清一色的高档烟。高档烟撒到了乡间的老人们手上，有人点燃，也有人看了看商标，夹在了耳朵上。抽的人吧唧两口，说这烟确实不错，但不可细品，怎么夹进了一股奴才味儿呢？人们愣愣神，哄地大笑。陈老泽心里揪起来，想发火骂两句什么，但咬紧牙关忍着，没吭声。那一刻，他想起儿子回家时说过的一个词，羡慕嫉妒恨，以前一直犯琢磨，这是个什么意思呢？现在似乎猛地开窍了。有位八十多岁的老者说，陈老泽，我小的时候可是给你们老陈家当过半拉子（半大的长工）的，你爷爷那老爷子不错，很少跟我们这些卖苦力的吹胡子瞪眼，也从不跟那些大财主们伏低做小。眼下，虽说没人逼着你荣光耀祖重振家业，可你不过才五十多岁，就把自己弄得家无片瓦的，还得看着别人的眼色，这过的可算什么日子呀？陈老泽站起身，晕头涨脸地往树荫外走，走了几步又停下来，也没回头，就是站在那里说，你们要是把有钱人看成是家里的儿子，也许就什么都想开了。

这回众人没笑，而是沉默下来。夏日里的山风掠过树梢，发出一阵悠长的呼啸，使那沉默越发显得窘促而意味深长。

陈老泽的那句话不会仅仅是阿 Q 吧？其实，他心中有着太多太多的纠结，又去跟谁说呢。

换个地方去睡觉

老贺每天吃完早饭，就一手提只小马扎，一手抓着老大的茶水杯出去了。茶水杯是那种最大号的雀巢咖啡瓶子，出门前丢进一捏茶叶，再斟满水，一上午就足够喝的了。早餐是亲家母给准备的，或者一杯牛奶两片面包，或者一碗大米粥加两个茶蛋，再来点儿小咸菜，挺好，真的挺好的。亲家母每次送到门前总是说，午间还是回来吧，想吃啥，告诉我一声就是。老贺说，你忙你的，别管我，晌午不定哪位老兄弟又拉着去喝酒，说说笑笑的难得啊。亲家母说，您总是客气。老贺说，在自个儿闺女家，还客气啥，您忙吧。亲家母便不再说什么，微笑着将他送出房门。他知道亲家母在笑，但老贺不敢直面那张也是布满皱纹的笑脸，因为那笑里含着同情，含着忧戚，似乎还含着某些一言难尽的愧疚。亲家母是个善良勤快的女人，把女儿和小外孙交给她，尽可放心了。但毕竟是亲家母，比不得家里死去的那个人，哪能安心总让人家侍候自己呢?

小区里有一片大杨树，二三十棵，茂密的枝叶遮出一片阴凉，阴凉地里每天都聚了许多小区里的老头子，年迈的奔九十了，七十多的占大数，老贺是年轻的，也六十开外了。老人们谈古论今，纵横恣肆，南山打狼，北山擒虎，想到哪儿说哪儿。有不愿说或说累了的，便下象棋甩扑克，一边玩一边逗着嘴儿，玩时也多少带点儿输赢，但大家不说输赢，而叫填大坑。看看日头当晌了，不管是谁输的钱，一并抓在手里，呼朋引伴地坐进附近小饭店，围坐一桌，或啤酒或小烧，几盘下酒菜，也不多喝，说笑一番，带着微醺的快意，重回到阴凉地继续聊，继续玩。当然，多数老人是不介入这个圈子的，他们要回家去用午餐，饭后还要打个瞌睡，然后才重返大树下。但老贺是这个圈子的积极参与者，他的象棋和扑克玩得都不错，输少赢多，但每次，他都呼朋引伴地拉上那些不好意思相随的旁观者，还时常主动掏出票子让服务员再多添两个下酒菜。老人们都夸这位新来的贺老弟挺随和挺大度。

其实，老贺也有午睡的习惯，可眼下条件不允许，也就只好作罢。他现在住的是女儿家。老贺自己的家是在省里南部一个城市的郊区，也是两居室的房子。但一个月前，老伴突然犯了心脏病，没等救护车赶到，人已彻底地走了，医生说是突发性心肌梗死，难得救治。女儿挺着大肚子赶回去奔丧，女儿要临产了，而且已临近高龄产妇界限。本来，女儿早和老伴在电话里约定好，月子是请母亲去侍候的，到时老两口儿一块去。但老伴突然间就去世了，侍候月子的事就只好落在了婆婆的身上。返回省城时，女儿不放心突然之间就变成了老孤雁的父亲，非让他陪自己回家，说暂时变换一下生活的环境，待日后哀伤的心境缓解些再回去。老贺理解女儿的心情，便跟过来了。

女儿回到家里半个月，就生了。一个小家庭，就因增加了一颗小太阳，立刻变得拥挤热闹了起来。女儿的家也是两室一厅，小两口儿带孩子住一室，急从外市赶来的亲家母也需住一室，留给老贺的便只有客厅了。本来亲家母是坚持让老贺去独住另一间屋的，她住客厅。但老贺不同意，亲家母退休前是中学老师，为人师表一辈子，就因家里有了他这个外姓男人，大热的天，连在家里的休闲服装都穿得规规矩矩，再说还要不分日夜地侍候月子中的女儿呢，怎好就让人家连个放松的地方都没有？老贺跟女儿说，我还是先回去，等你过了这一阵再来，反正我也帮不上你什么忙，留在这儿还添乱。但女儿就是摇头，鼻涕一把泪一把的，说我妈说没就没了，爸自个儿回去我不放心，你非要走，只怕我这月子就难过得好了。老贺心里不忍，就留下来了。他的对策就是每天早早出去，尽量给亲家母多留出一些自由的空间。晚饭后，他进到女儿的房间去，和女儿女婿说说话，再逗逗一天天胖起来的小外孙，然后，就回到客厅看电视，电视有耳机，没人来同看他就插上，免得人烦，有人来，他就拔下来，一边看一边说说话。夜里，躺在长长的沙发上，却很难睡得安稳，一闭上眼睛，就是老伴的身影，问他吃好了没，又问他想不想家。唉，几十年老夫妻，说走就走了，太急，连点儿心理准备都不给。卫生间的门是对着客厅的，怕影响他休息，亲家母在房间里备了一个塑料痰盂做夜壶，女儿的房间也备了一个，但有时夜里孩子哭，亲家母还是要起身，穿过客厅，进到女儿房间去。每次起身，亲家母都小心着，蹑手蹑脚，尽量不出动静，连灯都不开，可他什么都知道，只是闭紧眼睛不吭声，心里却盼着快天亮。

有一天，又是午间和填大坑的几个人喝光小酒，重回阴凉地。人不多，午睡的人还没回来。有位老哥们儿往他身边凑了凑，问：老贺兄弟，问句可能不该问的话，我看你天天出来得最早，回去得也挺晚，晌午也多是不回去，是不是家里不方便啊？

老贺知道问话的姓曹，还知道老曹退休前可能在一家国有大型企业当过工段长，技术上挺大拿，至于叫什么就不清楚了，在一起待的时间越长越不好意思问，反正跟着大家一起“老曹老曹”地叫。刚有酒下肚，正想说说话，老贺便把家里的情况一五一十地说了。老曹跟着感慨，说世上最难说的关系就是亲家了，最亲的可能是它，最仇的也可能是它，蒸不熟煮不烂永远僵僵巴巴的也是它。比如我，自从儿子结婚时跟亲家老两口儿见过一面，就再没在一起碰过杯。老曹又比画一下四周仍是簇新气象的楼群，问，你闺女的那房子，买下时你没掏俩钱儿？老贺苦笑，说我倒是动过这个心，可哪有这个力？能供闺女念完大学，我和她妈也就自觉心安了。首付的钱是亲家那边出的，小两口儿接着还银行的按揭吧。老曹叹息，说我这就更理解啦，咋说也是住在外姓人家的房檐下，人家不说，可咱大老爷们儿心里却不能不寻思呀！

两人敬烟，又相互给对方点燃，都有了惺惺相惜相识恨晚的感觉。老曹突然又问，你刚才说过，你自个儿的家在哪儿？

老贺说，在雁洲呀。

老曹说，听说雁洲这些年发展得不错。你家的那小区不比这儿差吧？

老贺说，嘁，那儿还算得上小区？我原来在的厂叫沥青厂，沥青你知道吧？就是用人家炼油厂排出的废油渣，再加工成铺筑黑色路面的那种原料。厂子的污染大，乌烟瘴气的，当初建时，自然就远离了市区。就是近几年城市不断往外扩展，也还在城边子上。那儿排住宅楼还是当年厂里出钱建的呢，为的就是不让职工上下班再跑冤枉路。要跟这儿比，也就勉强还能住人吧。

老曹再问，听说雁洲有老大一片涝洼地，水塘里有鱼鳖虾蟹，那地方离你家远不远?

老贺笑了，说，眼下的时髦说法叫湿地，据说湿地可比地球的肾，毁不得伤不得。要不是因了这个说法，沥青厂早就给雁洲城腾地方啦。要说远近嘛，反正站在我家窗前就能看到一片片的芦苇和蒲草。这季节最怕的是蚊子，你要是敢天黑时去水边，扑头撞脸的，活活能把人叮死。要说三只蚊子炒盘菜，那是夸张，可那个头儿，确实比城里的大多啦!

去钓鱼的多不多?

怎不多?有那瘾头大的，早上去了，晚上不想走，又怕蚊子叮，就找到我们楼里去借宿，还说愿意出票子。我就留过客人，但绝不收钱，多大个事呀!为这事，我那死去的老伴还没少跟我磨叽，她不是怪我没收钱，她说眼下这社会治安乱，你知你招进家里的是个什么人?真要起了坏心，只怕连后悔都来不及啦。可我不怕，我对她说，凡是一日一日坐在那里钓鱼的，都是图个心里清静，天下哪有图清静的人惹是生非的?再说，心生歹意的莫不为个财色，咱这家有啥呀，他看中啥尽管拿，随便。还有就是个你，在人家眼里，老帮子一个，谁还稀罕?也就我还把你当个宝吧。恨得她就用手掐我，也不使劲儿掐，就是那个意思呗。人啊，活着时不觉，过后想起来，唉……

老贺说不下去了，眼里汪了一层水雾。人一上了年纪，又喝了酒，情感就变得脆弱了。老曹忙又递烟，待他平静了些，才又安慰说，咱们这茬人呀，孩子都不多，难免都有要单儿独守的那一天。也别太那个了，少是夫妻老是伴，过一阵，再找个能陪着说说话的呗。

老贺轻轻摇头，我的那口子，还是我在厂里当班组长时跟的我，是我徒弟。就因厂子在城郊，她爸她妈先是找人给她调单位，她不去；又给她找对象，是部队的一个连长，答应结婚后就可以带她随军，她也不动心。为这事，都跟她爸她妈闹掰啦，跟我领了结婚证书都没告诉家里一声，过后还是抱着孩子回的娘家门。想想那些年两个人的事，哪还有那个心肠，等等吧……

老曹突然变了话题，压低声音说，老哥，我有一个主意，不知当说不当说。你看行，咱俩一乐，你看不妥，就当我啥也没说。

你说你说。

你看咱老哥儿俩换换窝儿，行不？

老贺怔了，换窝儿？

我的意思，是换住一些日子，我去你在雁洲的家住，你到我在这儿的家住，不是换房，是换住。过些日子，有谁先住够了，就再换回来，啥东西也别搬别动。我为啥想了这么个主意呢？因为我好钓鱼，哪个礼拜不去水边坐上一两天，心里就痒痒。雁洲我早就盼着去，就是因为太远，才总是留着这份念想。要是这么一换呢，你老哥也不用住在闺女家客厅心里憋了巴屈地不舒坦了，啥时想去看看闺女外孙抬腿就到。我呢，也去过上一阵神仙的日子。这叫两好换一好，你看可行?

老贺心里怦然一动，这叫可遇而不可求，果然是大大的好主意。但他的心很快又沉下来，问，这可是大事，你不像我，一人吃饱，全家不饿，你夫人能愿意陪你一块去呀?我那紧挨着水泡子的家可非比这里花红柳绿呀。

老曹笑说，这也叫赶巧，我那口子这阵子不在家，她有个老姐姐病了，是脑血栓，一时半晌难下床，孩子们又都忙，她就去侍候了。本来叫我一块去的，可我不去，为啥呢，是我那个连襟太客气。人一客气就不实在了，你说是不?一天两天还能将就，时间一长，就显得远了。还不如咱老哥儿俩，有啥说啥，多好。

老贺略作沉吟，再问，老兄就没点儿啥忌讳?我老伴可是死在家里的呀。

老曹哈哈大笑，笑得树荫下的人都扭头往这边看，还有人喊，有啥笑话大声说，有乐大家乐。老曹说，俺老曹这辈子最不信的就是这个邪。前年，我得肺炎住医院，正赶上病床紧，排号，我儿子四处托人才加了个塞儿。往病房里送时，小护士耷拉着脸说，那张床上的病人可是刚送的太平间，我把丑话说在前头了，你们可别又逼着我换床位。我儿子站在旁边看我，那意思我明白，他已无能为力，是在等我表态。我正被烧得心焦，就倔哼哼地问小护士，那你告诉我，你们医院哪张病床上没死过人？小护士干瞪眼不敢接话。我又说，是不是这张床我不去，你马上另有安排？该死该活屌朝上，我不怕！这不，半个月，横着进去的，立着走出来，从那往后，咱老曹屁毛病没犯！

老贺说，那好，你老兄说个时间，我陪你回一趟雁洲，先把那个窝儿看看再说。

老曹却将一串钥匙拍在老贺手上，大咧咧地说，哎哟我的老兄弟哟，谁还信不着谁呀！这是我家的门钥匙，从现在起，你就随时可进。你呢，回去一趟，该藏的藏，该往出带的带，咋预备，随便。等哪天，也把你的钥匙往我手里一交，再告诉我你的家是哪区哪街什么号，门朝哪边开，就齐啦！剩下的事，自个儿的梦自个儿圆，都来个高度自治，中不？

那天晚上，老贺将这事跟女儿和亲家母说了。亲家母挺矜持，眼角溜着女儿不说话，女儿却垂了泪水，说爸到了这儿，还自己出去住，好像家里就多了你一个人似的。老贺说，看你这孩子说的，我也不是远去了哪里，想来家，随时就来了。你也为你婆婆想想，用文词说，她也是花甲之人了，你让她宽松宽松。女儿便对婆母说，妈，那就拜托您，明天陪我爸先过去看看，需要添置什么您就费心了。老贺说，可别，那样容易让人家老曹多心，不好。亲家母说，饭还是回来吃，不过多添一双筷子，一家人也好说说话。老贺笑说，有此舒坦住处，咱就要充分利用，用好用足。早晨我爱睡睡懒觉，午间呢又好和那些新结识的老兄弟们凑凑热闹，都别勉强。但晚饭我一定回来吃，亲家母的烹饪手艺我还没享用够呢。说得连女儿都破涕为笑了。

第二天一早，老贺出了家门就直奔了曹家。老曹是个急性子，粗粗细细的钓鱼竿已捆扎在一起，旁边还放着一个鼓溜溜的大背包。曹家也是两室一厅一卫，齐整干净，大大小小的家用电器一应俱全。老曹指点了一番，接过老贺的家门钥匙，互道了珍重，背上行囊，就兴冲冲地离家而去了。

老贺开始了惬意的生活。当晚，他给老曹打去电话，老曹在电话里哈哈震耳，说我找到家就去钓鱼啦，刚喝了鱼汤，虽说小点儿，只有两条，但味道鲜啊。从明天起，我要好好打出两个鱼窝子，你就等着我丰收的消息吧。老贺又告诉老曹一些生活用品摆放的位置，心里越发安稳踏实了。那一晚，老贺开始恢复以前的生活习惯，夜里晚睡一些，看过电视还翻了一阵书，一觉睡到大天亮，也不知做没做梦。早晨小眯一阵回笼觉，起床后一碗牛奶两片面包，榨菜丝上淋点儿蒜蓉酱。简单清理一下房间后，在写字台上铺展开自备的文房四宝，写上三百字蝇头小楷。他一直在誊抄“三言二拍”，除了迷醉于古时传奇故事里的因果报应，更为了寻求凝神运笔时的那种心境的沉静。他把这个事看作工程，是艺术的工程，也是一种心灵的工程，但这个工程一度中断，自从老伴去世，住进了女儿家，他就没有继续这个工程的环境了。三百字写完，他去小区阴凉地，和老兄弟们说笑博弈，小酌一番后，先回家里午睡，再神清气爽地复去聚会。晚饭回女儿家重温亲情享受天伦，入夜时独回神仙洞府，开始新的轮回。心满意足的老贺甚至有了对日后生活的崭新设想，把雁洲的那户旧房子卖掉，就用那笔钱在这小区，或者附近，租上一户独室的房子，长久地住下去，直至了结此生，岂不也算美哉？

但老贺的这般好日子并没有维持多久。一周后的一个中午，他还在小睡，忽听房门的锁眼哗哗地响，在他翻身坐起用脚在床下拨找拖鞋的当儿，开门人已进了屋子，并将房门重重地摔出一响。

是老曹。突然回到家里的老曹脸色很黑，不是那种被太阳光晒狠了的黑，而是凶煞煞满腹怒气的黑，是甩着脸子使性子的黑。他不是脱鞋，而是将脚上的旅游鞋恶狠狠地甩出去，砸在鞋柜门上，“咣”的一声，惊人心魄。

老贺问：你咋回来啦？

老曹的回答比甩鞋更重更狠：这是我的家，我咋就不能回？

老贺的本意是问你怎么提前回来了，老曹走时曾说要在雁洲待上一个月，后来在电话里又说，不刹冷或老太婆不回家他就不回来，他突然之间杀了个回马枪，总该有个原因吧？老贺小心地问，老哥，是不是谁惹你生气了？

老曹说，别叫哥，咱承受不起。

这便是直通通地对着自己来了，可刚刚重见面，自己怎么可能得罪到他呀？是不是怪我有了什么对不住他的地方呀？老贺再小心翼翼地问：你是在生我的气，对吗？

贺大领导啊，你在你老家的那片地方人性不咋的呀，硬是连个朋友都没有啊，怪不得你赖在这儿不愿回去，真是顶风能臭四十里呀！

老贺怔了，不知再该如何接话。

老曹不管不顾接着往下说，刚去的头两天，我过的还算是人的日子，可第三天，就不敢开门往外走啦！先是门上被抹上臭油漆，接着又被抹上臭狗屎。你家外头也有个老年人好聚堆的地方，我寻思凑过去找找热乎，也顺便说道说道，没想人一去，人家先问你是姓贺的朋友吧，我点了头，就再没人搭理我了，连舰着脸巴结递烟都没人接，还有人直扇鼻子说有贼腥味。昨儿，夜里，又有人甩进一块大砖头，把你家窗子砸得稀烂碎。明白人不说绕弯子的话，我可没给你找人修，愿修你回去自己修。那地方我是一天也不想待了，脏点儿远点儿条件差点儿都在其次，可真整成天津的包子狗不理，那就没法将就啦！

老贺默默地归拢自己的东西，他不再多问，也不想辩解，他知道人家说的都是实情，不含一点儿水分，自己这些年的日子就是这么过来的，惹了众怨众怒，就猫狗不如，连想说说真情话都没人听没人信啦！严重点儿说，就是老妻的突然死去，都跟那种环境有关。那天早晨出门，门边又被人故意堆弃了许多垃圾，老妻清理，却没想被脚下的西瓜皮滑了一下。人摔倒了，伤点儿皮肉倒在其次，没想肚里窝着那股火，突然引发了心脏病，这个委屈去跟谁说呀？

老贺提着东西，灰溜溜重回了女儿家里。亲家母和女儿的眼神里透出的都是奇怪，老贺说接了雁洲邻居的电话，家里窗子被风吹坏了，他必须马上回去处理。亲家母问他什么时候回来，老贺说也快，三两天吧。女儿不放心地叮嘱，收拾完可就回来呀。

三天后，老贺重新出现在阴凉地里，就感觉到身边的气氛大不同以前了，人们看他的眼神怪怪的，躲躲闪闪，还有不屑与疑惑。他主动说话，别人也哼哼哈哈的，爱理不理的样子，连那种填大坑的游戏，也没人主动邀请他了，端起酒杯也是在吃下眼食，冷冷落落的。老贺心里清楚，一定是老曹回来，把在雁洲的遭遇说给了大家听，人们开始在用白眼看他。人们的情绪就像流行性病毒，传染起来，迅猛而顽固。还有人不客气地对他说，腰包里有钱，就再买一户房呗，往咱这老百姓堆里凑合个球？那钱别管是咋来的，搂到手就得花，不花还带到棺材里去呀？

老贺听得懂人家话里的意思，可又无言以辩。因为家庭成分不好，老贺“文革”前读完高中，就步董家耕、邢燕子的后尘，下乡当了知青。后来回城时，那个沥青厂刚建完，他先当工人，再当班组长、车间主任，再后来就是副厂长、厂长。突然有一天，满世界开始喊中小企业产权制度改革，厂里来了工作组，研究要把这家国营厂卖给私人，从此民营。厂长老贺对此不理解，一次又一次的，大会小会都说，沥青厂效益一直不错，这些年公路建设突飞猛进，筑路原料供不应求，沥青厂又不是活不下去，年年都超额给国家缴纳利税，为什么非要卖掉它呢？有一天，工作组突然通知他去欧洲考察，说是他需要解放思想转变观念。在外面精彩的世界走过半个月，等他再回来，企业转制工作已经有了突破性的进展，在他考察期间主持工作的常务副厂长不仅积极支持卖厂，还成了第一投标人，万事俱备，等待老贺的只是落笔签字了。沥青厂零元出售，国营厂厂长一夜之间变成了民营企业家，这不能不让工人们奇怪，这么大的厂子，这么些的设备，怎么就一毛不值了呢？工作组在大会上的解释是，近两千职工的工资、退休金和医疗福利支出都将由民营企业承接，一人就是按最低五万元计算，也是近亿，两者相抵，民营企业还吃着近千万元的亏，人家是以大局为重才不做计较。那个数目挺吓人，上亿呀！职工们一时都吓得闭上了嘴巴。

初期，一日日变得务实起来的职工和家属对改制还没觉怎么样，不过是变了个厂牌牌，别管谁当家，只要按月给开支，看病给出钱就中呗。但很快，人们觉出味道不一样了，陆续有人放长假，又有人下岗，接着是买断工龄，给你三万两万元钱，从此与沥青厂两清，有病也去找保险公司吧，人家给你投保了。可去保险公司去要治病钱，好像跟人家讨小账，远不如当初在国营厂实报实销时顺当了。丢了实惠的工人们感觉上当了，想跟变成了民营企业家的原常务副厂长理论，可人家坐着高级小轿车，早在市里另买了高档别墅，十天半月难在厂里露个面了，另有新聘的总经理给撑着这片天。人们想起当初在卖厂协议上签字的是老贺，人们还想起一夜间变成资本家的原常务副厂长是老贺一手提拔起来的，以前还是老贺手下的车间主任，再以前还是老贺情同父子的徒弟，而且，老贺签过字，就变成了市工业局的巡视员，再不端沥青厂的这个饭碗了。于是，人们开始迁恨于已退休在家的老贺，人们坚信，老贺这是在跟大家玩弯弯绕，他一定从他昔日的徒弟手中接下过非比寻常的好处，不然，傻子才会签下那样的字呢。

也许，除了老贺，只有老伴才相信他是怎样一个人。不错，一夜间当了董事长的昔日徒弟确曾一次次深更半夜摸到他家来，送过房门钥匙，说市内某小区某栋某号已经装修利索，从此就是贺师傅的新家，房产证明随时可办；还送过他银行卡，说里面是三十万，密码是师傅和师母的生日拼接。老贺都坚决地拒绝了，并冷着脸说，往后你不要再到我的家来了，老百姓的眼睛都不瞎，我怕你来的次数越多，我越走不出这个家门了！

面对周围人越来越深重的冷漠，老贺内心深处越来越孤独，也越来越愧悔。他愧悔当年怎么就力挺爱徒一步步当上了常务副厂长，是不是自己的眼光有问题，格外喜欢他的脑子灵活处事圆通呢？老贺更愧悔的是在那份改制协议书上签字，是不是还因为自己的家庭成分问题，在自己的骨子里已顽固地潜伏下某种基因，只怕再坚持，会认为是不听党的话呢？可这些话他去跟谁说？说了又有谁信？在这世界上，唯一知他孤独、苦闷与愧悔的人已先他而去，真是连说句心里话的人都没有啦！

老贺不再去阴凉地，每天早起，他提起小马扎走出家门，或孤独地找个地方坐上一阵，或去远些的小区，试图与那些尚不熟悉的人建立起新的友谊。但慢慢地，他感到这很困难，问题不是出在外人，而是出在他自己的内心深处，他总感觉别人盯向他的目光里有芒刺，他还感觉那些看似平常的问题里暗藏讥嘲与咒骂。在几乎所有住宅小区的老人角，慨叹世风诅咒腐败都是一个最能引起人们共鸣的话题。因此，他便感觉自己真成了一只过街的老鼠,那些芒刺与讥嘲追逼着他,让他无处藏身。

暑日过去，秋风渐凉。有时丽阳高照，微风和煦，女儿已能抱起小外孙去屋外走一走。老贺再次提出回雁洲，这次亲家母和女儿都没再挽留，她们看出老贺在一日日消瘦，也比以前更加消沉，是不是他想家了呢，人不亲水亲,毕竟那是他生活了几十年的地方,故土难离呀。

在临行的头天晚上，女儿提出了建议，爸，不如您就把家里的那户房子卖掉，在我们这儿附近再买一户，您年纪越来越大，住得近些，我们彼此都方便照料。老贺心里颤了一下，说，那户破房子还值几个钱儿？哪够换买一户这边的房子呀。女儿说，把您的积蓄都拿出来嘛，反正日常的开销，您的退休金足够了。现在买房子不算花钱，你把它看成投资就对了，还能增值呢。这回老贺的心不是颤，而是如同被什么狠狠地扎了一下，疼起来，深切地疼起来。连亲生女儿都认为自己手里另藏着大笔的钱！他只说了声让我再想想，就起身回客厅去了。

老贺回到雁洲后不久，邻居们就看到有人陆续从贺家搬出冰箱、彩电、床铺、衣柜，阳台窗上还贴出“此房出售”的大纸片，人们知道狐狸尾巴藏不住，老贺终于要搬家去另找福地了。又不久，沥青厂工会收到一封挂号信，信封里有一个储蓄折，存储的数字是五万余元，储蓄折里还夹了一封信，信分成上下两部分，蝇头小楷，一笔不苟，都极简洁。上部分是写给厂工会的："当收到此信的时候，请到西山墓地找我，拜托用储蓄折里的钱帮我料理后事，余款交我女儿。多谢。"下部分是写给女儿的："别多想，爸爸只是想换个地方去睡觉，思来想去，还是和你妈妈睡在一起最舒服。留给你的钱便是爸爸和妈妈此生积攒的全部。谢谢亲家母。替我亲亲小外孙。"

人们急赶去墓地。老贺妻子的墓前，架着一个小巧的旅游帐篷，老贺衣冠齐整，已安安静静地躺在里面长眠不醒。赶来的医生说，死者是服用了过量的安眠药。墓地管理人员说，前一日只是看到有位老先生在墓前架起了小帐篷，以前这种事也有，不过是活着的人对逝者的一种悼念方式，哪想这位老先生会走了这一步呢？

有人奇怪，老贺眼下属于市工业局的退休干部，又有至亲骨肉，弃世前，他为什么要把信和款子寄到沥青厂而不寄工业局？他给女儿的临终绝笔信又为什么要写在给沥青厂工会的同一张纸上呢？

送葬那天，天地昏沉，秋雨淋淋。给老贺送葬的人很多，连老曹等人都赶来了，沥青厂的人几乎倾厂，竟都不打伞，一任秋雨浇淋，很难分得清人们脸上流着的是雨水还是泪水了。

何处栖身

谢益兰走进信访局的院门时，一下就看到了易局长的那辆小汽车。足有两亩地大的院子里空旷旷的，眼下只停着那辆车，在初夏明亮的阳光下晃映出让人眼疼的光亮。易局长的车就像他的脾气，跟别的领导不一样。别的领导的车多是黑色的，好比他们的脸，总是阴着沉着，让人见了心紧。那些领导的车腚上基本是挂着一个圈或框，一本正经，圈与框里的形状却不一样，还有的是四个圈连在一起。可易局长的车却是银灰色的，车腚上也没挂圈，而是挂了一个金黄色的十字花，粗粗重重的横竖两笔，横长竖短，让人一看就想起了医院的红十字，那是治病救命的地方。谢益兰曾问过别人，易局长车上的十字花要是改成红色多好啊。听的人笑，说，人家那是雪佛兰，你还想叫信访局长变成医院院长啊？你有病了吧？谢益兰承认自己有病，是心里有病，不然怎么会几天不来信访局走一走看一看，心里就像被鸡爪刨了似的乱糟糟呢。

就像一只并不受人欢迎的狗，却总想窜进邻家的院里转一转，还要时刻防着主人甩出的棍棒、石块和斥骂。谢益兰在心里这样给自己打着比方，怯怯地推开了办公楼的门。门厅正对着楼梯，右侧是接待大厅，左侧是一排办公室，平时，工作人员常把来访者带到那些办公室里去，单独询问情况。还没到上班时间，楼里安安静静的，连保安人员都没到，只有保洁员在擦着楼梯上的扶手。保洁员也是女的，跟谢益兰年龄差不了多少，听门响，目光扫过来。那目光先还暖暖的，是春分的节气，但瞬间就冬至了，冷下来，像房檐挂下来的冰溜子。

“你的事不是都利索了吗？”保洁员问。

“是，利索了，利索了。”谢益兰慌慌地点头。

“利索了还来干什么？”

“没事。我进城买东西，顺便来看看。”理由早备下了，估计就会有人这样问。

“哼，还顺便，真把这儿当娘家啦。娘家也未必有人想你吧？”保洁员不屑地哼了一声，扭头继续擦扶手。

谢益兰不再吭声，抓起倚在墙角的拖布，闷头擦地。保洁员喊起来：“放下，你放下！听到没有，我让你放下！”保洁员的声音很凶狠，一点儿也没有不让她插手劳作的客气，而是喝令，就好像邻家的主人提着棍子吆喝癞皮狗放下叼在嘴里的骨头。谢益兰只当作没听见，继续擦，一直擦到接待大厅去。保洁员恶狠狠地将抹布甩在楼梯扶手上，一路快步，跑到楼上去。

片刻，易局长出现在了楼梯口，大声向下面招呼："谢益兰，来啦？来了就到我屋里坐坐嘛。"这回谢益兰很听话，将拖布倚在墙边，跟在易局长身后上了楼。

易局长仍是一如既往地温和，往纸杯里捏了一点儿茉莉花茶，按下热水器的开关，茶香便随着水汽慢慢蒸腾开。易局长将茶杯放到谢益兰面前，问："家里的地都种完了吧？"

谢益兰答："就那一亩多地，两三天的活计，苗都出齐了。"

"正是抓鸡雏的时候，多抓几个，眼下笨鸡蛋值钱，等小鸡下蛋了，你的日常盐醋钱儿就有了，逢年过节的，还可以来个小鸡炖蘑菇。"

"我家正在村边子，靠山，山上有野牲口了，狐狸和黄狼子啥的，一眼照看不到，就只剩鸡毛了。"

"那就养上几只柴猪，千万别用添加剂，年底出了栏，也是一笔收入。"

"这个我也想过。可眼下猪秧子太贵，那东西能吃，饿一顿都叫唤，我怕供不上嘴。"

"也是啊——去给别人家打打工？我知道，你家周边的那几个村养鹌鹑、扣棚养蘑菇的人家不少，都需人手，吃上两年辛苦，有点儿积蓄后再做下一步的打算。"

"我哪还敢怕吃苦——"谢益兰两手抱着纸杯，头低下去，小声说，"都跑过多少家了。可人家一见了我的影儿，大老远就把门关死，连话都不搭，怕沾了我的邪气。”

易局长深深地叹息了一声。楼下嘈杂，上访的人来了，有脚步声咚咚地奔了楼上，几个人立在了门外，脸都黑着，见局长屋里有人，踟蹰着要不要马上进来。易局长对谢益兰说，我又开始忙了，你回去吧。你的情况我理解，事情也记下了，我帮你注意一下，等等机会吧。

谢益兰是信访局的老熟人了，准确的说法叫老上访户，整整跑了两年，一周最少来一趟，有时还两趟三趟，算算吧，两年跑了多少趟，可能比那些三天打鱼两天晒网的正式员工来得还勤呢。来上访前谢益兰的身份是刑满释放分子，细说起来，罪名不大，却令人厌恶，尤其叫淳朴的乡下人厌恶，重婚罪。乡下人对重婚罪的理解是吃着碗里的，还霸着盆里的。男人犯了这种罪还可原谅，女人就让人恶心了，一张嘴巴还想同时咬两根黄瓜呀，呸！撑破嘴巴也活该！谢益兰在大牢里待的时间也不算长，刑期一年半，刨去在监狱里表现出色减去的天数，也就在里面待了小一年。可乡下人对坐牢时间的长短也不看重，十年是犯罪，一年也是犯罪，好人谁上那里蹲着去！

多年前，谢益兰嫁到邻县的一个小山村，男人叫姜大成，婚后接连生了两个丫头。计划生育有政策，不许再生了，不是谢益兰就是姜大成，必须有一人做结扎。

姜大成心不甘，一定要留种，还要留地，甘愿听着乡里村里的干部数落。几年后，二丫头一病夭折，姜大成悲喜交加，甩去两把眼泪，以为老天开眼，还是给了他接续香火的机会，没想夜以继日地耕种了一春又一夏，却发现妻子肚皮上留下的那个疤是结扎的印记。谢益兰做绝育手术是瞒着丈夫的，只说是回娘家照顾生病的老父，闹起阑尾炎，去县医院把阑尾割去了。为这事，姜大成极为愤怒，谢益兰也后悔，两人还去过计生医院，企图让那条已阻断的生命通道再畅通起来。计生医院说，虽说你们死了一个女儿，但毕竟还有一个，按规定，这个修复手术是不能做的，非要做，也请开乡一级以上计生部门的证明。失去了生儿之地的姜大成愈加恼怒，把耕作的力气转移到拳脚上，三天两头暴打妻子，谢益兰就是跑回娘家去，他也提根棒子追了去。谢益兰无奈，一天夜里，悄然潜逃，数日后便辗辗转转地到了本县大山里的马家峪村。村里马杰的老婆病了，家里正缺人手，就留她做了帮工。马杰家除了种着十来亩责任田，后院几排笼子里还养着几十只狐狸，家境不错。可勤快能干的女主人突然一病不起，一天天瘦下去，瘦得失了人形，到了哪家医院大夫都摇头，村民们就说马家中了狐仙的邪祟，马杰出多少工钱也没人去他家冒风险。慌不择路的谢益兰活命第一，哪还顾得这些，进了马家门，又是照顾病人，又是在马杰的指导下饲养狐狸。谢益兰勤快利落，又爱干净，心里那份苦又不能说出来，一天到晚就知干活，所以颇得马家人和村民们的好评。半年后，马杰的妻子撒手而去，临死前紧拉住丈夫的手，眼睛却牢牢地盯住谢益兰，那意思马杰岂会不明白。又半年，马杰托媒人探询谢益兰口风。谢益兰的回答半真半假，假话说男人在城里打工时，从楼上摔下来死了，扔下个男孩被大伯哥带走了，大伯哥死活要守着这棵传宗接代的独苗；真话说自己不想再婚，但可以留下来跟马杰打伙计，除了吃住，马杰给多少算多少。理由是不定什么时候儿子会找到她。“打伙计”是乡下人的说法，相当于城里人的不婚同居。马杰是个本分人，听了媒人的回话，立刻摇了脑袋，说那可不好，一家不一家，两家不两家的，好像东家在占打工娘儿们的便宜。媒人说，你既想再找一个，我帮你寻摸，凭你家的这个条件，不愁。马杰说，那拜托你给谢益兰传个话，让她抓紧另去找干活的地方。不是我马杰翻脸不认人撵她，眼下不比以前了，以前孩子妈好歹还躺在炕上，孩子早早晚晚地也在身边，现在孩子妈没了，孩子也考上了县里的高中，十天半月地才回来一趟，这么大的院子，孤男寡女的，好说不好听。再说，话也揭开盖子说出了口，不好再瞪着眼睛打呼噜了。谢益兰听了媒人的传话，顿时淋落了泪水。说心里话，她敬重马杰，也喜欢这个人，就凭他对病老婆的那般尽情尽意，就不能不让她动心。再说，走出马家门，哪里好再找这样的可干活又可活命的地方，那种丧家犬一般的日子她早就怕怕的了。思之再三，谢益兰下了决心，说那就听马杰的吧，只是都老大不小的过来人，不要再操办了。

谢益兰和马杰去乡里办结婚登记。办事的人认识马杰，知道马杰为人厚道本分，所以就掉以轻心，办得很马虎。看了两人的身份证，办事人说，马杰的情况我知道，妻亡，再婚，大嫂的呢？谢益兰有意简略，说那人也死了。办事人又问，没带来户口本？谢益兰说，出来打工哪想着带那个，放娘家了。办事人说，再回娘家时别忘了带过来，抓紧把户口也迁到一起吧。办事人嘴巴塞进了糖疙瘩，又叼上了烟卷，所有问话到此结束，匆匆在结婚证上用了钢印。

谢益兰跟马杰过了一段好日子，你织衣来我耕田，牛郎织女一般，但太短暂，不到两年，就被天河隔开了，也牛郎织女一般。那段日子，马杰主外，春播秋收，负责把饲养狐狸的饲料买回家。谢益兰主内，张罗院子里的炕上地下，还把后院的狐狸侍候得活蹦乱跳。过了小雪，正是狐皮绒厚的时节，马杰带回家一位剥狐皮的师傅。师傅将狐狸揪出笼子一只，照着脑后“嘭”的一棒，那狐狸立时软了身子。师傅把将死未死的狐狸吊挂在歪脖树上，趁着那体温尚存的温和劲儿，操起柳叶刀，从狐狸嘴巴处入手，三下五除二，一张完整的皮子就被褪下来了。谢益兰在一旁看剥杀了两只，捅捅马杰，问，人家不白给干吧？马杰说，这年月，哪有白使唤人的，这叫技术，一只二十。谢益兰说，那你让师傅歇歇吧，这笔钱咱省下。马杰很是吃惊，说这个活计你还想干呀？南北四乡十里八庄的还没有女人干这个的呢，连我都不敢干。谢益兰说，旧社会中国女人还裹小脚大门不出二门不迈呢，可现在都开上了飞机满世界飞。马杰说，养狐狸看的就是一张皮，皮上划出一道口子，那价钱上就要大打折扣。谢益兰撇嘴说，这有啥呀，不跟剥兔子一样吗？我在娘家时就剥过兔子，也剥过羊，若拢在一起，光皮子就够你拉一车了。你要是信不过，先让我剥一只看，真要出了丁点儿差错，我从此不摸柳叶刀行不？

听说谢益兰要剥狐狸，不少村民围过来看稀奇。谢益兰怕惊了笼子里的生灵，让马杰先将一只狐狸笼子搬到前院去，吊挂狐狸的位置则选在院子的铁门上，那个地方正适宜人们围观。狐狸肛门里长一臭腺，可算护身的法宝，寻常时不会启用，到了生死攸关的时刻，它就会把暗器打出来，那个臭屁足以让人或攻击它的动物晕厥。民间传说狐狸迷人，概缘于此。长了这种臭腺的还有黄鼠狼，所以老百姓才迷信黄仙狐仙。谢益兰让围观的人站到上风处，自己则戴了大口罩，学着师傅的样子，将狐狸从笼中拖出，也是照着脑后一棒击去，再吊挂在大铁门上，手中的柳叶刀上下闪亮翻飞，三划两挑，不过三五分钟，一张完整无损的狐狸皮已搭在了墙头。而红赤赤的狐狸肉身被扔到地上时，则又出现了令人惊骇的一幕。毕竟女人手劲儿不比男人强劲，那一棒下去，狐狸只是暂时休克，皮被剥去后，竟又苏醒过来，伏在地上拱动，有的还绝望地嗥叫。谢益兰不惊不慌，再次手起棒落，让失去皮毛的肉身从此彻底沉默，她再将那肉身用脚拨翻，踏稳，熠熠刀锋在胸腹处麻利划过，狐狸血淋淋热腾腾的五脏六腑便被她甩在了大洗衣盆里。谢益兰提着狐狸躯干对众人说，有不硌硬（嫌弃）的，可以把这东西拿回去，或炒或炖，我看未必比那山兔野鸡味道差。有种葡萄的，也可把这下水带走，离根尺多远，深点儿挖坑，埋进去，我保你家的葡萄明年秋后都是大嘟噜，齁死人地甜。山里人惊得面容失色，慌慌地往后闪退，张着嘴巴说不出话。谢益兰又对马杰说，乡亲们不要，你就给市里的动物园打个电话，让他们开车来取，不用讲价，给钱就卖，听说动物园的东家正愁没钱给老虎豹子买肉吃呢。

山里人说谢益兰是狐狸精转世，就是从这一幕开始的，不然她何以如此心狠手辣，对同类毫不痛惜呢？可也有人说，管她是什么转世，能挣钱就是硬道理，今年光剥狐狸皮这一项，马杰就省了一千多元，再加上卖狐狸肉，人家今冬就是不卖狐狸皮，也有吃有喝过个肥年。又有人说，要真是狐狸精转世，更好，正好以毒攻毒。

马杰的前一个老婆倒是良家妇女，可自从家里养了狐狸，好不秧儿的（好好的）突然得了那种绝症，死时只带走了一把骨头棒子，眼见是被狐仙吸干了精血。再看眼下，马杰自从娶了谢益兰，日子越过越红火，连古书《聊斋》里都说，有的狐狸精的心眼儿比人还好使呢。不同意的人说，这才哪儿到哪儿，谢益兰在马家挑门过日子不过才几个月，出水才见两脚泥，再等等看吧。

这期间，谢益兰开始悄悄回娘家，都是午后登上班车，夜深时摸进家门。她让马杰给她买了手机，配上那种不要月租的卡，那种卡主打和接听都老贵，好在她平时基本关机，只是想女儿和爹娘想得受不了时才开机打出去。她让母亲找借口提前将女儿接到家，等她赶到时，女儿已蜷在姥姥身旁呼呼大睡。她不叫醒女儿，只是坐在旁边不错眼珠地看孩子，手掌在女儿的头发和脸蛋上轻轻摩挲，泪水一滴滴雨样地淋落。听着村里报晓的雄鸡啼起，她便恋恋不舍地离去，只说老板不给假，必须往回赶了。老父老母知她在躲着那疯狗样的姑爷，自然帮她遮掩。只是有一次，硕大的泪珠淋落到女儿脸上，女儿激灵一下醒来，揉揉眼睛坐起，便一下抱死了母亲，哭着喊，妈还活着呀，我想死你啦！母女二人好一顿大哭。谢益兰说，你要真想让妈活下去，就不能把见到妈的事告诉你爹。女儿十二了，已深知其中的利害，连着点头说，我学刘胡兰，刀架脖子上都不说。马杰对谢益兰披星戴月来去匆匆一度也很是蹊跷，说在娘家住上两天也是正常，家里这点儿活儿有我呢，你何必把自己忙成惊枪的兔子？谢益兰搪塞说，我不愿看我娘家嫂子那张大驴脸，好像我又去搜刮什么似的。

转眼又是一年多。春节前，有去县城办年货的村里人夸说县城的种种变化，久躲深山的谢益兰动了心，心想两县相距不过百里，且去逛逛又如何。再有姐妹们张罗，她便结伴同行。偏巧是那一次，她被昔日同村的一个人发现了，那个人是来县城走亲戚，无意间看到了她，她却没有发现那个人。那个人悄然尾随，抓住机会问与她同行的一个农妇，你们是哪村的呀？那农妇在五光十色的商品前正觉眼睛不够用，便憨憨作答，马家峪的，全然不知祸事已如一张天网，神不知鬼不觉正向谢益兰罩来。

正月里的一天，深夜，家里来了警察，还抖出了亮锃锃的手铐。马杰大惊，问怎么了，警察说，谢益兰的丈夫姜大成把她告下了，谢益兰涉嫌重婚，马上跟我们走吧。马杰再看谢益兰，谢益兰却躲着他的眼睛，只是往地心一蹲，面孔埋在膝间，再不多说一言。

马家峪村再次炸开了锅。人们想起谢益兰剥狐狸皮时的飞扬神采，还有那格外晶亮的目光，舆论迅速形成惊人的一致。看到了吧，善恶有报，时候未到，狐狸精再能，终是要遭天谴了吧？

证据确凿，无以辩解，谢益兰被判了一年零六个月。

收监后，姜大成打发律师送去了离婚协议，核心内容是扫地出门，谢益兰接笔在手，二话没说，在那份协议书上签了字，还按下了手印。又几日，马杰探监，深深地垂着头，眼睛不敢往前看，说益兰，别怪我无情，咱俩既还算不上两口子，那就别再凑合了。我打算把家当都卖了，陪儿子去城里过。你呢，出来后，如果没有别的地方可去，就还回马家峪，我已经在村东头另给你买了房子，不大，两间，你自己将就过吧。这两年你在我家没少受累，也该得。谢益兰泪流满面，无话可答。马杰仁义厚道，事情到了这一步，不光没说一句责骂怨恨的话，还为她安排下了日后的栖身之处，够爷们儿的啦。

谢益兰在狱中表现得不错，所以只待了近一年，就假释了。姜大成那边是不能回了，姜家人也不让她进村子，那就只能住进马杰留给她的房子。但只有房子没有地，又去哪里刨食呢？她便一次次往乡里跑，再往县信访局跑，理由虽牵强，但也可以理解。自古以来都是认打不罚，认罚莫打，我都服完刑了，总得让我有口饭吃吧。再说我和马杰明铺明盖两年多，乡里还给发了结婚证，那个结婚证可以宣布无效，但总不能说我这条命也活得无效吧？易局长无数次地听了她的陈诉，对她的遭遇深表同情，又亲自去法院民政庭咨询，答说此类问题遣送原籍解决在理，留在本地解决也不违背法律条款，尤其是乡政府给开出了结婚证书，明显失于草率，也有责任，这事还是尊重当事人的选择吧。易局长又和乡政府沟通，乡里的回答却公事公办，马家峪村的土地早就分得溜干净，土地政策三十年不变，哪还有地分给一个重婚释放犯？公办行不通，那就只好讲私情。新派去的乡党委书记早些年曾与易局长同在一个部门，还是他的下级，易局长提着酒瓶子和熏猪蹄五香花生米进家求助，说老弟呀，这个酒你务必得喝，那个女人确实可怜，就算你帮老哥一个忙，好歹赏她两条土里刨食的垄沟，不然她成天在我办公室门前晃，晃得我脑仁子疼啊。再说，咱们要以民为本，咱们要稳定大局，这事你高抬贵手，合情又合法，上上下下都会赞你一声好。乡党委书记说，那就等等，马家峪有个无儿无女的老五保，估计来日无多，我就争取把他撒手扔下的那块地给谢益兰吧。

易局长说谢益兰整天在他办公室门前晃，一点儿都没忽悠。有将近两年，谢益兰骑辆破车子，天天奔县里来，来了就找易局长，见易局长和别人谈事她就守在房门外。也不怪她死守着易局长，老易为人和气呀，就是来个哑巴，他也能让人把要表达的意思比画完，而且还尽着自己的能力帮助来访的人搬山疏河。说来也是怪事，原来上访也能养成一种习惯，形成一种顺坡而下的惯性，后来一亩半的责任田总算到手了，可在田里忙上三五日，觉得有些空闲了，谢益兰还要骑上两个多钟头的车子来县里转一转，来了便直奔信访局，见不到易局长心里便觉空落落的。

隔了几天，谢益兰再来信访局，易局长对她说，你要进城打工的事我帮你寻摸了几家，机关事务管理局那边近来需要几位女工，正在清理县政府大院的草坪。草坪用的是外国草籽，可这季节一见雨水，杂七杂八的草也钻了出来，要人工把那杂草清除掉。政府大院这片清理完，还要去清理文化广场那一片，估计最少也是干上一两个月。活儿不累，就是风吹日晒的。报酬也不多，按天算，一天三十。你要有兴趣，就赶快去，我已经跟那边的林局长打过招呼了。谢益兰忙点头，说一天三十，那一月就是九百，不少啦。我在自家的地里从春忙到秋，才能挣多少钱。

第二天一早，谢益兰早早起床，赶着第一班大客车，直奔了县城。车票是五元钱，往返就是十元，那一月落到手里的只有六百了。六百就六百吧，谁让咱在城里没个窝儿呢。要是这活儿能长干，不如用那个钱在城里租上一间小屋子，还省了来回跑了。进了县政府大院，先来的七位妇女已在草坪上蹲成一排，手揪刀剜地忙上了，嘴里还叽叽嘎嘎地说笑。县政府的院子很大，大楼前的草坪足有二三十亩，上面还立着有大大小小窟窿的怪石头，还有用雪白的石头雕成的天鹅小鹿什么的，放眼一看，确让人心里舒坦。因怕脸被晒黑，女人们一个个都用头巾把面孔遮裹得严严实实，哪里还辨得清年龄和模样。谢益兰凑过去，歉意地说，班车刚到，我来晚了，对不起呀。然后就蹲在排尾，学着别人的样子干起来。那几人也不正眼看她，却霎时间都缄了嘴巴。这般只干了三五分钟，挨着她的人起身，蹲到十余米外重开战场，其他几人见状，很快起身移过去。谢益兰不明就里，懵懵懂懂也随过去。没想众人再度起身，重又把她孤零零地晾成个老孤雁。谢益兰心里咯噔一下，明白了，原来城里人和马家峪的人一样，这是在有意闪着自己呢。闪就闪吧，我又不是三岁的孩子，莫不非得拴在谁的裤腰带上不成？

这般干了一个多钟头，太阳越升越高，日光也越来越毒辣，汗珠子顺着脸颊一滴滴往下滴答。谢益兰想，明天得把草帽带来啦，咱倒不怕脸黑，可晒爆了皮终是不好受。又想，来县城了这么多趟，怎么一次也没碰到马杰爷儿俩呢？不是马杰又成了新家吧？哦对了，哪天有工夫去趟县高中，兴许就碰到马杰的儿子了，打听打听也是好，那孩子该考大学了吧。正这般想着，忽听草坪外有人吼，羊屎蛋似的，东一个，西一个，怎么干活呢？不会往一块凑一凑呀？谢益兰知道这是在吆喝自己呢，急起身凑到那几人身边去。没想有一女人低声骂，远点儿滚着，我们嫌你骚！一股火腾地从心底蹿上来，谢益兰也低声回敬，几天没刷牙漱口啦，你的嘴才骚呢！另一个女人增援，故意放大了声音，骚，有了爷们儿还嫌不够用，重婚犯不是骚是什么！这等于在指着鼻子叫阵了，谢益兰也扯开嗓子回击，姑奶奶再骚也不稀罕钻你们家那废物爷们儿的被窝！两个女人羞恼，立时变成了母大虫，忽地扑上来，与谢益兰厮滚在一起，你抓我挠的，其他女人则站在旁边呀呀哇哇地喊叫。草坪外的那个人跑到身边来，跳着脚地喊，住手，住手，赶快给我住手！

几人仍不住手，就像几条咬疯了的狗。正这时，一辆刚开进大院的黑色小轿车嘎吱一声停下来，一位领导跨出车门，声不高但分外威严地说，老林，你别叫停，让她们打，我今儿倒要看看，人脑子能不能打出狗脑子来！这回姓林的领导慌了，急忙亲自出手，将几个人一个个拖扯开，低声呵斥说，作，我让你们作！看，把朱县长都惊动了，我看你们有好果子吃！

谢益兰站起身，呼哧呼哧大喘粗气，腮帮子火烧火燎地疼，摸一把，还黏糊糊的，这是让她们挠的，挠破了，头皮也一跳一跳地疼，也不知让她们薅掉头发没有。那两个母夜叉今儿都包裹着头巾，相当于戴了头盔，算捡便宜了。可看胖点儿的那位龇牙咧嘴的样子，她肩膀上的伤少说也得养上十天半月。自己咬着她了，这也算当年挨打时练就的一种本事，施展不开手脚就咬，咬住就别松口，连姜大成那个驴东西都惧了她三分。

谢益兰翻眼横了草坪边的黑色轿车一眼，心里狠狠地揪了一下，情知今天的祸惹大了。朱县长她认识，往信访局跑了两年，县里的领导她差不多都认识了。上头要求领导大接访，县里便把四大班子领导排班派下去，每天去信访局一个人，信访局大厅的电子屏幕上再把当日的接访领导名字公布出来。老上访户们把领导接访的顺序摸得清清爽爽的，赶上县委书记、县长和朱副县长接访这几天，去的人就格外多。其实这几位领导也不一定就按时去，他们的会议多，事也多，公务繁忙，有时打个照面就走了，更多的时候是打发一个秘书去唱空城计。倒是人大、政协的那些领导们守规矩，轮到名下就去坐庄，但好比打麻将，坐了庄也很少有人去陪他们玩，因为他们说话不管用，点了炮也往往是诈和，让人空欢喜。但这位朱副县长就不一样了，他是县委常委，又管着常务，县衙里的二大当家的，大当家不稀罕过问的事全凭他的一句话，连那些年轻气盛的同级副县长们都得看着他的脸色行事呢。

朱县长站在草坪边冷笑说：“好，很好。绿茵场上，中国女足近来风光不再，正走颓势，原来敢打敢拼的战将都聚到咱北方小县城来了，还要一决雌雄！可你们知道不知道这是什么地方，这也是你们要泼撒野滚狗驼子的地方吗？”

姓林的领导跑到朱县长身边去，赔笑说：“县长别生气，虽说都是临时雇用人员，也都怪我领导不力。我马上就派一个人来，专门管理她们，保证再不叫县长操心。”

谢益兰蓦地想起，易局长让她来这里干活时，是提到机关事务管理局的林局长的。若刚才想起，就咽下心里那口恶气，不跟那两个东西争高低了。

朱县长转身上车，目光往这边一扫时，却锥子扎进棉团似的陡地停住了：“嗯？你们怎么把她也雇来了，有本事把麦当娜和莱温斯基也雇来呀，这世界上就没两条腿的人啦？”

林局长把嘴巴凑到朱县长耳边去，不知低声说了些什么。朱县长又是冷笑：“这个老易呀，天要下雨，娘要改嫁，连毛老爷子都说管不了，他倒忘了自己的斤两了。你这就给他打电话，让他马上来一趟，我在办公室等他。”

谢益兰心颤了，两腿也软下来。坏了，坏菜了！自己挨打挨骂都无所谓，就是像条野狗似的被撵回家去也无所谓，怎么能把好心好意的易局长也牵扯进来呢。这么一想，她摸了摸腰包，急跑到大院门外去，在路边卖冷饮的小摊上买了七瓶绿冰茶，全要冰镇的，抱回来，在七个女人面前每人放上一瓶，低声下气地说：“各位大姐，不，大姑，大姨，刚才都是我不对，我不懂好赖，我是骚狐狸，我是王八蛋，我们村里也没少有人说我是骚狐狸。大姑大姨们都消消气，往后我保证都听大家的，让我咋干就咋干，行不？”

两个刚才动过手的脸仍黑着，其他人也不吭声。倒是有一位瘦弱些的大姐总算开了腔，说细唠扯起来，其实咱们一个个的，谁活得都不容易，就别再自己糟践自己啦。快干活吧，一会儿当官的来了，不定又说出些啥。

谢益兰蹲在了众人的身边，这回大家没再躲她，可也没人跟她说话。不说话便不说话，谢益兰哪还有心思说话，眼下她只关注大院门和大楼门的方向，她想知道易局长是不是来了，来了又会怎么样。直到傍晌的时候，易局长才出现，站在草坪边上，向她点点头，她起身走过去。易局长又往不远的一处树荫下走，那棵树不大，所以阴凉也只能遮住一个人，若两个人都站进去，就显得有些挤了。易局长有意往树荫外躲了躲，示意谢益兰往里面站，说擦擦汗，凉快凉快。谢益兰心里感动，可看易局长脸色，灰灰的，看样子他刚从朱县长那里来，挨了狗屁呲，心里肯定不痛快。谢益兰说，局长，刚才是我不好，又让你操心。易局长深吸了一口气，又重重地吐出去，从衣袋里摸出几张票子，是三十元，说这是今儿一天的工钱，你落落汗，就回去吧。往后，没有什么冤屈和特别摆布不开的事，就不要再往县政府和信访局跑了。日子要一天天地过，慢慢地，总会好起来。

谢益兰的泪水涌出来，她抹了一把，点点头，转身往大院门外走。她明白了，朱县长肯定怪他管宽了，是易局长自己在掏腰包，可这个钱怎么能够接呢。赶快滚蛋吧，就别在这儿当让人厌烦的癞皮狗啦。

易局长站在原处没动，但声音追了上来，慢点儿走，小心路上的车。

这一晚，谢益兰睡不着，翻来覆去在炕上烙饼，泪水擦也擦不干。自从释放回来，村里没人理她，她只能守在自己好不容易争下来的一亩多地和这两间土房子里。娘家那边也不好回了，嫂子不给她好脸色，只要见她回去，就摔盆摔碗指鸡骂狗的，害得连哥哥和爹娘都躲着她。母亲一次又一次对她说，别怪妈，妈也难，自己的梦还是自己圆吧。甚至连自己亲生的闺女知道她重嫁了男人还被判了刑，都避瘟疫一样地躲着她了。黑暗中，地心有耗子在叽叽吱吱地追逐，闹得心烦，她开了灯，眼见几只灰突突的东西急向墙脚窜去，最后一只瘦小些，快到洞口时，前面的几只转身又向它咬来，瘦小的在地心转磨磨，谢益兰抓起小扫帚打过去，那只小鼠慌不择路，直往房门方向窜去，竟一头撞在门槛上，好一阵，才又活转来，挣扎着溜到哪里去了。谢益兰心里酸上来，何必呢，自己不就是那只鼠嘛，只不过比它少了一根尾巴。再想想，自打结婚这些年，除了在马杰家过了几年人的日子，又哪天舒过心呢？哦，对了，在监狱里待的那小一年还算不错的，一人一张床，收拾得干干净净规规整整，按时熄灯睡觉，按时操筷吃饭，其他的时间就是学习干活。关键是，牢房里的人都是背了罪名的，老鸹落在猪身上，都是一样黑，那就没有谁瞧不起谁了……说来也是怪事，一想到监狱，谢益兰的心反倒踏实了，睡意也海潮般地漫上来，将她深深地淹进去了。

数日后，谢益兰又去了县城。应该说，选准这一天，是她算计好了的，扳着手指头一天一天算计的，这天应该是朱大官人接访的日子。她先到了信访局，站在大门外，果然发现除了易局长那辆轿车，旁边还停了一辆尾巴上挂着四个圈的。那辆车姓朱，认识。机不可失，务必抓紧，不然，屁大的工夫，它不定又跑哪儿去了。谢益兰转身往街上走，路边停着两辆拉脚的机动三轮车，车身上扣着塑料壳，起着遮风挡雨的作用。她跨上其中的一辆，指挥说，去二高中。机动车跑起来，司机竟还在脚下放了一台录音机，按下键子唱起来："……路见不平一声吼啊，该出手时就出手啊……哎嗨呀，咿儿呀……"谢益兰说，师傅，再快点儿行不，我有急事。司机说，大姐你看表，都四十迈啦，再快我就该挨罚啦。谢益兰装作突然想起什么似的说，哟，你掉头，往回开，我落了点儿东西。司机踩了闸，说大姐这么遛我，我可就陪伴不起啦。谢益兰说，我出两份车钱，这没毛病了吧？拉脚车掉转头，往回跑。信访局已遥遥在望，看看路边有一家卖日杂的门市，谢益兰说，就停在那家门市口。车停下，谢益兰递上一张百元的票子。司机苦笑，说我今天刚开张，哪有零钱找你。谢益兰说，你去门市里换嘛。司机说，大姐去换吧，我在这儿等。谢益兰说，这家的老板是我远房亲戚，我去换，人家就要替我掏了这份车钱，好像我变着法地去跟人家讨小钱儿似的，哪好意思？司机只好接了票子，下车走进日杂店。

一切都在算计中，司机果然没拔钥匙熄油门，机动车在突突突地喘息。谢益兰下车，坐到了司机位置上，脚踏油门稍使力，车就蹿了出去。这种车不陌生，原先马杰家也有一辆，用它拉养狐狸的饲料，也干些零杂活，谢益兰早摆弄明白了。机动车越跑越快，六十迈，七十迈，八十迈，飞起来一样，惊得路人驻足看新奇，圈里的猪怎么变成了脱缰的马？机动车到了信访局也没减速，而是箭一般冲进去，直射向朱副县长的那辆车。在离奥迪车只有几米远的地方，谢益兰突然一个跟头从车上翻下来，然后就是轰的一声巨响。

信访局楼里的人跑出来，街上的人也围过去，那里有朱副县长，也有易局长，望着眼前的情景，一个个目瞪口呆。奥迪车的尾部被撞了个大坑，车头猛地前蹿，又顶在了楼墙上，玻璃碎碴铺满一地。那辆机动三轮车则栽倒地心，哪还有个模样，只是一只朝天的轮子还在滴溜溜地转。谢益兰脸上有血，胳膊上有血，腿上也有血，挣扎着爬起来，坐到楼门前的台阶上，呻吟着对众人说："快去报警，打 110，我不跑……我是存心的，故意的，法律上叫蓄意，蓄意损坏公物……我知道我有罪，有罪就该坐牢，我愿意坐牢……”

易局长痛惜地说：“谢益兰啊谢益兰，你这是何苦？你不是有病吧？”

谢益兰摇头苦笑：“我可没病。我身体健康，头脑清醒，从祖上八辈算起，我家从没有人得过精神病。不管是多大的罪名，我都认，我担着……谢谢你易局长，也谢谢局里所有的人，为我的事，你们没少操心……这回好了，不愁吃不愁喝，也有人管教我了。”

怒极的朱副县长怔过神来，大步向着院门外走，歇斯底里地喊：“说得好，这回有人管了！现实版的《农夫与蛇》！警察呢，怎么还不来？”

机动拉脚车的司机一路小跑追过来，手里还抓着零碎的票子，望着躺在地上的机动车，恨得直跺脚：“你！你！大姐你愿死你去死，你不该砸了我的饭碗呀！”

谢益兰从怀里摸出一个牛皮纸信封，信封外还裹着一层塑料膜，伸着血糊糊的手，递过来：“对不起啦兄弟……这是我的房契，马家峪村东头有我两间房子，虽说旧点儿，但你把它卖了，总还能再换辆新车……”

工作人员从楼里跑出来，报告说：“警察马上就到。”

易局长突然气势汹汹地吼：“怎么不打 120？也叫他们马上到，越快越好！”

贺年片

二十年前的冬天，我的老岳父偕夫人兴致勃勃回河南老家省亲。岳父是抗美援朝时参的军，打败美国野心狼后，撤过鸭绿江便留在东北当了工人。数十年风风雨雨，回老家的次数屈指可数。退休了，时间充裕了，才又有了这次返乡之旅。

小年前的一天中午，岳父突然打来电话，急慌慌地说，我们在郑州火车站呢，正准备回去，可下大客时，钱包被人摸走了，早买好的火车票和回家的盘缠都在里面。我说，能不能再回老家去，跟亲友们借点儿钱买车票，以后再寄回去嘛。岳父说，好几百里旱路，没钱买票，哪辆车让你白坐？为这种事回去，手心朝上的，脸上也臊得慌啊。再说，傍年根了，手上有钱想买票也难，我丢的那两张票还是我外甥求了好多人才买到的。我说，别急，遇事找警察，你去附近派出所想想办法。岳父说，我们现在就在站前派出所呢，用的就是他们的电话。我说，你把电话交给身边的警察，我跟他们说。

警察接了电话，我自报了身份，求他先借几百元钱，并信誓旦旦地保证马上就去邮局寄款。警察口气挺委婉，态度却坚决，说记者同志，你家老人所遭遇的情况，我们深表同情。可我们每天处理的此类情况真是太多太多，手上哪有那么多的资金垫付。我们要是不小心，让骗子骗到派出所来，那才叫笑话呢。况且，即使我们借了钱，怕也难保证能很快买到返程的车票，遇到这种情况，我们只能送救助站了。所里的电话很忙，非常抱歉，就这样吧。我急吼吼地喊，警察同志，天黑之前，请务必留二位老人在派出所里避避寒，我们一定抓紧想办法，拜托了！

关于小心受骗的话，好似一根小棍杈支在了我的嘴巴里，让我心里再有多少话也难以倾诉。妻子已披挂起来，说这就去沈阳，坐飞机奔郑州，总不能让老爸老妈挨冻挨饿受欺负。我拦住她，说且不说你到了沈阳能不能搞到飞机票，只怕你连怎么去沈阳都是大问题。你忘了大雪封路，这几天总是有朋友求我帮买火车票啦？妻子是中学老师，正好放寒假，此时已全不顾为人师者的斯文，冲着我瞪眼睛，说平日里你不总自吹自擂记者是无冕之王吗，三个不服两个不忿的，怎么到了我爸我妈有难的时候，就变成了缩头乌龟屁点儿能耐也没有了！

我哪有心跟她分辩，在地心转了一阵圈子，便将我存在家中的所有名片和通讯录都翻出来，试图找出一两个郑州的朋友。我在报社当记者，以前也曾有过新闻稿获过省外的奖励，也算有机会去外地领奖和参加学术交流会议。同仁聚会，难免嘴上喊着久仰久仰，忙着交换名片，尤其是推杯换盏酒意正浓的时刻，掏不出名片的也要在小本本上留下彼此的名字和电话号码。不似当下，人人都有手机，问了号码，一按键，既保存，也将自己的信息发送了过去。

万幸，还真找出了两张郑州朋友的名片。我一边努力在脑海中搜寻拼凑着这两个人可能的音容笑貌，一边打着腹稿，想好电话接通后怎么有效地表达求助于人的言辞。第一个电话打出去，接电话人说，某某已去深圳另求发展，我们也联系不上他了。另一个电话倒是本人接的，听我报了姓名，人家说，对不起了，请原谅我这人眼拙脑昏，真是记不住你是谁了。我不甘心，再回忆可能共同出席的某次会议，人家又说，怪只怪眼下骗子太多，我的片子也撒得太滥。片子嘛，不是骗人就是被骗。当然，但愿你不是呀。

我的嘴巴再次被小棍杈撑住，没法说下去了。我放下电话，坐在那里发呆。也难怪，换了有人找我，只凭名片上给出的信息，对方还请求立时将票子送到火车站素不相识的人手上，我又当如何？妻子又冲过来催我，说就凭酒桌上认识的几头烂蒜，也能算朋友？我气哼哼地说，再给我半个钟头，想不出办法，用不着劳你大驾，我自己去！

我所剩的办法就是扔开那堆名片，再去翻看通信簿，左一本，右一本，都是巴掌大小，便于携带。上面的信息多数由我亲笔所记，也有个别的，是陌生的笔迹。酒桌上，呼朋唤友的，一时掏不出名片，便在这种小簿子上留联系方式。有人嫌哄乱喧哗，夺去笔，自己在上面写，还说这才是真迹。留在上面的信息多数只有姓名和电话。我按着郑州的区号 0371 一一查找，果然就找到了一个，秦国春。看笔迹，不是我的，那就是人家的，字挺大，颇显粗放，酒喝大了的人写下的字多这样。有病乱投医，我已来不及在记忆的深处筛出这人的印象，急把电话打过去。有人接了，里面很乱，好像有人在嚷，还有人在抚慰。我说找秦国春，接电话人喊了声“小秦”，接着便是噔的一响，显然是把话筒放在了桌上。

“我是秦国春。请问哪位找我？”足有两分钟，总算有人说话了。

我的心不由得刷的一凉，竟是位女士！这种事，女人往往更小心谨慎。但事已至此，只好报上姓名，还问秦老师是不是还记得我。在新闻界，同仁中常以老师相称，就好比进了工厂，多喊师傅。

秦国春说：“看肇老师说的，一听声音，我就感觉到了东北人的豪放。大尾巴肇，你说十有八九是满族，对吧？我还记得你那篇获奖新闻的题目呢。肇老师有什么吩咐，尽管说。我这里正乱，有人闹到报社来了，说我们的新闻歪曲了他。您大点儿声说，不然我听不清楚。”

我便如此这般说了，说了岳父岳母眼下的困窘，也讲了我和家人的牵挂。秦国春打断我，说我明白了，这样吧，等我处理完办公室的乱糟事，马上去火车站。如果我无力安排好伯父伯母，一定会给你回电话，莫以成败论情谊，你别怪罪就是。若是顺利，我就不回电话了，行吗？我提醒，最好是天黑前呀，不然你就难找到两位老人啦！

听声音，那边确实一片嘈杂，似乎还有人拍桌踢椅。秦国春能这般应承下来，已让我心中很是欣慰。守在电话旁的那段时间，我和妻子的心很是忐忑，既盼电话响，又怕电话叫，个中的复杂滋味，一言难述。天黑之前，家里的电话共响了两次，我和妻子都惊惊得不敢接，一次是妻子的学生打来的，请教一道数学题；另个电话来自报社，部主任安排我第二天去采访一个会议。放下电话，我和妻子都长吁了一口气，相视而笑。夜幕已经垂临，秦国春的电话没有打进来，看来形势不错。

半夜十点多钟，电话再一次响起，是岳父打来的。岳父兴冲冲地说，我跟你妈已坐上火车了，是特快，你的朋友还给买了卧铺，你好好谢谢人家吧。我是在车上借一位咱东北老乡的“大哥大”打的，不多说了，话费挺贵的。二十年前，手机尚为奢侈之物，一声“大哥大”，足以拒寻常百姓于千里之外。我和妻子自是大喜，尤其是妻子，挂在嘴上半天加一晌的揶揄挖苦之辞顿飞九天云外，说不是说河南人不好交吗，没想还真有活雷锋。又大半夜地抱住我的脑袋，非要帮我揪下她刚发现的几根白发。我岂会不懂她的心思，加上心中骤然而至的轻松，便忙着宽衣解带，报以一时的豪强。

那一番折腾，竟是罕见的酣畅。没想事毕，妻子竟幽幽地问我，你给秦国春打电话时，我在旁边听好像是女声。这个秦国春到底是个什么样的人呀？我说，我到现在还在想着她的模样，又是在哪个会议上认识的呢。妻子用眼角扫过来，腔调已有些酸，说不会吧？越想遮瞒越有鬼，一般关系，人家能这么帮你？睡意正浪潮一般一波一波涌过来，我懒得在这样的话题上跟她费唾沫，说了声你愿信不信，明天问你爸你妈，便翻身睡去了。

第二天的会议采访是九点。八点一过，我先给秦国春打去电话。以我的经验，新闻单位这个时刻正是人员最集中的时候。接电话的同志说，秦国春去外地采访了，过几天才回来。我问，不知她有没有“大哥大”，能把号码告诉我吗？接电话人笑了，说我们小秦记者的武器装备还没上升到这个档次吧。单位倒是给我们都配了 BP 机，你要是有急事，就呼她吧。我按照对方给出的号码，请接转台输去肇某某深致谢意的信息。秦国春没有回。那个时间，她或许正在采访，或许还在路上，身边没有电话或信号不在服务区内，一切皆有可能，正常，不奇怪。

那天傍晚，我将岳父岳母接到家中。饭桌上，我给两位老人敬酒，故意文绉绉地说，二老千里奔波，虽小有磨难与波折，所幸吉人天助，坦途依旧。我们迎接二老平安回府。岳父大人压下我的手，说坐下坐下，一家人少说醋酸话。什么吉人天助，要不是你的朋友帮忙，我们老两口儿真就得去救助站了，听说那地方吃不得吃睡不得睡，还要受人欺负，鬼知哪天才能赶回来。岳母说，你那朋友昨晚也真赶得及时，眼看着擦黑了，派出所的警察又要给救助站打电话，那小秦闺女就赶到了。先提你的名字，接着就拿出了两张车票，还说就是为搞这两张票才来晚了。人家还非拉我们去了附近的饭店，荤的素的点了好几盘，让我们慢慢吃，自己却跑出去，再回来时手上就提了一塑料袋面包水果什么的，还放到我手上二百元钱，说备着路上急需。当时我们老两口儿虽说正饿得肚子咕咕叫，也没敢动筷子，想等她坐下来跟我们一块吃。没想她又说明天一早要外出采访，家里有些事要安顿，就不陪了。又说二老慢慢吃，别着急，开车前半小时进候车室就行，我就不送伯父伯母上车了。哎哟哟，真没想到，人家替咱们想得这么周到。岳父对我说，你怎么感谢你的朋友，我就不说了。但头一宗，这车票钱，还有小秦同志放到你妈手上的二百元钱，总得抓紧给人家返回去。

一直没说什么话的妻子突然问，爸，这个秦国春到底是个什么样的人呀？岳父说，比你年轻，我和你妈估摸着，不会超过三十岁，人也长得端正漂亮，不高不矮，不胖不瘦，挺受端量的。咦，这你还用问我呀？妻子用眼角剜了我一眼，说名记同志说，他见过的人太多，多过夜空中的繁星，这个人具体啥模样他也记不清楚了。岳母说，这闺女说话的声音也好听，有点儿河南人的侉味，可句句听得懂，还软软的，不像咱们东北人，开口就直门亮嗓硬邦邦的。岳父听出了他女儿问话里的不和谐音符，有意把话题往一旁岔，说我也是河南人，咋从没听你夸我一句说话好听？岳母说，你拉倒吧，跟你老家的那些乡亲们倒有一拼，侉得掉渣。要说不侉的时候，也就是晚上睡觉，那呼噜打的，别说跟咱们东北人一样，连猪八戒都挑不出毛病。一家人哈哈大笑，总算翻过了那一篇。

酒足饭饱之后，岳父岳母说连日奔波劳累，还是想回自己家解乏。我家的房子确实太狭窄，我和妻子也不勉强。没想把二老送上出租汽车刚回家门，妻子便如夏日里的绿头蝇，把我视为裸露了脓血的伤口，又不依不饶地扑上来，说这回不用咬紧牙关充硬汉了吧。哼，很年轻呀，很漂亮呀，还软声款语很会发嗲，行啊，名记先生口味不低嘛。老实交代，那个姓秦的跟你到底是个什么关系？看脸色，家里的这只母老虎杏眼圆瞪，柳眉倒耸，脸色跟昨晚的半是怀疑半是揶揄已全然不同。女人疑心大，好吃醋，为人师表是在校园里，回到自家的一亩三分地半点儿也不免俗。昨日老父老母远在异地他乡，那份疑惑尚被视为次要矛盾，而今日，老人平安抵家，次要矛盾便转化为主要矛盾了。我心里自是委屈和焦恼，想一想，昨天那半天加一晌，我这可为半个儿的女婿也算绞尽了脑汁，磨破了唇舌，给并不算熟悉的朋友递上了多少拜年般的好话，况且，还有多少善后的工作需要我去一一落实。平安是福，快乐是金，我本不求回报，但得到的总不该是这无端的猜忌吧？我心中的火气冲上来，冷脸回道，你说是什么关系就什么关系，老相好，婚外情，正宗铁子，这回你心满意足了吧！说罢，门一摔，径回卧室，再不理她。

那一夜，妻子睡在了女儿的小房间里。放假了，读初一的女儿说想念爷爷奶奶，率先去了乡下。第二天一早，我发现客厅里的餐桌上仍是杯盘狼藉，女儿房间的房门却死死关着。哼，不收拾便不收拾，撂给谁看？张三（狼）不吃死孩子，那是活人惯的！我连早点都没吃，便去了单位。

家里纵有沟壑万千，家外仍需四通八达。我又给郑州打去了电话，问秦国春是否已回。接电话人记住了我的声音，说我昨天不是已经跟你说过了嘛，她外出采访，要好几天。我再问，不知你们是哪家新闻单位？接电话人听我这么问，估计猜想到了我和秦国春的关系不过平平，口气便不再那么客气，说连我们是哪家单位都不知道，就不要总打电话了嘛。然后匆匆报了一下报社的名称，便放了电话。

有了这，似乎已足够。我去了邮局，填了汇款单，准备先把秦国春垫付的款额寄回去，没想到了柜台前，邮政小姐却执拗得让我无可奈何，非让我在汇款单上写上收款人单位的街区号和邮政编码。我说你往这家报社寄就是，肯定收得到。邮政小姐说，这是规定，请先生理解和支持我们的工作。我心中自是郁闷，秦国春不在单位，那个电话不好再打，何苦自讨没趣。又想，这几百元钱给秦国春寄到哪儿，最好先听听她的意见，直接寄往她的报社也未必合适。我们报社以前就曾出过因一张汇款单而引出很大误会的先例，收发室收到一张汇款单，一千元，是给一位编辑的，有好事者见了，怀疑那位编辑搞有偿新闻，并把话说了出去，直引得二人公开叫骂。历史的经验值得注意，还是谨慎些为好，秦国春一片热忱，助人为乐，若是给人家带来不必要的烦恼，就大不该了。

三天后，我再打电话，正好秦国春已回，我再次表达了谢意，并说了寄款的事。秦国春笑道，说肇兄，三番五次地说谢，嫌不嫌累呀？那几百元钱，也算不得什么巨资，你又何苦非得这么急着分成泾渭？我跟你说，我一直没去过东北，对白山黑水和广阔的东北大平原神往已久，正打算过了年就约朋友一起去关东大地看一看呢，老兄是不是怕我打扰，不想尽地主之谊呀？我心中大喜，说那就盼你早点儿成行，出了正月，东北的很多滑雪场就关门大吉啦。秦国春说，你等我的电话吧，但愿天遂人愿。

那几天，家里的冷战却一直僵持着，妻子坚持住在女儿的房间里，我也不想委屈自己。有时下班回家，饭菜虽已做好，但很明显，在我进门前，娘娘已独自享用过了。年关已近在眼前，计划中我们要一起回乡下过年，顺便把女儿接回来，可这样的冷战情绪又怎好回老家。思之再三，我便独自去了她娘家，还提上了拜年的礼物，期盼二老侧翼迂回，给些掩护和支持。

两位老人最关心的当然还是欠着秦国春钱款的事。我如实禀告，说秦国春准备过了年就来东北。岳父大为高兴，一再叮嘱我，一定要安排出时间，请客人来家坐一坐。面前的二老是家中那位胡搅蛮缠女皇的生身父母，我自然无须隐晦与掩饰，便讲了心中的委屈。岳母大人态度明朗，没等我说完，便喷着唾沫星子骂，说这个倔丫头，跟她的驴子爹一样，一条道跑到黑，真是咬住屎橛子不松口，给根麻花都不换！埋汰了自家的男人也就算了，你总不该再埋汰家外帮了咱们那么大的忙的人呀！你等我骂她，也就这一两天的事！岳母退休前是工厂里的天车司机，地地道道的东北女人，岳父从朝鲜战场上下来进了工厂，才结下了这段姻缘。

没想岳父大人听了岳母的骂，反倒哈哈大笑，说我这驴子怎么就不知香臭一条道跑到黑了？人啊，谁没从年轻时过过，虽说我没多少文化，可什么什么情，什么什么礼的道理我老头子还是懂的。我知他说的那个词儿是“发乎情，止乎礼”，便只是笑笑，表示理解，也不打断他。岳父继续说，女孩子年轻，漂亮，爱说爱笑，男人们打心眼儿里喜欢，为了保护她，甚至可以豁出命来，这很正常嘛。当年我们在朝鲜战场，连队卫生员就是个女孩子，山东人，姓孙，大家不叫她名字，都叫她孙二妹，她也高高兴兴地应下来。《水浒传》里不是有个孙二娘嘛，也是山东的，那个孙二娘的故事就是她讲给我们的。这个孙二妹有文化，不光会给我们讲梁山好汉，讲《西游记》，给受伤的战士换药时还会轻轻哼唱沂蒙小调。可也是怪，只要听她唱，就连伤口的疼痛也好像一下轻了许多。所以我们这些战友们有事没事都好往卫生所里钻，就是听她说说话也觉心里舒服。大家在阵地看到野花，也会给她采回来。二排一班的洞庭鲤子就是因为看到战壕外的一簇野花开得漂亮，忍不住跳了出去，对面山上的枪嘎钩一响，就把我们洞庭鲤子的性命夺了去。埋葬鲤子那天，你没见孙二妹哭的呀，抱着松木板的墓碑不撒手，还郑重地对着墓碑亲了两口，看得全连战友都泪流不止。后来，朝鲜战争停战，我们退回沈阳，一边休整，一边等待分配。孙二妹是最先得到分配消息的，她想上大学，学医，组织上批准了，去了上海。战友们送她上火车那天，她泪流满面，抱着我们挨个贴脸。轮到和陕北李逵贴脸时，李逵故意用大胡子扎她，她拍拍李逵的脸说，告诉未来的嫂子，说孙二妹羡慕她。那年月，别说男人和女人贴脸，就是拉拉手，都让人脸红。可那次，大家都没觉脸上臊，只觉得很干净，很亲密，因为那是换命的交情啊！

岳父说得动了感情，连眼窝都红了。岳母塞过去毛巾，嘴巴啧啧着，说看看，老小孩了不是。这些话以前你怎么从没跟我说说呀？岳父说，怎么没说，哪次战友们来信或寄来贺年片，我没给你看呀！岳母问，那孙二妹跟你贴脸时，没跟你说了什么？岳父说，说啦，当然说啦。她说倔驴子的性子只可跟美国佬撒，可千万不能跟未来的嫂子撒。你想想看，这辈子，我跟你撒过倔脾气吗？岳母笑起来，说也没少撒，只是我不跟你一般见识罢了。

岳父回忆起战火中的情谊，虽感人，却难推启我那扇还郁闷着的沉重心扉。他是在抚慰我，还是在变相地支持着他女儿的歪理邪说？他说的是“发乎情，止乎礼”，可我跟秦国春，却只是一般的相识，连模样都模糊着，哪里就到了止乎礼的地步！真是有其父必有其女，连老爷子都认定我和那位乐善好施的女子有着不同凡响的情感历程，我这理还上哪儿讲去！比窦娥冤啊！

好在那天我回家门，妻子已备齐了两菜一汤，坐在桌前跟我共进晚餐，夜里，也不请自归地与我同卧了一榻。我乐得借坡下驴，也就不再计较岳父或岳母跟她说了什么，又是怎么说的了。

说话间过完了年，又过了正月。我再次给秦国春打去电话，想催她早日安排计划中的旅行。未想，接电话的人说，小秦调走了，是跟先生随军调转的。我问能否将她新的联系电话告诉我，对方说，她去的是保密单位，走时跟我们说得很清楚，说等她有了合适的联系方式时，自会告知昔日的朋友。

我算是她的朋友吗？如果可以滥竽充数，那调转工作这么大的事情她为什么都没告诉我一声？我心里满是失落和沮丧，再去岳父家时，便把这事说了。岳父责怪我，说那也要怪你办事拖沓。你也是有年假的，不会专程跑一趟郑州呀？心疼车脚钱，我出。我嘟哝说，哪是钱的事。别忘了，我家里还有个天下第一歪呢，谁知我一走，你们的宝贝闺女又能歪出什么花样来。

生活中的这段插曲，有快乐和感动，也有郁结和落寞，似乎到此就可以画个休止符了。我好像白捡了个便宜，尽管在我的内心深处，对这类便宜不仅一点儿不感兴趣，而且还只觉堵，堵得胸闷气短。我只盼着哪一天，秦国春会突然打来电话，说已在奔东北的途中，或者告知她新的联系方式。

但没有，一切都没有，宛若黄鹤凌空，一去无痕。直到又一年的岁末，我才突然收到一张贺年片，上面的所有字迹都是电脑打的，内容倒也简洁，只有“新年快乐”四字，落款则是“上海秦国春”。原来是调到了上海，果然是保密单位，连具体名称都没留，我就是想回复一下都难了。

以后数年，每到年底，我都会收到一片那样的贺年片。小有不同的只是贺年片上的生肖邮票依年而变，由鼠而牛，再虎再兔，让我只知秦国春仍在上海，却无从觅踪。到了上世纪的最后那年，上海的秦国春变成了深圳的秦国春，仍是年复一年，一年一片。数年后，邮寄地址又变成了北京。我心里先是存着企盼，一年又一年的，后来，那份企盼便如星星之火，不熄不灭，存留着，积攒着，竟至变了窝火和怨恨。这算什么嘛，你明明知道我欠着你一份情谊和债务，就应该给我一个回报的机会，或者把通信地址明明白白地告诉我，起码让我先把欠下的那份钱款先寄还给你，哪怕加上通胀的因素，我十倍奉还也心甘情愿。可你这般隐身闹市，却一年又一年不厌其烦地用贺年片祝福我提醒我，这不是折磨人吗！我知道这样想有点儿不近情理，甚至暴露了我内心深处的灰暗，是以小人之心度君子之腹。也许，秦国春几番变动的单位真的是严格保密不可泄露，也许她确实早把那几百元钱忘在了脑后，或者一直期盼着我们还有在东北重逢的一天。我也知情义无价的道理，但凡事皆有度，物极则反，这种事放在你身上试试，换了谁，可能也免不了暗窝邪火吧？

几年前，岳母辞世，岳父由大舅哥接到了大连。大连海天开阔，冬暖夏凉，正宜颐养天年。未想，岳父大人去年也走了，走得挺急，是心肌梗死。我和妻子赶到时，已是阴阳两世，连句话都没说上。今年入冬时，我和妻子再去大连，为老人祭周年。亲友们散去后，大舅哥对我说，老爸在世时，几次跟我提起去河南的事，念念不忘你的朋友帮忙。我在整理老爸的遗物时，看到一封信，也许跟你有关，就交你留个念想吧。

河南犟毛驴好，见字如晤！

我们都老了，有些人已去和在朝鲜战场上牺牲的老战友们重聚了。正如你的来信所言，我们这些活着的老战友什么时候能再聚一聚呀，真是聚一次少一次啦。可也是怪，咱们都八十多岁了，一辈子走过那么多的地方，经历了那么多大大小小的事情，老了老了，为什么偏偏在朝鲜战场上的那两三年间的人和事总是在梦里出现呢？

别怪我骂你，有事说事，老战友照办就是，不就是一年一张贺年片吗，还寄钱来干什么，显摆你有钱呀！可又想，寄就寄来吧，我买酒喝，你老小子结婚、生子，抱孙子重孙子，那一次又一次的喜酒可都欠着我呢，哈哈。只是，老战友的杯子要是能碰一碰，那酒喝进嘴里才更有滋有味呢。

犟毛驴所嘱之事，老战友非常理解，也完全支持。其实，在你来信之前，孙二妹已给我来过信，托嘱的也是这个事，那封信是她弥留之际让她闺女代笔写给我的。她先是在上海，后来又随女儿去了深圳，对你所托之事一直不敢有忘，临终之时再托嘱给我，我哪敢不放在心上呀。我现在是随着儿子住北京，脑子虽清醒，腿脚却一年不如一年，不然，我就去大连看望你了。我想洞庭鲤子，我想孙二妹，我想犟毛驴呀！有时想起当年我们在一起的情景，眼泪流出来，又忍不住咧嘴笑，真是不知是哭好还是笑好呀。

前些天孙子从部队回家休假，张口闭口战友战友的。我撇嘴讥他，说你们那算什么战友，充其量是室友、营友。真正的战友得是一块从战火中冲杀出来的，有着可以换命的情谊，你们有吗？

祝河南犟毛驴身体康健，长命百岁！

陕北李逵

侄辈小李逵 代笔

2010 年 10 月 26 日

我大惊，想起家中书橱内那厚厚一摞单独存放在一起的署名秦国春的贺年片，好半天说不出话来。似乎一切都已昭白天下，可其中的深层次意蕴却又岂是三言两语能说得清楚。我敬爱的老岳父通过贺年片委婉提示给我的，不会仅仅是不要忘了奉还友人的那几百元的票子吧……

皇妃庵的香火

北方大山里蜿蜒着一条铁路，铁路线上有个小车站，叫皇妃庵。这个名字挺别致，明显不同于相邻各站的什么营子什么杖子或峰啊岭的之类，让坐在火车上的旅客顿生一种新奇和联想，揣度着这个皇妃庵背后的故事。肯定有故事，一个“皇”字，一个“妃”字，再加上一个“庵”字，还能没故事?

皇妃庵位于一个不大的山坳，山坳里自古以来就只有一个村落，现在还是一个村落，叫卧虎营子。村后的山坡上，确实有个庵堂，不大，只三间房。据说早先还有院墙，是暗红色的，但漫长岁月的剥蚀，加上当地百姓的拆扒，那院墙早没了踪影。眼下唯一还能让人想起这里的不同凡响之处，便是屋顶上残存的几片琉璃瓦，金黄金黄的，在风和日丽的日子里，那琉璃瓦灿烂出几束耀眼的光芒。

据说，这卧虎营子古时确有老虎出没，还曾有皇上率着精兵来猎过老虎，但具体是哪位皇帝却无证可考了。有说是契丹国的，有说是辽邦的，也有具体说是大清朝的康熙、乾隆爷的。说乾隆皇帝的为多，也容易让人相信，正史野史中，那主儿确实风流嘛。话说古时某年的隆冬时节，皇帝爷率亲兵来此地围猎，恰遇漫天大雪，被困在这里寸步难行，有当地官员侍奉着，吃住倒还无虞，但皇帝爷榻边的寂寞实难忍耐，官员便在村中选了一个妙龄女子，供奉给皇帝爷宠幸。雪霁云开，皇帝爷要回宫去，这村姑便成了一道难题。带回宫去，朝野间不定传出些什么样的议论，下三烂呀，而且也有违真龙天子选嫔纳妃的祖制；弃之荒野吧，真要成了贩夫走卒者或农耕贱民的婆娘，也太丢了一国之君的颜面。兹事体大，皇帝爷思忖再三，便传下口谕，在此地建庵堂一座，拨俸禄替我好生供养，待朕从长计议。可皇帝老儿还计议个球，拨马回宫，又是美女如云，再加朝事烦冗，早把个纯绿色无污染的村姑忘在了脑后。村姑先还独守青灯，后来就接纳了一些逃避世事尘嚣的女人住进庵堂，同诵经卷共守斋戒了。皇妃庵是当地百姓的俗称，就像老百姓当年把移动电话叫大哥大，又叫手机，一下就被普遍接受，至于它的标准称谓，反而被人们忽略了。

到了上个世纪全国人都挨饿的年月，皇妃庵已是断壁残垣风雨飘摇，只是有些野狗山狐出没了。尼姑们或被遣送，或被家人接走，哪里还容得她们在这里白耗比金粒子还珍贵的粮食？春日里的一个傍晚，车站旁养路工区的工人蔡林忠收工回来，无意中看见皇妃庵里飘出淡淡的烟雾，心里先存下一份小小的疑惑，及至回工区吃下自己的那份窝窝头菠菜汤，出来冲洗碗筷时，不由得又向皇妃庵方向瞭望，将垂的暮色中，那橘红的烟霞似雾霭在皇妃庵上空缓缓荡漾。蔡林忠心中的疑惑气球一样膨胀，有人？谁呢？当地人对尼姑庵似有一种忌讳，平时里很少有人去那里逗留的。

蔡林忠不是本地人，准确地说，他也不是养路工区的正式工人。蔡林忠的老家在山东，他来这里也不过数月的时间。老家饿死人了，人们纷纷踏上了祖先闯荡关东的老路。蔡林忠年纪好，身体好，为人厚道，干活舍得下力气，养路工区便收留了他，一天三顿饭，一个月还给十几元钱零花钱。养路是力气活，铁路上的人也早饿得瘦脖筋挑不起脑袋瓜子了，筛砟夯道那种重体力劳作只好再雇进一些临时工来。

反正也没家，反正一人吃饱全家都不饿，蔡林忠信步走向皇妃庵，就见了一个人，是个女人，看样子很年轻，也就二十出头吧，蓬头垢面，蜷在庵堂一角的柴草中，旁边拢起了一堆柴火。见有人来，那女人挣扎着似要坐起，但又软下去，虚弱得连眼皮都不愿挑一挑了。蔡林忠发现，不光病弱，女人的一条腿还受了伤，用烂布条胡乱地捆扎着，鲜红的血迹洇出很大的一片。蔡林忠想起了在山里施工时见过的滚坡坠崖的小鹿卧在草丛中的样子，就是这样微微喘息、不声不响、卧以待毙的。

蔡林忠蹲下去，将火堆往一块拢了拢，又撅了几个干枝丢进去，火烧起来，烟不那么浓了。他问：“你的家在哪儿？”

女人摇头，眼窝滚出了泪水。

“不是本地人吧？”

女人仍是摇头。

蔡林忠又问了几个问题，比如：你怎么躺在了这里？你打算在这里过夜吗？你吃饭了吗？你姓什么？女人什么都不答，都只是摇头。蔡林忠的最后一个问题是：“你不会是个哑巴吧？”

“河南。”女人总算轻轻地吐出了两个字。

蔡林忠听清了，也明白了，同是天涯沦落人，为逃避饥饿，背井离乡，像一只没了眼睛的野猫或野狗，盲目地向着远方流窜。盲流，太准确，也太生动了。我们都是盲流，盲流见盲流，只是两泪流。

女人咳起来，很激烈，一声又一声，憋得脸紫涨涨的让人揪心。蔡林忠伸出手去，想帮她捶捶背，但他立刻感觉到了女人嘴里喘吐出的灼人气浪。蔡林忠怔了怔，跳起身，跑出去。他先回工区取了自己的脸盆和毛巾，还有饭盒。几个跟他相同身份的工友正在抓扑克，问他忙什么，他慌慌地答，有事。工友们笑，还不知道你有事，什么事，火燎腚啦？他再答，正经事。工友们忙着抓娘娘，倒也没再追问。蔡林忠又跑到村里问了几户人家，总算买到一点儿小米和几块地瓜，都是市场上让人咋舌的高价。他还在村街上的小卖部买了退烧治感冒的药和碘酒红药水，乡间的小卖部里主要经销日杂用品，也备了一点儿这样的药以供急需。他再返回皇妃庵，就忙着在火堆上架起饭盒，在里面熬了小米粥，又把地瓜埋进灰火里。趁着做饭的时候，蔡林忠又舀来山泉，将毛巾投湿，给女人擦净脸上和腿上的泥污，还打开女人腿上的布条，淋洒上药水。

当女人被扶坐起来，端起饭盒的时候，泪水便山泉一般扑簌而出了。女人哽咽地说："大哥……"

"别哭别哭，先把退烧的药吃下去，再吃饭。"蔡林忠安慰她，手里拍打着烧熟地瓜上的灰烬，还剥了皮，他把地瓜皮丢进自己的嘴里。"没大事，你年轻，吃了药就会好啦。"

女人真是饿狠了，一盒小米粥都喝了，两块地瓜也都吃了。火光的映照中，女人的脸上浸出细密的汗水，也有了一些血色。原来还是个挺清秀的姑娘，只是瘦弱，瘦弱得皮包骨头，再加上病，恹恹得没一点儿力气。

那一夜，蔡林忠很晚才回工区去。摸着黑，他将皇妃庵的房门修好了，离开时，他将自己身上的半截工装棉大衣搭在了女人的身上，又找来一根粗壮结实的棍子放在门边，对女人说，我不在时，你把这棍子顶在门上，就谁也进不来了，别怕，明天我再来看你。

女人就这样留在了皇妃庵。此后的日子里，蔡林忠天天早起和下工后，都来庵里看看，随手带来一些吃用的东西。慢慢地，女人的病好了，腿上的伤也好了，她把庵堂清理得干干净净，还自己出去拾捡了一些干枯的树枝以做柴火。蔡林忠知道了她叫马菊香，老家的爷爷和母亲饿死了，父亲带她和小弟出来逃荒，没想又半路失散。她是和逃荒人一起爬上北来的火车，稀里糊涂就到了这里的。

这事瞒不住人，养路工区的工长不能不出来干涉一下了。工长很严肃地对蔡林忠说，一个人的肚皮还喂不饱呢，你小子还敢再带来一个？蔡林忠苦着脸说，哪是我带她来的呀。就是只病猫病狗，咱也得拉扯一把，那可是个还喘着气的人呢。工长说，那你就先拉扯着，等她腿脚利索了，就让她走吧。

可马菊香却哪里肯走。一听蔡林忠说了这个意思，她立马就哭了，哭得泪水滂沱，却又无声无息。她说，大哥，你可让我往哪儿走？我没家了，就把你当个亲人。我记着你的救命之恩呢，我不会再给你添麻烦，求求你，别撵我。蔡林忠心里酸上来，默默地走出庵堂，再回来时，手上便提了工区里废弃的丁字镐，肩上还扛了根废弃的枕木，他将枕木丢在门前，抡起丁字镐，劈开，一堆上好的劈柴便堆在屋角了。

正是春天。马菊香开始扛着锹镐在山野间劳作，她采野菜，也种庄稼，在铁道两侧，在河滩地上，也在山岭之间。没有成片的土地，她只要见土，就举镐刨出一个坑，丢下玉米粒、黄豆粒、谷子籽，还有白菜籽、萝卜籽和倭瓜籽，种子是蔡林忠帮她弄来的，有买的，也有笑着脸跟庄稼人讨要的，三粒五粒，那都是播种希望的宝贝。那个春天，马菊香就像一只辛勤的田鼠，围着皇妃庵四处游窜。有一天，蔡林忠再来皇妃庵，见马菊香正满面红光地坐在灶旁，庵堂里漾着浓浓的豆香。他掀起正咕咕欢响的锅盖，竟是满满一小锅盐煮黄豆。蔡林忠惊问，哪儿弄的？马菊香诡秘地笑，你猜？蔡林忠说，运粮食的货车上？马菊香摇头，俺可不敢。马菊香用小勺舀了几粒黄豆送到蔡林忠嘴里，好好嚼嚼，看有没有耗子味？那小耗子也真鬼，竟懂得将豆芯子先啃吃了去，豆子藏在洞子里就再不发芽了。

原来是马菊香挖到了鼠洞，洞穴中藏着的黄豆足足有三四斤。黄豆入了水，膨胀得快，煮熟了竟是满满一小锅。蔡林忠奇怪，怎么都煮了？马菊香说，听说这东西治浮肿，可灵验呢！你快端了去，让你们工区的人都吃上一点儿。那次，工长细细地品咂盐水豆，不住地感叹，这女人，心善如此，难得呀！

马菊香怀孕，还是村里的一个大嫂看出来的。天气一天天热上来，身上的衣衫越来越单薄。在地里劳作的大嫂看出了马菊香身体的笨拙，还发现马菊香躲进玉米地缚扎腹上的布袋。村子里许多人家是工农联盟户，男人在铁路上当工人，女人在田野里当农民。这个消息很快就传进了工长的耳朵。工长对着蔡林忠冷笑，说你这只瞎家雀行啊，老天爷饿不死，还会撒种插秧种庄稼啦！蔡林忠惊怔，说工长你可别冤枉我，我知道工区里的纪律，开荒种地的事我可一点儿也没插手啊！工长冷下脸说，公鸡不奓绒，母鸡能抱窝？马菊香的肚皮都鼓起来了，那是怎么回事？蔡林忠的脑袋嗡地就大了，脑门上滚下汗珠来，忙说工长，那不是我，真不是我的，我连她身子都没碰过，工长应该知道我呀。我要有半句假话，天打五雷轰。工长相信了蔡林忠的诅咒发誓，说那你看怎么好？这回你得叫她走了吧？你再没个态度，村里的干部可要把她往遣送站送了。蔡林忠在工长面前转起了圈子，嘴里不住地嘟哝，不能送，可千万不能送，双身板的人，那还不要了她的命呀？

蔡林忠没问马菊香肚皮里的事，马菊香刚来时身上的伤痛也没问，那一定是个不堪回首的往事，就像一块疤，好了就好了，哪能再揭开看？可谁想伤疤旁边又长出一个闷头（疖子），那个闷头只有让它长大，流出淤在里面的脓血，才会最后痊愈。蔡林忠再坐进皇妃庵，闷着头编蒿绳，那是为夏日里驱蚊虫用的。蒿绳就像绵长而辛酸的日子，在脚下盘了一圈又一圈。马菊香怯怯地问，大哥，你咋不说话？蔡林忠说，菊香，咱俩结婚，搭成一家吧，我会保护你一辈子的。马菊香哇地哭出了声，把脸上的泪水摇得四处飞溅，不，大哥，不，我不能再连累你，我走！蔡林忠起身往外走，说这事说办就办，不能再拖，不愿跟我打这个伙计，等日后孩子生下来再说吧。

工区又给了蔡林忠几根废弃的枕木，是废中选优挑出来的，拉大锯破解开，都是上好的黄花松，修门窗，打床铺，粗笨但扛用。工长又用废枕木跟附近窑上换了些砖瓦，亲自带工友们来帮助收拾房子盘起了火炕。婚礼极简单，放响了几个响墩儿，惊天动地，惊起了山坳里的鸟雀，鸟雀在空中盘旋，就像庆典上的鸽子。响墩儿是铁路上巡道工巡道时必须随身携带的物品，发现线路上出现了故障，为了防止飞驰的列车冲驶过来，巡道工便将响墩儿远远地安放在列车驶来方向的线路上，车轮轧过，响墩儿炸响，那动静远比二踢脚大得多，列车立即紧急制动刹车。那天，蔡林忠打开了几瓶劣质白酒，一人一碗，就着山上刚见红的酸杏子，梁山好汉般豪爽饮下。人们散去出门时，工友们盯着马菊香已微微隆起的肚子，又开了一些荤荤素素的玩笑，比如说道钉，比如说撬棍，含寓引申，让笑声传遍了山野。

秋天来了，挺着大肚子的马菊香蹒跚着脚步，从山野间收获着粮食和蔬菜，笑容整日挂在脸上，说这回不怕了，有了吃的，什么都不怕了。蔡林忠说，明年在河滩地开出一片荒，我帮你围上，我看你种下的东西多一半被别人收去了。马菊香说，天是大伙儿的，地是大伙儿的，太阳和雨水也是大伙儿的，咱只是花了点儿力气，这我就感恩不尽了。

关于马菊香肚皮的故事，工长的牙关咬得很死，一个字没有往外透，老实厚道的蔡林忠也一个字没往外透，人们都认准了那是蔡林忠的种子。工友们对此很宽容，也很理解，说买了票上车和上车后再补票，还不是一样的球事？没逃票，就地道。

数九隆冬的时候，马菊香生下了一个女娃。蔡林忠坐在炕边拨弄女娃蛋清一般细嫩的脸蛋，说快给爸笑一笑，叫爸爸。女娃扑闪开眼睑，露出黑亮的眼睛，果然就咧咧嘴笑了。马菊香幸福地说，她才多大，你就让她叫爸爸？蔡林忠故意犟嘴，说那就叫妈妈，小羊羔落地拜过四方，就会咩咩地叫了。马菊香说，她不是还没拜过四方嘛。所谓拜四方，是小羊羔出生后，挣扎着要站立起来，但身体还太虚弱，四肢也不稳健，就这边跌一下，那边跪一下，跌撞了那么一两圈，小羊羔就会稳稳地蹦跳撒欢了，还会用小脑袋撞着母羊的乳房找奶吃。人们说小羊生下来，就怀着一颗感恩的心，它礼拜四方，是感谢苍天厚土给了它生命呢。

发现女娃是个睁眼瞎是在满月之后。女娃的眼睛长得很漂亮，眼珠黑亮亮水灵灵大葡萄粒一般，眼睫毛也很长，扑闪闪招人喜爱，但大人的手掌在她眼前摆，那眼珠却不会跟着转，只等手掌碰到了她脸蛋上，眼皮才会眨一眨。两口子抱孩子坐火车去过铁路局的大医院，大夫说，这孩子瞳孔晶体天生发育不全，没办法啦。马菊香哭得很伤心，说怎么生了个瞎丫头呀？蔡林忠气得跳脚吼，说我闺女不瞎，我闺女心里亮堂着呢！马菊香说，瞎不瞎也得给她起个名字吧？蔡林忠说，我早起好了，生个丫儿叫明慧，生个小儿就叫慧明。咱们有地有种不愁苗，再生一个就叫慧亮或亮慧。马菊香心里叹息，孩子没等出生，蔡林忠就在琢磨名字了，怎么偏偏选中了一个“明”字，老天这是有眼还是无眼呀？

明丫两岁那年，国家不再那么困难，上级有了调整政策，要求盲目流动到各地的人口回到家乡去，各企业严格定编定岗，不得再招用临时工人。蔡林忠一次次去找工长，说我要还是光棍一条，说声让我走我就卷行李立马滚蛋，不敢给领导找麻烦。可我有家了，家里还有个累赘孩子呢，可让我带她们娘儿俩去哪儿呀？工长心里喜欢蔡林忠的为人，一次次地往工务段的领导那儿跑，总算给了一个回话，说那你就先留下吧，工区总还要雇个人烧烧水打打更什么的，你也别怪我不能给你个正经名分，工资福利啥的也不好跟着别人一般齐，等机会吧。蔡林忠连连地点头，说只要不让我走，咋都行，我谢还谢不过来呢，工长是我们一家人的大恩人啊！

铁路上的工作号称五大主要系列，机（机车）车（车站）工（工务）电（电务和信号）辆（车辆），而工务劳作是其中最笨重的，整天日晒雨淋，面对的都是傻大黑粗。有老百姓的顺口溜为证："上工像逃难的，下工像要饭的，远看是摆弄石头蛋的，近看是流大汗的，上前一打听，原来是工务段的。"其实，在以后的二十多年间，蔡林忠从来没有在工区里烧过水打过更，那些活计，工区都是照顾老弱病残的人干，蔡林忠一直是跟着人们去筛道砟，换枕木，夯路基，那都是养路工人最基本也最繁重的劳作，而且他是主力，力气上是主力，技术上也是主力，百分之百的主力。他没怨言，一个不字也不说，他只记着工区给他的好处。开支时，不管给了他多少，他往手心里一攥就走了，回家把那些票子一毛不差地都塞给马菊香。逢年过节了，工务段给工人们分福利，有时是豆油或面粉，那是按人头成桶成袋来的，蔡林忠就只好瞅着了。也有时分带鱼或鸡蛋，工长就在秤头上找公平，留下最后一份，有人喊起蔡林忠的名字，他才跑上前，脸上憨憨地笑，嘴里念叨的是，还有我的呀，谢谢，真是太谢谢啦。人们看着蔡林忠美滋滋离去的背影笑，说这个蔡二呀！北方人称谁为二，有讥其憨钝、不精明的意思，可能是二百五或者二虎头的简约之意吧。

马菊香每年从春到秋，一直在山野间忙碌，四处播撒种子，也四处收获果实。但马菊香的田园规整些了，有的在路基下，有的在河套里，还有的在石砬子下，那都是她一镐头一镐头刨出来的，有的地方还是一篓一篓背土垫起的。蔡林忠要帮她在四周围上荆棘，或垒起石墙，马菊香仍不让，她说有那力气不如再扔下几粒种子。蔡林忠说，咱家田里的东西丢的比收的还多呢。马菊香说，那哪是丢？谁顺手掰去两棒苞米，摘去一个倭瓜，那是看得上咱们了。

严重的经济困难让国家的政策有了些松动，可以搞些小开荒，农民也可以有点儿自留地了。路基下的荒地归铁路管，具体的监管部门就是养路工区，工友们吃着蔡林忠带来的黏豆包，都夸蔡家的嫂子真不“菜”，能干！黏豆包用的是大黄米磨的面，大黄米来自马菊香河滩地里的糜子；黏豆包的馅是红豆的，红豆来自马菊香山坡上的疙瘩田。而到了冬天，马菊香就坐在屋子里糊火柴盒，从早糊到晚。邻近的县上有个火柴厂，火车开过来时，捎来了用料，再开回去时，便将整整齐齐的火柴盒捎回去。糊火柴盒有工钱，十个一分，百个一角，马菊香一天能挣一元多，马菊香对此很满足，也很得意，她对蔡林忠说，不少了，风吹不着，雨淋不着，比起你整天驷马汗流地抡洋镐，我要烧高香了。

临近种地的那段日子，马菊香越发地忙碌起来，她要给村上的生产队剥花生种。马菊香也曾和村里的大姑娘小媳妇们一起去挣那份工分，女人们手忙着，嘴巴也忙着，忙着说笑，还忙着咀嚼。生产队长一次次进屋吼，偷吃的烂嘴巴！女人们嘻嘻哈哈地反驳，谁偷吃了，你看见啦？生产队长端水进来，喊，敢嘴硬的漱漱口！女人们喝了水，却咕咚咚咽进肚里去，蛙闹塘似的大声喊，谢谢队长关怀，干活还供水喝！只有马菊香平静地含了水，漱了漱，再当着大伙儿的面吐在地上，那水里竟真的不带一丁一点儿花生的渣屑。那往后，队长就派大车将花生送到马菊香的家里，只让她一人在家剥。来取花生种时，马菊香将一个面盆放在旁边，那里面满是瞎瘪的仁果。队长叹了口气，说这也不能当种子，留给孩子炒炒吃吧。马菊香却执拗地将面盆放在大车上，说我家有，我自己种着呢。

马菊香在山野里劳作，先是把明丫缚在背上，待孩子大些了，就在孩子的腰间拴了一根绳，另一头拴在自己的腰上，走到哪儿，就把孩子带到哪儿。那明丫别看眼睛看不见，心里却是亮堂的，到了三四岁，已会帮妈妈干活了。妈妈说红豆，她便将装红豆的袋子撑开；妈妈说黄豆，她再撑另一只袋子，从来不会错的。

明丫五岁的时候，马菊香生下了第二个女儿亮丫。襁褓中，蔡林忠的大手在女儿眼前拂动，亮丫的眼珠鼓溜溜地随着他的手转动，蔡林忠做了个鬼脸，亮丫咧咧嘴，响亮地哭起来。蔡林忠哈哈大笑，说这个全须全尾，没毛病！马菊香娇嗔而幸福地捶打他，说不会说话学驴叫，什么全须全尾，咱闺女又不是个蝈蝈！及至发现二女儿耳朵听不见，已是孩子快满周岁的时候了。夫妇俩又抱孩子去了铁路局的医院，医生深深地叹了一口气，说这个孩子天生没耳鼓，日后还要哑呢。可能是你们两口子的基因有问题，以后就别生了，生了还可能是个残疾儿。蔡林忠追着医生问，我们两口子都全全科科的，啥毛病也没有呀！医生说，基因组合，非常复杂，我三言两语跟你们说不清楚。听我的话吧，千万不能再生了。马菊香知道问题必是出在自己身上，回家的路上，坐在铁道边呜呜地哭，说我上辈子做了什么孽呀，老天爷这么作践我！蔡林忠安慰她，说俩闺女，合到一起，就是一个全乎人啦，咱们好好养着吧。马菊香说，你就休了我吧，再娶一个给你生。这两个都归我，我不拖累你！蔡林忠跳起脚来吼，放屁！你再敢说这话，我一头钻了火车轱辘！

两个女孩一天天长大了，出落得都很漂亮，两个人形影相随，那也许真是天地的绝配，妹妹听不见说不出，姐姐却音如百灵，说出的话好听，跟着收音机学唱的歌子更好听；姐姐看不见，妹妹的眼睛却如鹰如隼，山里间窜过一只小兔，高空中飞过一只小鸟，都逃不过她那双明亮的眼睛。小姐儿俩出门，都是手牵着手的，不知那十指间是一种怎样的交流，该看的该听的该说的，全无耽搁。两人一起去帮妈妈劳作，那亮丫尤其是妈妈的一个好帮手，健硕敏捷得就像一只小鹿，不比别人家的半大小子逊色分毫。

大山里发现了煤矿，另一条铁路横插过来，山坳里的铁路原来是“一”字，现在就是“丁”字了。皇妃庵火车站也由昔日的四等小站提升为三等站，站区的线路又增加了两条，矿区里的运煤车要到这里编挂。山窝窝里欢腾起来，因为人们看到了上天赐予的财源。煤车开进来，半大的孩子和家属们围上去，有人攀上火车，将大块的煤炭甩下来，下面的人接应，先还是土篮、麻袋，后来就连手推车也用上了。如果仅仅是供自己家烧还情有可原，有的人家还卖上了煤，引来了远方的大卡车，一吨煤足可顶上铁路员工一个月的工资。车站的领导急了，煤矿上的头头儿也急了，调来了不少警察和保安，可哪管用啊，半大的孩子们惯用麻雀战，一声呼哨，忽地而来，又忽地散去，散去的手里都不空。

那天，马菊香从田里回来，看见灶前堆起了黑亮的煤炭，小姐妹俩则忙着洗手洗脸，将脸盆里的清水洗得黑乎乎。马菊香怔了怔，瞪眼了，喝问：“你们也去偷煤了？”

亮丫拉着明丫的手，明丫说：“不是偷，那么多的人都去了，谁都看得见。”

马菊香吼：“那就是抢！”

亮丫倔强地梗着脖子，明丫说：“煤是国家的，又不是哪个人的！”

马菊香喊：“个人的不能抢，国家的就更不能抢！”

明丫的声音低下来，吭吭哧哧地说：“我们也是……国家的，自己家的煤，别人烧得，我们为什么烧不得？”

马菊香知道明丫说出的话是两人的，妈妈的口型，亮丫看得明明白白。马菊香骂：“胡说八道！你爸挣的血汗钱，你们也敢偷去花，是不是？”

明丫嘟哝说：“妈，这不是一个理儿。”

马菊香说：“怎么不是一个理儿？天下的理就一个，不是咱自己的，拿了就是不仗义！发不义的财，那是亏心，人不报，天报！”

明丫又说：“妈，咱拿回的煤，只自己烧，不卖。连警察都说，只是家里烧，他们就不管了。”

马菊香说：“那不行，不仁不义的事，不能靠着别人管！缺烧的，妈带你们上山捡树枝。”那个年月，铁路上的枕木已换成了水泥枕，工区上早就没有废弃的枕木分给工人当劈柴了。

明丫低声说：“妈，以后我们……不了。”

马菊香说：“光说不不行。这些煤，现在你们就给我送回去！”

亮丫更高地梗起了脑袋。

马菊香问：“我支使不动你们了是不是？”

明丫说："妈，哪有拿回来再送回去的，不就是几块煤嘛。"

"好，就是几块煤！"马菊香冷笑着，抓起一块碗大的煤块，照着自己的脑门就砸下去，煤碎了，溅开了，那是黑色的礼花，炸得人心惧肉跳鬼神皆惊。

马菊香又去抓另一块煤，但再不会有黑色的礼花崩炸了，两姐妹扑上去，将母亲死死抱住，哭着喊："妈，我们听话，妈呀！"

那天，额头上还淌着血迹的马菊香一直跟在姐妹俩后面，眼看着两人背着煤袋子回到装煤的火车旁，又眼看着亮丫扛着袋子，由明丫扶着，一阶一阶攀上车梯，将煤倒回车厢。那一幕，站上的许多员工和警察都看到了，看得人们心潮澎湃感叹不已，人们说，想不到，原来世界上还真有这样的人呀！

蔡林忠死的时候是五十四岁，死状极其惨烈。那年夏天，北方连降暴雨，凶猛的山水像一条污浊的恶龙，用它的利爪掏毁了很长一段路基。工务段的段长带着精兵猛将赶来筑基救援，铁路局的救援列车也开上来了。修筑被冲毁的路基，必须有大量的山石充填。山石是救援列车从邻近的采石场拉过来的，用机车推送到救援现场。那是雨夜，天地漆黑，就在机车推着另两节装石车挂取已卸空的空车时，两车的挂钩处突然传来一声凄厉的惨叫。人们扑过去，在众多手电光的聚焦中，只见两车厢的巨大铁钩正把一个人挤夹在两钩中间，是拦腰挤夹，人已经偏了，可那个人嘴里喷吐着鲜血，眼球却还在转动，那个人就是蔡林忠。今日的工务段段长就是昔日的工长，段长惊呆了，抓住蔡林忠的手颤声哭喊，老蔡，蔡大哥，不应该呀！有人指挥机车后退，想把人取下来，段长急汹汹地吼，把闸压死，不能动，一寸一分也不能动。赶快去人，把他老婆找来！

是的，不能动，蔡林忠还没跟几十年相依为命的老婆见上一面呢。如果把火车的车钩比作巨石，人就只是一个鸡蛋。两石相撞，完卵何存？段长想到了战场上的肉搏，锋刃入胸，一息可能尚存，但那刺刀一拔出，敌手立刻也就完蛋了。眼下，蔡林忠还活着，但两只铁钩只要一松懈，他必定立死无疑。

马菊香跑来了，后面跟着她和蔡林忠的两个残疾的女儿。段长坚决命令，把两个孩子拦住，那个惨状不能让她们看到。马菊香扑到了跟前，疯狂地想用两手将巨大的车钩推开。段长含着泪水说，嫂子，别推了，趁大哥还活着，快跟大哥说两句话吧。那个时候，蔡林忠的两个眼珠子已经鼓突得快要掉出眼眶了，两片被血水浸泡着的嘴唇还在轻轻翕动。马菊香哭着说，她爸，你真就扔下我们娘儿仨不管啦！蔡林忠挣扎着做出最后的微笑，也说出了人生中最后的一句话：“我是工伤……苦了你了，带着孩子，好好活下去……”

也许，在段长的心里，会以为只有他一个人知道蔡林忠是为什么死的。一个月前，段长来工区检查工作，把蔡林忠单独拉到一边说，时代进步，国家进步，咱们养路作业也要进步了。成套的养路机械已经开进段里，局里准备将几个工务段合并在一起，像皇妃庵这样的小工区，都要撤销，可能一过了这个防汛期，就要统一运作了。蔡林忠明白段长话里的意思，这是要彻底打发他回家了，便说段长，我家里还有两个天生有残缺的孩子呢。段长苦笑说，别说是你，我还比你小一岁呢，这次整改后，我可能也要退二线了。老哥，这些年了，我也没能把你公职的事办下来，对不住啦。那天，两人站在那里抽烟，一支又一支，都没再说什么。段长心里明白，蔡林忠这是豁出一条命，也要换来几块石板，为两个残疾女儿的一生铺路呀。

也许，在马菊香的心里，也会以为只有她一个人知道蔡林忠是为什么死的。蔡林忠回家，把段长的那些话都说给马菊香，马菊香安慰说，段长心里也是难，可不能再难为他了。蔡林忠说，可我回家来，又能干点儿什么呢？马菊香说，跟我去种地吧，满山遍野地跑几天，心里就不憋屈了。蔡林忠说，我哪是怕憋屈。可种那羊拉屎般四处散丢的零碎地，又能挣来多少钱？马菊香说，有钱花，没钱不花，有了粮食人就饿不死。蔡林忠说，可两个姑娘呢？咱俩一天天总是要老的，扔下她们让谁管？

明慧十岁那年，工长张罗着，帮蔡林忠一家三口儿争来过一张免费乘车证，那是只有正式的铁路员工才能享受到的待遇。两口子带明慧去省城找到了盲人学校，可一听价钱，学费呀，食宿费呀，还有盲人纸笔之类的费用，夫妇俩立刻哑了嘴巴。亮慧十岁那年，夫妇俩也带着去问过聋哑人学校，结果是一般无二。明慧过了二十，村里有好心人来说媒，说镇上有个小伙儿，患的是小儿麻痹，脑子却精明好使，现如今坐在轮椅上四去如飞，还开了一家药品商店，人家相中了明慧，问愿不愿嫁过去？马菊香将这意思说给了明慧。明慧问，亮慧呢？亮慧不知是怎么知道的这个事情，对着姐姐比画了一阵，可明慧只是对着妹妹摇头，后来姐妹俩就抱在了一起，好一顿痛哭。明慧对妈妈说，我们姐儿俩商量好了，一辈子谁也不嫁，永远在一起陪爸爸妈妈，省了一个人在外面受欺负。夫妇俩叹息，姐妹相携一生，倒也不失为一种选择，与其将一颗心撕成两半牵挂着，也许真就不如让她们相依为命了。

段长从心底深处敬重着蔡林忠的大仁大义。蔡林忠明明知道明慧不是自己的亲生骨肉，可他既接受了，就再没跟任何人倾吐过一次心中的委屈，他视明慧亮慧同为己出，从无二样；蔡林忠在工区一干就是二十多年，工区的领导换了一茬又一茬，工区的工人也来了一批又一批，可他却一直是个临时工，还一直担当着工区里的骨干力量，为了给两个残疾女儿争取一点儿生存的空间，他宁愿抛舍了还很强壮的生命。段长凭着自己已为时不长的仅存职务和权力，跑铁路分局，跑铁路局，总算为蔡林忠争取来了一份只有正式铁路员工才能获得的工伤抚恤金。

蔡林忠的逝去，让马菊香突然之间就信佛了。那天，当段里的领导将十万元抚恤金送交到马菊香手上时，马菊香没说感谢，她微微低头，两眼微闭，双手合十，口里吐出的却是异常清晰的四个字：阿弥陀佛。那四个字，似四声炸雷，惊得在场的人都怔住了，人们突然都感到心里酸酸的，涩涩的，沉重得难以诉说。

马菊香将五万元送进了银行，说这是你们爸爸给咱们娘儿仨留下的救命钱，不到十分要紧的时候，不能动。她用一万元钱重新装修了房子，一间是母女三人的卧室，另两间则粉刷一新，摆起了货架，屋顶上架起大大的招牌，皇妃庵超市。她拿出另外的四万元钱，交给姐妹俩去进货经营。白日里，马菊香仍去山野间劳作，有时亮慧也跟着同去，只留了明慧在家里守超市。那可真是比正式超市还正规一截的小市场，明慧抓着抹布在货架间擦拭商品上或有的尘土，她看不见钱，因此也就不管钱，只在门口摆了一张小桌，桌上摆了几个小纸盒，盒里分别放着拾元、一元、五角的零钱。有顾客来了，问，有酱油吗？答，在南边第二趟的柜上呢，自己拿吧。又问，谁收钱呀？答，放在桌边的箱子里吧。桌子边是一个大些的木箱，锁着，只在上面留了一个口，有点儿像选举会上的选票箱，也像寺庙里的功德箱。如果还有人问，我的是大票，不找零钱吗？明慧便答，自己在桌上拿吧。不管是谁走了，明慧都会学着妈妈的样子，轻轻地念一声，阿弥陀佛。

住在皇妃庵的三个女人像尼姑，马菊香是皇上丢弃的女人转世，话就这样传出去了，再反馈到母女三人的耳朵里。母亲对两个女儿说，随他们说吧，你们不用生气，也犯不上辩争，咱们凭着自己的力气吃饭，老天自会怜悯。

马菊香的零星四散的园田仍是不圈也不围，但蔡林忠死后，她的果实就再也没有丢失过，就是时有牛羊经过，也会被主人远远地驱赶开。超市里比较沉重或体大的商品自有批发货栈定期开车送来，比如啤酒、矿泉水、手纸；那些小件一时缺货的，明慧就指给亮慧看，亮慧再骑着三轮车去二十里外的镇上进货。每月盘点，超市竟都是只赚不赔，没有丢失，也没发现有人拿货不付钱，有的只是盈利，且还时有超出。连村街那些时常为玩麻将打台球打得头破血流的小混混儿都说，那样的人再去欺负，就得小心点儿老天爷瞪眼啦。每到清点票子时，马菊香都会说，是你们老爸的魂灵罩着咱们呢，他不会走远的。

蔡林忠去世周年的时候，家里突然来了一位画家，年纪不算很大，却留着一蓬浓黑的大胡子，很飘逸。画家是去远处采风写生，坐车经过这里，看了皇妃庵的站牌，便下了车。画家围着几乎已经罄尽了庙庵风采的房前屋后转了又转，提了很多问题，发了许多的感叹。马菊香留他吃了饭，也没特意做什么，高粱米豆干饭，小葱拌豆腐，素炒土豆丝，全无荤腥，极清淡，画家却吃得很香甜，推开饭碗，放在了桌上两张百元的票子。马菊香说，多一个人多一双筷，不过如此，这么大的世界，能来这里坐一坐，就是缘分，收回去吧。画家过意不去，说你们的日子过得这么清苦，让我怎么好意思白吃白喝？马菊香说，那我求你画一张像，行不？画家欣然点头，说好，画什么？就画一张韦驮，可行？哦，你知道韦驮？也说不上知道，只知道韦驮是护法神将，许多庙里都供着，保护神灵的。画家就在火炕上铺展开画纸，运笔蘸墨，凝神酝酿。马菊香在他笔下放了一张照片，说这是我家两个残疾姑娘的爹，扔下我们先走了，韦驮的脸盘和眉眼，就照他的画，行不？画家望定神态平和的马菊香，心里一震，眼中旋了泪雾。他问，韦驮手里的兵器是金刚杵，是让他拄在脚下还是横在胸前？马菊香问，有讲儿吗？画家说，拄立在脚下，那就是容留过往僧客；而横杵在前，就好比关上了门闩，不留了。马菊香说，就照她爹的模样画吧。

照片上的蔡林忠挺立在路基上，背后是莽莽青山，黝黑的脸庞上缀满晶莹的汗珠，而那把丁字镐则是拄立在身前的。照片是一个记者采访时照的，记者守信用，回去后就将放大洗好的照片寄了回来。画家浓墨细描，不过俄顷，一个活生生的韦驮已跃然纸上。纸上的韦驮酷似蔡林忠，不光貌似，尤其神似，特别是那双眼睛，刚毅里透着温和，厚道里藏着祝福。画家落款题名，加了红印，还掏出照相机对着画面按动了几次快门，临行时还说，一幅上乘之作，实乃天赐，我都有点儿舍不得留给你们了。这样吧，我把我的名片留下，日后你们不想收藏了，千万别转让别人，给我打个电话，我立刻专程来赎取，价钱由你们定。马菊香又是双手合十，阿弥陀佛。

亮慧再去镇上进货时，就把那张画也带了去裱糊，为防烟熏尘染，还镶装在一个精致的玻璃框子里。马菊香将韦驮画悬挂在卧室北墙正面，母女三人站在画像前久久不愿离去。亮慧打手势让姐姐把话说出来，说画家的笔可真神，怎么比相片上的我爸更像呢，还好像对我们说了许多话。明慧则站在画像前，一遍遍地抚摸，说我爸又回家了，有爸在，我们就什么也不怕了。马菊香说，你们爸爸就是我们心中的神将，阿弥陀佛！

突然有一天，山坳里开进一溜儿小汽车，直奔了皇妃庵超市，小车里钻出许多人，涌进屋子就围在了那幅韦驮画像前。母女三人从众人的赞叹声中知道，那个画家原来在海内外都颇有名气，他主攻山水，鲜见人物，画笔下的宗教形象更是凤毛麟角，这幅画中的韦驮既有宗教人物的空灵，又带了尘世间的情意，真可称是他作品中的上乘绝品了。消息肯定是那位裱画师傅传出去的。有人将马菊香拉到屋外，说你把这幅画让给我吧，我给你二十万，咱们马上去银行。马菊香轻轻而坚决地摇头，回答仍只是四个字，阿弥陀佛。

明慧三十二岁那年，一个飘着雪花的冬日清晨，耳功能奇异的明慧突然拨醒了还在沉睡中的母亲和妹妹，说门外有动静。母女三人起身开门，果然见门槛前放着一个裹得紧紧的小包袱，打开，竟是一个婴儿，还有一个奶瓶。亮慧看着雪地上留下的一串脚印，要往前追赶，马菊香拉住她，说要是你们爸当年不收留我，也就没有咱们娘儿仨的今天了，你们爸手里的老洋镐一直都是立着的，他说留，咱们就留下吧。咱们三个女人，不怕养不活一个孩子。

从那以后，十余年间，马菊香的家里陆续又收养了十二个弃婴，多数是夜间放在门前的，多数是女婴，也多数有着先天性的残疾，有盲着双目的，有两耳失聪的，有的患着白血病或心脏病，还有的瘫软如泥，不能坐立。马菊香带着两个女儿，一言不发，送来就统统收下，尽着自己的力量，默默地将息，默默地救治。病残的孩子有的送来一两年，就慢慢地萎谢了那朵幼小的生命之花，马菊香将他们掩埋在蔡林忠的坟旁，祈祷说，老蔡，我知道你喜欢孩子，又给你送过来一个，你好好保护她吧；有的亲生父母跑来了，抹了一阵眼泪，再三拜谢，又将孩子抱回去。有两个小女孩，一个拄着拐杖，一个有些痴呆，已经十多岁了，至今还生活在这三个女人的世界里。逢年过节，市里或县里的民政部门都会来领导，感谢她们为政府分忧排难，还会带来或薄或厚的信封，里面装着钱款，马菊香不接，两个女儿也不接，只让他们丢进那只木箱。明慧仍在经管着那个小小的超市，时常听到有人来，那脚步声有的熟悉，也有的陌生，来人并没买走什么贵重的东西，却将沉重的声音丢进箱里，明慧便学妈妈的样子，双手合十，轻念而谢，阿弥陀佛！

日复一日，年复一年。而今，马菊香已是年近七旬的老人了，满头华发，身子已有些佝偻，岁月的雕刀在她的脸庞上刻下纵横的皱痕。但老人的腿脚却还稳健，仍整日在山野间奔波劳累。明慧和亮慧也都是四五十岁的人了，生活得清苦、忙碌、宁静而平和。马菊香常跟女儿们说，人不能亏心，咱们娘儿仨，还有这些孩子，本都是有些人眼里的废物，是老天在收养啊！亮慧打手势让明慧问，老天在哪儿？马菊香脸上闪出超越了苦难的深远与平静，轻轻地拍着胸脯说，在这儿，老天就是善良人的心！

无奈亲情

一

1948年初冬，辽沈战役胜利结束，东北野战军稍事休整，便挥师入关，直扑平津。大军开拔前，选留了一批干部建立地方政权。考虑到某师团长何贵远家在北口，有文化，战斗中又负了伤，便把他留了下来。

这一年深冬，北口地区开始了土地改革。何贵远的岳父于锡佑虽非北口城郊于家屯的首富，但家有良田百亩，大骡子大马十多头，长年雇着长工，虽说没有欺男霸女的恶行，算不上恶霸，可也是首当其冲的土改斗争对象。那于锡佑初时不服，贫雇农一次次冲进于家大院时，他还瞪着红红的眼睛跟人家吼："我的闺女女婿是共产党的大官，给共产党打江山流过血出过力立过大功，你们也敢来斗我？"泥腿子们不懂政策，果然被镇唬住了，缩缩地软了手脚。有了这么三两次，影响得南北二屯的土改斗争都进行不下去了。土改工作队研究了几次，又进城向军管会请示，军管会领导瞪了眼睛，吼，别说他姑爷是个团长，就是纵队司令，你也把他给我捆出去，斗，狠狠斗！工作队再组织人往于家大院冲时，便让翻身团带了枪，亲自在队伍后面坐镇。贫雇农有了主心骨，不再怕于锡佑怎样吼，一顶纸糊的大高帽子扣上去，又拴了他的两只手，牵到街上游街，晚上放回家里来时，身上难免这一块那一块地青紫了皮肉。

有了这么三两次，于锡佑又气又急，便一头病倒了，每日茶饭不思，两个腮帮肿起了老高，眼睛也火蒙了，模模糊糊地看不清东西。儿子于尚武见势不好，又听说邻屯还有斗争地主时吊起来拷打致死的，生怕老爹一时性起胡说八道吃了眼前亏，再来游斗时，便挺身而出，说这些年于家都是由我来当家，我爹年纪大了，只是在家享清福，于家的事情你们找我就是了。于尚武本是出于孝心，只想舍出自己搪开老爹的灾难，却没想是自投罗网，引火烧身。工作队的人一个眼色，人们便上前将他也戴上高帽子，连同老爹一起游街，两个高帽上都写了“地主分子”。好在于尚武在屯里的人性好，当初当少东家时，也是每日随着长工下地干活，耕犁割锄，赶车扬场，样样精通，在庄稼汉子中堪称高手，脾气又宽厚温和，屯里人便没让他吃太大的皮肉之苦。也有白日跟着斗争喊口号的贫雇农，夜深人静时偷偷溜进于家院子，对于家父子说：“东家，养兵千日，用在一时，你家姑爷眼下在市里当着共产党的大官，这种时候你们不去找他想想办法，还等什么？”于锡佑感动，说：“我何尝没想到这一层，不说找姑爷，就是让我闺女尚兰回家一趟，也能打打腰，提提气。可眼下我们于家人是罪民，连出屯子也是难了。”来人说：“东家要是信得着我，明天我就往市里跑一趟，能见到你家姑爷最好，就是见不到，也能把信送到姑奶奶手里。你老就抓紧写封信吧。”于锡佑便让儿子快找纸笔。倒是于尚武年轻，脑子也活泛，忙给老爹使眼色，对来人说：“乡下的情况，就是我们不写，想来城里也知道个八九不离十。你就进城直接和尚兰他们说说看吧。”来人走了，于锡佑埋怨儿子怎么不让写封信去，说贵远和尚兰见了家里人的笔墨，定能更上心些。于尚武说：“眼下人心惶惶，谁能钻到人心里去看？那书信真要有个闪失，落到别人手里，咱们罪加一等不说，怕是贵远都得跟着吃挂落儿，还是小心些好。”于锡佑想想也是，便不再说什么，只是盼星星盼月亮似的盼女儿和女婿快些回家一趟。

其实，乡下土改的情况，于尚兰何尝不知个一二，她也知娘家父兄苦挣苦拽勒筋巴骨积攒下的那一份产业，怕是终难躲过土改这一关。江河东去，大势所趋，这个道理她懂，她只是盼老爹和哥哥千万不要死抱着那份身外之物想不开，只要人能平安无事，就是天大的福分烧高香了。她也恨不得一日就回到家里去，把这个道理说给老爹和哥哥听，无奈何贵远已有话在先，说组织上有纪律，目前乡下正搞土改，凡是与土改对象有亲属关系的干部和家属，必须自觉回避，谁要干扰和破坏了土改运动的正常进行，必将受到严厉处分。于尚兰心里不服，说咱也不是去干扰破坏，只是去看看自己的爹妈还不行？咱顺便还能说服说服他们，算是为土改做了工作呢。何贵远说，看爹看妈什么时候不行，非得这种时候去？你明晃晃地在屯里一张扬，不是破坏也是破坏，没人会领你做工作的情。于尚兰知道在这种事情上说不过何贵远，只好心里压着如煎如熬的惦念，度日如年地等着来自于家屯的消息。

这一天，于家屯的人找到何家，说了屯里土改的情况，也告诉了于家父子的心情。未待人走，于尚兰已是怔怔地呆住了，全没了客人初来时的殷勤与热情，客人起身告辞，也忘了该留客人吃过饭再走。自从家里搬到市里来，乡里乡亲的进城来办事，常挤空儿到何家看看，每次于尚兰都留客人吃饭。公爹何国绵理解儿媳的心情，说这样好，人不能一升官就两眼望天撇拉腿走路，身上的衣裳可以穿破，但不能让人的指头点破，尤其是不能让乡里乡亲的说出短长，那就活得没人性不值钱了。这一次刚把乡亲送出屋子，于尚兰就坐在那里噼里啪啦掉起了眼泪，何国绵从自己屋子里出来，见了奇怪，自然要追问，于尚兰就讲了娘家眼下的艰难，又说只怕父亲把钱财家产看得太重，一时想不开，怕是连条老命也要搭进去的。何国绵深知亲家的性情与为人，儿媳的忧虑不是没有道理，便也陪着唉声叹气发了好一阵愁。于尚兰哭了一阵，问：

“爹，您老一辈子见多识广，可说说这事该咋办啊？”

何国绵叹了口气，说：“要是……能让贵远陪你回一趟于家屯，最好不过了。他在党里，面子大，若是和当地管事的人见见面，兴许多少能给些关照……”

这一说，于尚兰的泪水流得更汹涌了，说：“贵远怎肯回去露这个面？这些日子，连我张罗回家去看看，他都不让呢。这个话，怕是我还没说出口，他先就叽歪歪地瞪眼了。”

何国绵也知自己的这个主意不行。共产党讲个阶级斗争，讲个阶级立场，跟那些有了钱的地主老财资本家是铁了心要血战到底的，也正是凭了这个，才争得了天下受苦人的民心，风卷残云般夺得了江山。贵远既是共产党的官，这个脚跟自然便站得更扎实稳定。他为这事，已不是一次两次给媳妇发出警告，有时当着自己的面，也是声色俱厉的，让自己听着也心颤。听儿媳话里的意思，似乎想叫自己这个当爹的再和儿子说一说，可知子莫如父，怕这个面子贵远连老爹也不会给的。

何国绵这般愁苦着，突然就觉眼前一亮，有了主意，说：“你看这样好不好，不是说你爹正病着嘛，那就接他到城里来，和我住在一起，一者抓紧治治病，二者也避避乡下的那股风头。我们老哥儿俩呢，早早晚晚地唠唠嗑说说话，我借机多开导开导他，也算互相做个伴。乡下那边就让你哥顶着去，房子地啥的人家愿咋分咋分，眼不见，心不烦，你爹慢慢地也就想得开了。想来土改不管咋搞，最后总得给家里留下一份过日子的依靠。就是分净了也不要紧，往后就在城里住下了，有咱们吃一口，也就饿不着我那老亲家。你说这招儿行不行？”

于尚兰为公爹的宽厚与周到感动，也就收住了泪水，说：“要是能这样，当然是好。只是不知贵远肯不肯呢。”

何国绵跺脚说：“他又有啥不肯？你爹是他老丈人不是？老丈人有病他敢说声不管我听听！他不是只说不许咱们到乡下去干扰破坏土改吗？咱就听他的，不到乡下去，只把病人接到城里来，我听他还说个啥？”

正说间，何贵远下班回来了。进了屋子，见厨房里冷清清丝毫不见烟飞汽绕的热乎劲儿，又见妻子两眼红红的刚哭过的样子，便问是怎么回事。何国绵说了乡下来人的事情，又说了自己想把亲家接到城里来的打算。何贵远听了，摇头叹道：

“爹，眼下乡下的事情，不用来人说，我这心里也是一清二楚。土地改革，是挖封建社会老根子，四平八稳和风细雨怎么能把老百姓发动起来？就是贫雇农一时有些过火，也要理解。当然，这事牵扯到谁家，伤筋动骨的，也难免有些不舒服。您老就以为我不惦着尚兰她家那边的情况？可光惦着有什么用？越是在这种关头，越是我这种身份，越得格外小心在意才是。我也不瞒您老和尚兰，今天我们就处理了一个这样的干部，他的父亲是个富家分子，听说挨斗了，还挨了打，他就跑回老家去，还耀武扬威地拔出枪来冲天放了两枪，说是打树上的老鸹。组织上才不管他过去在部队里立过什么功得过什么奖，立马下了他的枪，宣布开除他的党籍，发送回老家，跟他的富家老子一块接受批判去了。”

何国绵口气仍是很冲地说：“你少跟我往远了扯。我也没说让你也去于家屯闹上一场，我只说把尚兰她爹接到城里来治治病。这跟你说的根本不是一码事！人谁也不是土疙瘩里蹦出来的，都有个双亲父母，咱把房子地都扔在乡下，还有钱财浮物，让他们随便去分还不行？还非得再搭上个活人眼瞅着生气上火呀？”

何贵远冷笑道：“爹，您老上岁数了，也不常出门，哪里知道外面的事情。现在土改的口号叫‘斗地主，分田地’，你把个地主分子先找地方藏起来，还让贫雇农斗谁去？就好比上战场打仗，眼前要是没个敌人，你只命令开火，那子弹却向哪个打？土地改革的对象就是地主富农，不把他们的反革命气焰打下去，光分了土地房子有什么用？还乡团（东北地区的还乡团）、花子队各处都有，反攻倒算的可不在少数，各处贫雇农也叫花子队杀死老鼻子啦！”

于尚兰小声嘀咕：“我爹可不是还乡团花子队，他也没说要反攻倒算……”

何贵远黑了脸色：“那你爹还着急上火装什么病！他如果是开明地主，早就该主动把房子地交给穷人，为啥还吃租放债雇长工的搞剥削？”

这一说，于尚兰眼泪又流下来：“我爹怎么是装病？乡下来人说，他是真病了，好几天没吃饭了……”

“哼，你也别信那乡下人的话。我看他当面一套，背后一套，里挑外撅地装好人，真要是变了天，他立马又是一副嘴脸。哪朝哪代也没少了这种人，你还以为是一块什么好饼！”

何国绵急眼了，逼问道：“你给我个痛快话，倒是想不想把尚兰她爹接过来？”

“爹，”何贵远苦笑道，“话已让我说到了这份儿上，您老还让我说什么？真要接，那也得等这一阵风头过去再说。”

何国绵站起身，把房门“砰”地重重一摔，出去了，站在门外骂：“等这一阵过去了，谁还稀罕你接，你还装个孝子贤孙屁用！往后你也不用给我叫爹，我何家没有你这房顶开门，六亲不认的东西！你咋就不想想，当初去投奔共产党，你媳妇在家担了多大风险，家里老的少的还都得她侍候。你不看僧面看佛面，就是不管你老丈人的死活，也得让你媳妇知你好歹还有颗人心……”

这一骂，于尚兰再也忍不住，趴在炕上爹一声妈一声地哭开了。何国绵看说也不是，劝也不是，搓着巴掌在屋里转了一阵圈子，又抹了抹眼角溢出的泪水，便披了大衣出去了，直到夜深时才回来。

二

第二天一早，于尚兰侍候一家人吃过早饭，又待何贵远上班走了，便默默地收拾了一个小包袱，对公爹说：

“爹，你孙女留在家里，您老费心给照顾两天。我回于家屯一趟，看看我爹和我娘，明晚就回来。”

何国绵惊异，问：“你跟贵远说好了？他答应啦？”

于尚兰苦笑笑，眼圈又红了，说：“我也顾不得那么多了。我爹我妈生我养我一场，从没得过我什么济，眼下怕是过了今天还不知有没有明天呢，这种时候我再不回去看上一眼，身上这身人皮就算白披了，怕是一辈子心里也难得安生。贵远要是问，您老就跟他说，我绝不会给他惹祸找麻烦。我想好了，到了于家屯，我就先在屯外找个地方躲一躲，不到天黑我不进屯，等明早天不亮时我再摸出来，谁也不让看到，他就……把心放肚里好了……”

一番话说得何国绵心里也酸酸的，觉得怪对不住儿媳的。尚兰自到了何家，里里外外早就成了一根挑家过日子的大梁，且不说贵远出外那些年，就是贵远回来后，又能借上他的什么力？这一家老的小的，还不全靠的尚兰？若是没有尚兰，就是自己这把老骨头，今日病，明日灾的，也不知死过多少回了，哪能赖赖巴巴地将就到今天？这般想着，他便说：

“尚兰，你也别怪贵远，他是在党的人，官身不由自己呀。就像那小毛驴，脖子上卡了两块夹板，就得下死力往前拽啦。不然，贵远……可不是那种狼心狗肺不认亲的人……”

于尚兰又噙了泪，点头说：“爹，我知道……”

“这个时候，还有顺路的车吗？”

“往乡下跑的拉脚大马车，天天有，我去找找看吧。”

“走前，你去药房多抓点儿药，兴许你爹就用得上呢。”

于尚兰说：“我也是这么想。这么早动身，我也是想先到药房跑一趟。”

何国绵反身走到炕柜前，摸出一只漆得黑亮亮的小木匣。于尚兰知道那是公爹的宝贝，当年开杂货铺时就把账单欠据和钞票什么的都放在里面。何国绵打开木匣子，从里面把十几块银圆都拿出来，说：

“你把这个给你爹带上，就说是贵远叫带的。回到家，贵远的那些话可千万不能跟你爹你娘说，贵远也是没法子……”

“爹，我懂。”于尚兰将公爹的手推回来，“钱就别带了，带了也没用。乡下眼下正是一个劲儿地从地主家往外分钱财呢，拿回去还不是白便宜了别人？”

何国绵说：“这种东西也不是房子地，找个啥地方不能藏起来？”

于尚兰坚决地说：“听说斗地主先要挖地三尺，又要扫地出门，藏起来也不是自个儿的了。叫人家翻出来，反倒罪加一等。爹，您老的心意我领了，也代我爹我娘多谢了，真的不能带。”

何国绵眼看着儿媳出了门，蹙着眉想了想，突然大声招呼道：

“尚兰，你等一等，我换身衣裳，跟你一块走，我也去看看我的老亲家。”

于尚兰顿吃了一惊：“爹，这可不行！几十里路呢，您老体格不好，扛不住又颠又累的。”

何国绵下了这个决心，一是为自己，二也是为儿子。老丈人有此一难，姑爷子理应去看望却不得去，那就自己跑一趟吧，让老亲家也知道，何家可不是只知保官不认亲的人，贵远不能去，于家人也就能体谅一些了。他说：“我哪就那么娇气呢。这么些年了，我和你爹真还从没坐在一起好好唠扯唠扯，我去了，虽说也起不了啥作用，总还能让老亲家心里宽敞些。我去劝劝他，什么房子地的，都是身外之物，生不带来，死不带去，千万别看得太重。再说眼下就是这么个势头，冬要下雪，夏要打雷，谁能挡得住？有个好身子骨，比啥都强啊。是呀，我得开导开导老亲家啦，我也是这么把子年纪的人啦，我的话，兴许就比别人的能让他往心里去呢。”

于尚兰还想拦阻，说：“爹，您老的这片心，我就替我爹领啦，到了家，我把您老的这些话都说给他，还不行吗？您老还是别去了，家里得有人照管，贵远晌午还要回来吃饭呢。”

何国绵说：“孩子就求邻居给照看一两天嘛，往常你也没少帮他们的忙。贵远你就不用惦着啦，他愿做就自己下手，不愿动手哪里还不能对付一口？饿不着他。你啥也别说了，我就是这么个打算，咱爷儿俩说走就走。”

于尚兰感谢公爹的这番心意，知道再劝也是劝不住，便忙忙地又帮老人做了一些准备，换了衣裤，两人便上了路。

到了午间，何贵远回到家里来，见房门挂了铁锁，心里正奇怪，就见邻居跑过来，告诉说：“何代表，何大叔和你家里的说出去有点儿事，孩子在我家里玩呢。”何贵远便去问女儿，妈妈和爷爷去了哪里？女儿摇摇头，说不知道，妈让我和小朋友玩，还说晚上愿和小朋友们睡也行，愿和爸爸睡也行。爸，晚上我不回家了行吗？何贵远想了想，一下便想到了老父和妻子的去向，这一惊可是非同小可，转身就赶回军管会，急三火四地喊汽车司机。司机一口饭还在嘴里，忙问什么事？何贵远说你快把饭吃了，这就给我出一趟车。司机为难地说，冯主任吃完午饭就要用车呢，说是要去〇六厂。冯主任是军管会的正主任，在部队时是一个主力师的师长，负了伤才留在后方的，那〇六厂又是一家军工厂，生产前方急需的弹药，何贵远知道冯主任亲自去厂里，必是有紧急事情。他只得说，那你就快些去送冯主任，我在军管会等你。军管会只有一辆吉普车，何贵远也曾想到向下属的哪个单位或工厂借一辆，可又想到是去乡下地主分子岳父的屯子，对司机不摸底，谁知日后可能传出啥样话去，便只好等了。

何贵远起程的时候已是午后三点来钟，美式吉普在公路上拖起一条滚滚的黄色尘龙，箭一般直向于家屯方向射去，惹得路上的行人掩了嘴巴惊惊地看，不知又出了什么紧急大事。解放初期，吉普车还很少，一个城市也难见三五辆，更别说轿车了，那是军政要员的乘骑。所以吉普车一在外驰行，就难免惹起人们注目，尤其今日吉普车这般追风赶月急如星火的样子，就更引起了人们的惊异与猜测。车中的何贵远更是心急如焚，他知道妻子和老父的这种一意孤行，不光于事无补，弄不好，反把自己也捎裹进去，那是如何解释也摆脱不了的干系。所以一出城，他就把脸紧贴在了车窗上，恨不得一眼就在路上的行人中发现于尚兰和老父的身影，那样他就可及时地将他们拦阻回去了。可是，二人上午既已动身，哪有半点儿踪影？尽管何贵远一再催促“快点儿快点儿”，可除了在车后扬起更高的黄尘，还有什么用呢？

三

时已入冬，正是一年中日头爷在天空中逗留最短的时节。汽车到了于家屯村外的路口，停下了。太阳已落西山，天色迅速黑下来，乡路像一条灰色的带子弯弯曲曲，消失在远方的黄昏里。暮色笼罩着田野，不远处的村庄模糊一片，静悄悄的，已有星星点点的灯火，也可见庄户人家的缕缕炊烟。司机问，进屯里去吗？何贵远心事重重地摇摇头，不说话。旷野里的西北风呼呼地刮得强劲，只隔了一层帆布的吉普车内很快就冷冰冰地让人难以忍耐。司机打开了引擎，让汽车轰轰地响起来，车内很快又有了些暖意。何贵远说：“关了吧，省点儿汽油。”两人抽了两支烟，天就黑透了，高空中闪闪烁烁的寒星也出齐了。何贵远指了指屯西那个黑黝黝的院落，对司机说，那就是你大嫂娘家的院子，麻烦你去跑一趟，见了你大嫂和我父亲，就说家里有急事，叫他们马上回去。司机疑惑，问，何代表你不到家里去看看了？何贵远不好解释，只说，你快去快回吧，我还要抓紧回去赶写一份报告。进了屯里，你也别大呼小叫闹得狗咬吵吵的，一定不要引人注意。司机推门下了车，刚走了几步，何贵远又叫他回来，说你别戴帽子，上衣咱俩也换一换，我这件是便装。司机都按吩咐办了，虽说嘴上不说什么，心里也有些明白，何代表这是不愿让我暴露军人的身份啊……

司机去了屯里，何贵远心里忐忑着，坐在汽车里刚卷了一支烟，就见车前走过两个人，个子矮些的还携扶着那个大个子，一路跌跌撞撞往前赶。探出头去细细观看，不是于尚兰和老父又是谁？何贵远急急跳下车，几大步追上前去，低声喊道，站住，快站住！那两人先是一怔，就站住了，待何贵远到了跟前，才不由得大吁了一口气。于尚兰说：

“你怎么在这里？吓死我了。”

何贵远鼻子不是鼻子脸不是脸地说：“不是你胡闹，我怎么会来这里！还不快扶爹到车上去！”

何国绵一见这架势，也就明白了，气喘吁吁地说：“你少跟尚兰吹胡子瞪眼，是我让她陪我来的。”

何贵远说：“爹，这不是说话的地方，您老先到汽车里坐，避避风，等回到家里我再慢慢跟您老说还不行吗？”

何国绵说：“咋？我老头子坐大车颠了一大天，为了等天黑不惹人眼，又在这蛮荒野地里冻了半宿，眼看到了屯子口，还连亲家门都不让我登了，真是……反了你！”

何贵远说："爹，道理我在家里时就跟您老说了，您老这不是眼瞅着让我犯错误吗？"

何国绵说："你等我先进屯子跟尚兰她爹见上一面，完事了你愿咋说咋说！"

于尚兰见何贵远亲自坐车追了来，情知这事对他来说，定是非同小可，先就觉了理亏，便小声对何国绵说："爹，贵远一定不要咱们进到屯里去，那就不去了吧。您老也别生气，这事要说怪，也都怪我。"

何国绵一把甩开了于尚兰的手，恨恨地说道："你是他媳妇，你怕他，我却用不着怕他！我不是吃官饭的人，我也不领他那份官饷，就是天王老子驾到，他又能拿我老头子怎么样？哼，古时犯人临上法场，还许家人见上一面，喝上一碗送行酒呢，我亲家犯了什么塌天大罪连见也不许见上一见？不就是一辈子攒下点儿家产吗！富人怎么就都该杀？穷还穷出个理来啦？"

何贵远见老父越说越离谱，声音也越来越高，便急上前一步，求告说："爹，我求您老了，少说两句不行吗？您老一定要进屯，我……我这就给您老跪下了……"

何贵远说着，就真要跪下去。这里正撕扯间，就见从村口方向影影绰绰地走过几个人来，一路走还一路大声说笑。何家父子三人见状，先就噤了声。那伙人经过他们身旁，也停止了说笑，还有人很惊疑地回头望了望，又看了看路边的汽车。

正在众人发怔的当儿，何国绵抽身就往屯里走去。何贵远不好当着屯里人的面再作拦阻，便也只好由老人去了。那于尚兰见状，忙小声说：“可别让爹摔了碰了的，我也去了呀。”追了几步，又回头说：“我们去去就来，进屋只说几句话，你别急。”何贵远说不出内心的酸楚苦痛和惊悸忧虑，只好眼睁睁地看着父亲和妻子消失在夜色中的屯口了。

何家父子三人回到北口的家里时，已是过了半夜。何贵远死活拉住司机，让他吃了于尚兰卧的几个鸡蛋才走。走时又一再叮嘱，说今天的事，完全是我们何家的私事，就不要跟其他人说了。司机点头，说我明白，何代表放心好了。

可这一天的事情，怕让人知道还是让人知道了。几天后，冯主任把何贵远叫到自己的办公室，一脸严肃地问，下面的同志反映你带了媳妇和老爹到乡下去慰问地主分子的老丈人，还把吉普车停在屯子口耀武扬威，你就不知道乡下的土地改革正在紧要关节吗？何贵远见问，只好把那天事情的前前后后都讲给了冯主任，甚至把当初怎么和尚兰成的亲，那天老父怎样不听劝阻，都原原本本做了汇报。冯主任听了，拧着眉头，好一阵才点点头说，组织上已找有关同志了解过，在这件事情上，好在你还没有什么太出格的举动。我只有一句话奉告，你既是共产党的人，站稳阶级立场便是头一宗重要的原则，有了于家的那样一门亲戚，你就更要格外注意才是。何贵远连连点头，出了门才掏出手帕擦了擦额上的冷汗。

四

土改结束后，于锡佑搬进了一处又低又矮又潮湿阴冷的泥土房，抑郁成疾，一直抱病在床。于尚兰避着何贵远，十天半月地回一趟家，都是天不亮就走，入夜前就急急赶回来，从城里带些药，又带些可口的有营养的嚼物，就那般将息着，赖赖巴巴地维持，病情未见恶化，可也一直没有明显好转。何贵远心里明了是怎么回事，可有老父帮助遮着掩着，只好睁一眼闭一眼，也不多问，只要不出大的说道和影响，便由他们料理去。自出了前面的几回事，何贵远的心竟是未老先衰，争先上进的劲头就日渐疲软了。有了岳父家的那种社会关系，又不能因此就和于尚兰离婚，组织上就是有冯主任那样外冷内热对他同情理解的领导又能怎样？不求有功，但求无过，能维持眼下的级别和职位已是不错，何贵远真的是心灰意冷了。

开春的一天，于尚兰从乡下回来，服侍老人和孩子吃过晚饭，自己躲在一边默默地抹眼泪。何国绵问，你爹他咋样了？于尚兰摇摇头，只说还不好。何国绵说，不好你就在娘家多待些日子，侍候侍候他，缺啥就从家里拿，熬过开春，天再暖一暖就好啦。于尚兰说，我爹说只怕熬不过呢，两条腿都肿得老粗，小檩子似的，亮光光的让人看了惊心。何国绵摇头叹息，说腿肿了可不好，男怕穿靴，女怕戴帽，肾力一衰，华佗难医啊。于尚兰说，我爹倒不怕死，他只说怕死了连口棺材都睡不上，一辈子舍不得吃舍不得穿，也舍不得供儿女念书，只想着攒房子攒地，太亏了，到阴间怕连小鬼都欺负他。何国绵问，家里就没预备点儿寿材？于尚兰说，家里原来是种了些树的，可土改时都充了公，分给谁还能留给老地主打棺材呀。现在木材是军需物资，别说咱没钱，就是有钱又到哪里去买？我哥说了，真要到了那一天，没办法就抽梁撤檩子，咋也不能让老爹卷领炕席走。可那破房子又有几根像样的木头？抽了梁撤了檩子还不立马就得趴架，一家人还上哪儿去住啊。于尚兰越说越伤心，眼泪越发止不住，哭得何国绵眼圈也红上来。

过了两天，何国绵突然也病倒了，只说心窝窝疼，气短，饭也吃得很少。何贵远张罗去医院，他又不肯去，说头天夜里梦见贵远母亲了，老太太说一个人在那边待的时间长，太孤单了，叫他早点儿过去，两个人也有个伴。何贵远听了好笑，说爹您老说的哪里话，哪有这边那边的，那是迷信话，前些年你自己都不信，现在咋也这么说起来了？千万别有点儿病就胡思乱想。何国绵说，我年轻时是不信，可年岁一年比一年大了，我就恍恍惚惚地觉得真有个那边了，那边还有长长的日子等着我去过呢。你快张罗给我打口棺材吧，让我也看看我到那边时住的是啥样的房子，就是一口气上不来蹬腿去了，我也心安了。何贵远听了心里越发好笑，说有病了，哪有不抓紧治，却忙着预备后事的道理，这话要传出去，还让外人以为我们做儿女的是盼老人快走呢。何国绵瞪起了眼睛，说你管别人怎么说干什么，咱自家的梦就得自家圆，民间还有冲喜一说呢，有病冲一冲，兴许就好了。棺材那东西早晚也是要用的，我都不忌讳，你忌讳什么？我让你张罗，你就快给我张罗去，少惹我心烦！何贵远见老人发了脾气，再不敢说什么，只说您老好好养病，我这就去办还不行吗。

父子俩在屋子里商量这个事的时候，于尚兰正在厨间忙，你一句我一句的没听得十分清楚，待何贵远上班走了，她便跟公爹说，您老想吃点儿什么，要点儿什么，就跟我说，贵远他整天在外边忙得心烦意乱的，就别让他心里不静了。何国绵摆摆手，说是我们爷儿俩的事，小事，你别管，我心里有数。

市里的军管会自然管得着木材公司，公司里有一个木器加工车间，他先找人批了几分木材，又叫木材公司抓紧打一口棺材，有权人办这点儿事，简单得不过是打两个电话的事。过了两日，老爹果然又问，我说的那事你给我办了吗？何贵远以实相报，说已动上斧锯了。何国绵问，啥木的？何贵远说，我让他们专用清一色黄花松，那东西油性大，埋进地里几十年不烂。木材公司的人说楠木的比黄花松的还好，要不着急，他们就派人想法去弄点儿那种木料。我寻思那未免太张扬，就选定了黄花松。何国绵点头赞许，说咱小老百姓来世间走一回，离去时有黄花松的棺材睡，知足啦！那楠木的好是好，听说旧社会得有官有爵的才能用，咱本没那么大的福气，就是睡在里面也怕早晚让人扔出来。没有千斤秤，不能用千斤砣。何贵远说，只要您老满意就好，别的倒不用管他。老人又问，寿板是几寸的？何贵远说，我对这事不懂，木材公司的人问我，我说是给家里老爷子预备的，让他们看着办，他们就定了三寸的，说是足有一巴掌厚，他们一年半载也轮不上加工一口这样的呢。何国绵又点头，连说了几个好字，再不喊心口疼，也不说气短了。

何国绵突然有了精气神，过了两天，见何贵远上班走了，就穿戴齐整下了地。于尚兰问，您老干啥去？老人说，我觉今儿精神挺好，出去晒晒阳，透透气。于尚兰不放心地说，我陪您老一块走走吧。何国绵说，我还没七老八十呢，哪就到了离不开人的时候，你在家该忙啥忙啥，我到外面走走看看，转一圈就回来。何国绵到了外面，买了两包大前门香烟，揣进兜里，又叫了一辆三轮车，吩咐送他去木材公司。他三打听两打听地进了加工车间，就见了那已有了些模样的厚厚实实的棺木，不由得就绕着转，伸手摸，点头赞许，一副心满意足的样子。干活的木匠师傅说，老爷子，不用看，也不用摸，回家养个好儿子，你百年后就有了睡这个的福气喽！何国绵笑道，你怎么看我就不是那个有福气的？工人们大惊，问，您老贵姓？何国绵笑而不答，说我今儿就是先来谢谢各位师傅的。说着就摸出香烟，挨个儿给大家分发，嘴里还一劲儿地叨念，有劳有劳，多谢多谢。工人们惊讶，说老爷子硬硬实实的，早早地预备这种东西干啥？何国绵笑说，人有旦夕祸福，我都这么大岁数了，又齁喽气喘弱不禁风的，早备下省心啦！工人们感动，没想何代表的老父亲会亲自摸到车间里来，更没想老爷子会这般平易，不拿一点儿首长老爹的架子，便忙让座倒水，说一切请老爷子放心，活计保证做得严丝合缝，鲁班再世也让他挑不出半点儿毛病。更有那嘴巧的，说老爷子你就看着这寿材安安稳稳地过日子吧，你最少还能眼看着它喝上三十顿美酒。何国绵一怔，说你咋看出我只有了几十顿酒的日子？嘴巧的说，我说的是三十年饭的守岁酒啊。引得众人大笑。何国绵高兴，说，还喝那么多年干什么，那不成了老妖精了？我只要再活十年，就托各位的福喽！

几天后，何贵远带回消息，说寿材已经打好了。何国绵说，好了好，那就先存放在那里吧。何贵远语气里就带了埋怨，说那种东西寄放个三日五日的好说，要放的时间长了，难免要惹出人家的不愿意，车间里哪是寄放那种东西的地方？我早说您老身体结结实实的，不要想得那么多，您老偏不信，还要冲什么喜。何国绵落这埋怨，心里也老大不愿意，说，按你的意思，既有了这东西，那我就抓紧用上它？何贵远说，您老要是这么往歪了说，让我们当儿女的往后连嘴巴都不敢张了。何国绵虽说心里有些不愿意，却哪里是歪儿子。贵远帮自己了却了一个心愿，他是打心眼里高兴，不过是故意打马虎眼，担心儿子疑心而已。他说，那你就不用操心了，过几天我身体再硬实些，我去乡下走一趟，咱好歹乡下还有两门亲戚，我跟他们说，给寄放一下吧。何贵远说，有寄放粮食寄养骡马的，哪听说有寄放棺材的？早有这个心，就是备好木料，先存过去也好说话呀。何国绵说，这事就由我办了行不行？你忙你的官家事去吧，别管了。

又过了几天，何贵远去外地出差，何国绵见是机会，就让于尚兰先将孩子安置在邻居家，然后带她径奔了木材公司。于尚兰纳闷，说咱们去那里干啥呀？何国绵说，别问，到地方就知道了。那些工人见何老爷子又来了，自然又是一片热情。何国绵说，谢谢你们帮我办了这件大事，我在乡下已找好了寄放的地方，麻烦谁替我跟你们领导说一声，再帮我找辆车好不好，把东西装上，我送乡下去，车钱我付。工人师傅们正愁这东西打好没处存放呢，何代表的老父亲既有这话，立马麻溜溜地跑出去雇来一辆大车，将棺木抬上去，捆绑好。于尚兰见此情景，心里虽然已猜出几分，也不好当着众人的面多问。直到大车出了城，何国绵才对儿媳如此这般，说了实话。于尚兰顿时眼泪就流了下来，说爹，你老人家对我们于家的这片心，我可咋报啊？何国绵佯作不悦，说这是哪里话，咱不是一家人嘛，我和你爹不是亲家嘛，你爹老了老了，就这点儿盼望，我咋能让老兄弟心里结了疙瘩临死闭不上眼啊。到了家里，咱只说这是贵远的一片心，千万可别说漏了嘴，再让你爹心里不安实。贵远也不是那种不忠不孝的人，他有他的难处，咱谁也别责怨他了。于尚兰心里感动，眼泪越发汹涌不止，竟是抛洒了一路。

大车驶进于家屯，进了于家残破的小院子，棺材从车上极笨重地抬下来。于锡佑让家人扶坐起来，隔着窗户往外看。于尚武跑进屋里来，流着眼泪对老爹说，爹呀，那寿材帮子可比一块大坯还厚呢，清一色黄花松的，咱南北二屯，几十年里还从没有人享用过这么好的寿材呢。于锡佑见了，听了，身子竟陡然来了精神，一定让家人扶他到院里去，要亲手摸一摸。何国绵拉着他的手，说，老哥呀，你亲手摸摸就放心吧，你姑爷贵远就这么点儿心意，他不好抛头露面来家送，就让我和尚兰来啦。于锡佑一下又一下地拍着棺材帮子，几滴浑浊的老泪滞挂在腮帮上，一声又一声地说，谁说我没得过我闺女女婿的济？我得济啦，我得济啦！尚兰子，爹死也闭眼啦！

依何国绵的意思，给尚兰的老爹送棺木的事，能瞒贵远多久是多久，可于尚兰却知此事非比一般，久瞒不得，要等上级追查下来，贵远也有口难辩，搪塞不起的。所以待何贵远出差一回来，就把事情跟他说了。何贵远听后却只是长长一叹，未出一言。事已至此，一切又都是老父亲做的主张，他还能说什么？说了又有什么用？只是他心里暗作打算，日后组织上真要追查起这件事，只说棺木是为老父而备，老父自作主张送人，跟自己没有干系。追查的人肯定不会轻信，那他们就深查好了。其实信不信又有什么用呢，我跟于家本无偏移立场的任何联系与瓜葛，人家非认定你社会关系有问题不可重用，指天发誓没用，剖心亮胆也没用，那我就是地主分子的姑爷子吧，我何贵远问心无愧，也就行了……

五

这一年入夏，于锡佑病死在家里。于尚武用那口棺材将父亲尸体装殓，抬出去埋葬了。可于锡佑在那口厚重的棺木里并没安安稳稳地睡上几年，到了 1958 年，城里乡下到处大炼钢铁，乡下就有人想到了那口厚重扛烧火力旺的黄花松棺材，大队长一声吆喝，人们便把坟扒开，将老地主的尸首用一领破席卷了，重又埋回坟坑里。那棺木被劈得粉碎，塞进炼钢炉里，确也红红火火地燃烧了足有一顿饭的工夫。黄花松真是扛烧，有人盯着炉中的熊熊烈焰，发着这样的感叹。也有人感慨地说，那于锡佑真是没福，他顶多是只配睡薄皮棺材的命，可惜了他姑爷子担着大逆不道的罪名付出的这片心啦……

何国绵病故于1964年，那个时候城里已提倡火化。临终前，老人拉着儿子的手说，你给我预备过一副棺材，就别再打了，世间没有一个人一辈子享用两副寿材的道理。人活着时多做点儿好事、善事，积下阴德，比死后睡啥样的棺材都强。这事你得依了我，临死之人的话不可违啊。何贵远依吩咐，将老人的遗体送到了火葬场。很快就有报社记者找到他，请何局长（那时何贵远早已转业到地方，成了市里一个局的代局长）谈谈对移风易俗丧事新办的认识，还拿出一份已写好的稿子让他审定。何贵远看都没看那个稿子，就撕掉了。为这事，市里主管宣传的副书记还特意打给他一个电话，很委婉地批评了几句，何贵远也没做任何辩解，只说接受批评，以后我一定注意。

这是很久远的一个故事了。多年以后，于尚兰和念大学的外孙女聊起这事，外孙女追着何贵远问，姥爷，你为过去的那些事后悔吗？何贵远淡然一笑，说，三言两语的，咋跟你们年轻人说得明白呀……

乡间选举的乐子

数伏后的一天夜里，暴风雨突然降临。听电匣子里的天气预报讲，是本年第多少号台风在菲律宾海域生成，一路北上，经台湾海峡，过东海和黄海，在渤海湾登陆。

狂风是夜里从芦苇荡方向扑过来的，呼呼地嘶啸；那雨又岂止是瓢泼，仿佛是魔鬼打开了天河的闸门。漆黑的天空，漆黑的田野，半空里窜动起一道道惨白骇人的火蛇。被刮落的窝棚上的油毡纸和稻草，像被击落的鸟儿一样拍打着翅膀，在稻田上空挣扎飞舞。紧接着便是雷的轰鸣，又焦又脆，一声声炸得天摇地动。伸手不见掌的稻田里，却到处可见一束束手电光在闪跳，那是蟹农们在田埂上奔跑，他们可以不要看蟹的窝棚，却不能让狂风将塑料围障吹倒吹飞，不能让稻田里的积水漫过田埂，他们是在用生命护卫着眼看到手的劳动果实。

暴风雨中，县乡两级领导深入到田间了，指导抗灾，慰问村民。有位县领导还在雪亮亮的灯光照射下，把自己身上的雨衣脱下来，披到于家屯的蟹农于旺田身上，说了一些让人心窝子发热的话。

天亮时，风住了，雨停了，于旺田一夜之间成了屯里的新闻人物。那天的晚间新闻，市县电视台都在播发抗大灾保丰收的消息，首要的一条就是市县领导顶风冒雨深入抗灾第一线。屏幕上出现了县委书记脱下雨衣往蟹农于旺田身上披的镜头。屯里人很感动，说天底下还有这么好的官，真是“霹雳一声响得邪，来了救星县太爷”。隔了一天，又有人将市里的报纸拿来，第一版上挺大的一幅照片，也是县委书记给蟹农披雨衣。看到的人便笑于旺田，说于老旺时来运转，福星高照，不定还有什么好事要找上门来呢。

说于老旺好事上门，本是乡亲们的一句玩笑，没想，生活中的事果然就照这玩笑上来了。暴雨过后没几天，县里下来通知，说要召开抗洪救灾庆功大会，会上要表彰五十个先进集体和一百名先进个人，并把表彰的名额分配给了各乡镇和县直各单位。乡里依葫芦画瓢，一个电话把村支书们找到乡里去，于水丰从乡里回来时，就带回选出一个先进个人的任务。

时间要求挺紧，村里的大喇叭喊，一家出一个当家管事的，晚饭后到村委会开会，谁家人不到罚款五十。正是稻田里的蟹子蜕壳长个儿的时节，蟹子又傻，见亮就扑，闻食即奔，夜里让谁诱捕出一抄子都是钱啊。青壮年们早卷了铺盖住到田里的窝棚去了。蟹农们心疼五十元钱，更担心田里的蟹子没人看守出意外，便打发了老人和妇女去开会。中小学生们正在放暑假，岂能放过这个热闹，闹闹哄哄的不请自到。小孩子哭，大人们叫，半大不小的学生们趁机瞎起哄，村委会大院立时变成了蛤蟆塘。

村支书于水丰一看不是事，脸拉下老长，伸手将墙上的插销一拔，院里的大灯泡子便熄了光亮。他往胳膊肘上缠了电线，然后提着灯泡子往屯外走，扔下话："到稻田里开去，我看谁还敢给我不到。"

人们呼啦啦跟在村支书身后走，一路走一路笑。于水丰提着的大灯泡子则一晃一晃的。于水丰本来走路就一蹿一蹿的，那灯泡子便越发悠晃得欢实。有人喊，于书记小心啊，灯泡子碰到谁不当紧，可碰碎了就得摸黑开会啦，你想开黑会呀？于水丰忽略了有人在跟他嬉闹，便中了计，伸手去抓灯泡，没想那大灯泡还灼热着，手一抓便急扔开了，如果不是有电线牵着，真就掉在地上摔碎了。人们哄笑起来。于水丰立住脚，回身骂，刚才是谁的馊主意？我把灯泡子塞你裤裆里去，把卵子烤化了，看你还打不打种淘不淘气！人们越发笑得不可收拾，笑得满天星星都显得繁密起来，那是寂寞的星星们跑出来看人间的笑话呢。

于水丰选了一处宽阔些的地方，把电线往那家窝棚里一接，大灯泡子往窝棚前一挂，便算会场了。雪亮的灯光引来无数的蛾虫，在人们的头顶上翻飞出一番迷幻的图景，比城里歌舞厅里的那种宇宙灯还别有味道。上百号人挤站在水渠上，畦埂上，说着笑着，那情景又像一群企鹅，见人拍照便总要排成队列。

于水丰扫了一眼，见老人们已基本不见，那是老人们见会场转移，田里自有当家主事的男人，便不再跟来凑热闹，自回家里歇息去了。于水丰喊："女人孩子们往后边靠一靠，各家睡炕头的往前边来，要开会啦！"

北方冬季长，热烘烘的火炕头便成了家里主事男人的特权之地，即便到了炎炎夏日，男人们宁可在炕头加垫木板门扇，也不会让别人篡权夺位。炕头也是一种地位和权力的象征。

有人接话："我家炕头都是老猫睡，我回家去叫猫啊？"

人们笑，哈哈地起哄。

于水丰绷紧了脸："你去叫吧，小心秋后我叫你多交一份提留款！"

这就更惹人笑，有女人"嗷"的一声，已经闪进水渠里去了。

挂了灯泡的那家主人半真半假地提醒："于书记，这个电钱……还算不算？"

于水丰眼睛一翻："算，谁说不算。你自个儿牢绷儿地给我记着，秋后我保证有账跟你算！"吓得那人立刻闭了嘴巴不吭声了。

闹腾了这一阵，于水丰开始说正事。讲意义，提要求，说这是激励斗志，夺取今年全面丰收的重要举措。“这可不是小孩子过家家，正经事，大家都说说，选谁合适？”除了最后这句话，前面的那些都是从乡里开会现学现卖，八哥学舌学来的。

朱景发立刻接话：“那还选个啥，咱人现成，于旺田嘛。一春加一夏，人家把蟹田当洞房，把螃蟹当媳妇，连三顿饭都在地里吃。那天下暴雨时，连县官都亲自来看他，又上电视又登报纸的，不选他还选谁？再说，一乡二十多个屯子呢，一县好几百个屯子呢，这上榜的才一百个，为啥咱于家屯能摊上一个，指定是上头带下了笼头，看于家屯有驴，咱赶快套上笼头让人家牵走算啦！”

朱景发是那种二八月的庄稼人，靠着脑子活，嘴巴巧，农闲时东乡弄篓鱼虾，西乡收些鸭鹅蛋，贩到城里去，腿跑手不空。到了农忙这几个月，倒也在田地里撅腚猫腰，可干也不正儿八经地干，入夜后窝棚是留不下他的，常是跟相邻的于旺田招呼一声，“帮照看一眼呀”，就猴燎腚般地跑了。十有八九他是去筑长城赌麻将，十里八村的不定钻进哪个黑窟窿赌窝去。听说玩得也大，有一次突然被乡派出所的警察抄了赌窝，慌急之间，他窜进灶间便操起了菜刀。警察急拔枪在手，喝道，你要干什么？放下！朱景发说，我往后要是再赌，就是狗娘养的王八蛋！说着手起刀落，“当”的一响，一截手指便齐刷刷地丢在了菜板上，从此落下了朱老九的外号。那一次，乡派出所念他有痛改前非的决心，只没收了他的赌资，没再罚款，也没送他去劳教。可朱老九哪有金盆洗手的志气，没等手上的纱布拆下来，已又坐到麻将桌前去了。

于旺田却是极老实本分的庄稼人，以往村上不管开什么会，他都往不显山不露水的地方一躲，从不多说话，村官咋定咋是。去年冬天，他老婆得了急症，把家里存的几个钱儿都扔进了医院药店，还拉下一屁股饥荒，人也没留住。开春时，他求爷告奶好不容易又借来万八千块钱，才算抢在节气前把蟹苗放进了稻田。这一春一夏，他对稻田里的活计一丝一毫也不敢大意，恨不得收成翻番，好快把欠债还上呢。可今夜听朱景发这般说，他不能不挺身而出了：“你朱老九才是驴呢，套上你到县里去正对路。”

人们哄笑起来。连朱老九都笑，说：“老旺哥，我不过是打个比方，可能把围脖当了套包，没对上撇子。中，中，我是驴，你是劳模，中了吧？”

朱景发没说“先进”，而说的是“劳模”，这让人们越发笑得不可收场，又有人笑掉到稻田里去。这让人想起个故事，也可算个乡间典故了，是前些年搞生产队时发生的事。有个铁姑娘队长，当初干活没的说，假小子一个，不怵泥不怵水，有点儿显彪，后来就成了县里的劳模。劳模后来又当妇联主任，便挨家去割资本主义的尾巴，还把育龄妇女追得鸡飞狗跳，逼着人家上环结扎。劳模理所当然地还常常跟大队书记出去开会，一来二去的，姑娘家家的，她的肚子竟大了，看实在遮不住丑了，先是偷偷进城做了人流，又草草远嫁了他乡。却说这姑娘有个侄子，十一二岁的毛小子，有一天跟屯里的孩子玩着玩着打起了架，一个骂你妈是大金牙，一个回你爸是小歪嘴，一个又骂你爸是小偷，一个又回骂你妈大破鞋。对方那个孩子被骂得实在没了词儿，吭哧了一阵，竟回了语破天惊的一句："那你姑还是劳模呢！"劳模的小侄一下被骂哑了嘴巴，再找不出一个比这"劳模"更解恨更恶狠的"对仗"骂词来，只好大哭着跑回家去。臭嘴的朱景发突然整出句"我是驴你是劳模"的话，便有了巧用典故的高妙。

于水丰忍住笑，故作正色说："说笑归说笑，正事是正事。选谁是先进总得说出个一二三来吧，都说说。"

已 0 比 1 亏了一个回合的于旺田岂肯服输，说："说说就说说。咱这一屯子，从清早到夜里谁最辛苦？大伙儿都大眼灯似的嘛。朱老九哪天不是白天忙了一天，夜里接着忙？不过半夜他很少回窝棚啊。就说那天下暴雨吧，人家是顶着冈烟儿大雨从几十里外赶回来的，怕蟹子出了闪失，还花钱打了车。就凭这股劲儿，大家说该不该选他劳模？”

便又有人笑，还有人夸张地使劲儿点头，并大声喊，对，对，朱老九最辛苦，革命生产两不误，把一个手指头都磨秃了，绝对劳模。人们都知道朱景发一天到晚在忙啥，在地里累了一天的人们都想借此找个乐儿呢。

主持会议的于水丰不能让这种乐子再闹下去，说：“好，候选人有两个了，于旺田和朱景发，大家看还有没有？”

人们喊，没了，就他们俩了，差额选也够了。

于水丰说：“举手表决。”

有人接话：“别呀！乡里乡亲撞头碰脸的，低头不见抬头见，举胳膊多不民主啊。我们要求背对背，投票。”

更多的人响应：“对，投票。”

也有人质疑：“就别整景啦，都没带纸和笔，还现跑回家取去呀？”

于水丰低头在地上找。要是在屯里，随手撅些稻草棍儿，或让谁捡回一捧小石子，就可当选票了。可这是在稻田里，哪里去捡石子？水稻刚在抽穗，又哪里可撅稻草棍儿？于水丰抬头望望众人，见有人正一闪一闪地抽烟，便说：

“谁带着烟呢，献出来。以烟代票，一人一支，这民主了吧？”

可谁又肯当这种白献烟的冤大头呢？就连那正抽烟

的，也鬼头鬼脑地急急狠吸上两口，便把那大半截烟头丢到田里去了。于水丰低声骂了句什么，从衣袋里摸出一张票子，往身边年轻人手上一塞，说：

“你跑跑腿儿，快去快回，到屯里小卖部给我拿回一条烟来。大伙儿的事，高级就高级点儿，石林吧。”

这几年，村民们养蟹子，村里有特产税可收，提留款也明显多了不少，村委会花钱也大方多了。

石林烟很快买回来了。于水丰让撕扯开分发，妇女孩子不算数，每人一支。“都点上，抽吧，一人一支烟尾巴，就顶选票了。这回我民主了吧？”

有女人抗议：“民主个屁，男女为啥不平等？都啥年月啦？”

于水丰说：“愿啥年月啥年月，家有千口，主事一人，不服回家改户口本去。”停了停又说：“当然，谁家爷们儿没来，二当家的也可以发一支烟。可你一定得投票啊，想把烟带回去巴结爷们儿可不行。”

女人们心满意足地嘎嘎笑成一片。

这是个无风的夏夜，夜幕中的田野里，立时升腾起一片微蓝的烟雾。那不会抽的，也把烟叼在嘴上，抽两口，吭吭地咳着，又把那烟送到会抽的手上。女人们笑骂着，掩了口鼻往后躲，就连那灯下的飞蛾，在那一刻也似乎减少了不少。

于水丰让于旺田和朱景发站到灯下去，两人隔开三步远，投票人依次从两人身后经过，同意谁便把烟尾巴扔在谁的身后。于水丰则站在两人对面监督选举，和候选人最后投票。于旺田初时还不肯站过去，对于水丰说，我不选，不选中不？于水丰故意冷下脸，说民主你懂不懂？这不是我村支书让你候选，是全体村民让你候选，少扯哩哏扔，稳当站好。于旺田便只好乖乖地站过去了。朱景发却不费话，他充满自信不会当选，便大大咧咧站过去，还嘻皮笑脸地对着灯光吐烟圈，先吐了一个圆圆的，再吐出一根直直的烟柱从烟圈里穿过去。男人们见了，哈哈坏笑，还有人模仿。女人中有明白的，便笑骂，这缺八辈儿大德的朱老九，下回再剁掉根指头，就变成八爪螃蟹了。有那懵懂的，偏还要问，朱老九咋啦？明白的女人便嗔她，回家问你当家的去！

投票开始了。于旺田可怜巴巴地双手作揖打躬："求求各位老少爷们儿，可别骂我啊。我于老旺老孤雁一个，还拉扯着两个孩子，活下来就不容易了，千万别再埋汰我啦！"那朱景发则一直咧着大嘴笑，不时还嚷上一句，"我是一头北方的驴，我是一头北方的驴。"

投过票的村民们却不离去，复又站回渠沿畦埂上等待选举结果，一个个掩了嘴巴不说话。结果已明晃晃地丢在了两个候选人身后，这个大乐子不捡岂不太亏了！

终于轮到两个候选人投票了。于旺田和朱景发一转身，便都惊惊地大笑开了。于旺田把手上的烟头往朱景发脚下一甩，便往人堆里跑，还喊着，谢谢啦，谢谢啦！朱景发先是一怔，随即也把烟头往自己脚下使劲儿一摔，转身笑骂："我操！你们这是光棍腿子操驴，拿我穷开心啊！可我不是骒驴啊！不算数，不算数！"

人们都跟着大笑开了，是那种洪水蓄势轰然暴发的笑，是那种极开心极得意的笑，笑得弯腰抱肚，笑得你推我搡，有人被推搡掉进水里，就故意不上来，借机击水抛泥，惹得夏日的田野里比过大年放炮仗还热闹。

于旺田和朱景发一闪开，选举结果便清清爽爽地展示在了村支书的眼前，于旺田只得了七八票，朱景发得到的烟头却堆了一小堆，过百不止。这个结果太出人意料，却又在情理之中。也许最初的几个人还是选了于旺田的，可有人同情于旺田并开始恶作剧后，随后的人便心领神会积极配合。这个恶作剧让一村之官哭不得，笑不得，喜不得，也恼不得。老百姓在艰辛而平淡的日子里就巴望着一点儿乐子，法不责众，你又能怎样呢？

于水丰绷着脸，等人们笑得有些累了，才重重咳了两声，说："大伙儿把烟给我骗抽了，乐子也找去了，"村支书这样给刚才的事情定性，既宣布了选举的无效，也给自己找了一个很体面的台阶和重新启动选举的借口，"还是抓紧回到正事上来。天不早了，明儿各家还都有不少活计呢。同意于旺田的请举手。"他率先高高地举起了胳膊。

村民们知道见好就收的道理，乐子到了这一步，再闹下去就过了，过犹不及。当官的没翻脸，咱也就别再讨那二皮脸（厚脸皮）了。便也纷纷举起了粗粗黑黑的胳臂。只有于旺田没举手，蹲在那里把脑袋耷在裆间，垂头丧气地叨咕说，你们就骂我吧，你们就往死砢碜我吧……

“同意朱景发的请举手。”于水丰接着说。

只有蹲在田埂上的于旺田孤单单地举了，可他四下撒目了一眼，又把手放了下去。那朱景发见状，却急把自己的手举起来，喊：

“我操，选不选的，也别让我成个蛋啊！”

人们又笑起来，只是不再那般热烈。搞乐子也像过年，腊月二十三是序幕，除夕之夜是高潮，到了正月十五便是尾声。这最后一乐儿便是恰到好处的收尾之作了。

村支书于水丰很高兴地说：“一人只有一次举手的权利。你朱景发刚才选了于旺田，再举胳膊就是废票。你不是个蛋，也是个球！好，我宣布，于旺田当选。散会！”

作　局

黑暗中，宋小希耐不住寂寞，又低声嘟哝，他妈的，四月份了，暖气都停了，怎么还这么冷！透心凉，从心里往外打哆嗦。老郭冷冷地扫过一眼，低声斥道，别出声！这个提醒，郭仁璞已不知说过多少次了，进到小区之前还在重复，说夜里蹲坑，最怕的是弄出动静。还说大白天你就是扯着嗓子唱歌，可能也没谁注意你，可在深夜，就是轻轻一声咳嗽，都可能传出老远。宋小希回敬说，敬爱的警官领导，学生这点儿记性还是有的，您就不必啰唆了。老郭承认自己确实啰唆了，话说三遍淡如水，可你以为我愿意跟你个小屁孩啰唆呀？我就是这么一遍又一遍的，你长记性了吗？

冰寒中，人是不能想冷的，越想那个魔鬼越顺着骨头缝往心窝窝里钻。片刻，宋小希又耐不住，摸出烟，抠出一支，先塞到郭仁璞嘴上，再抠第二支时，却被郭仁璞一把连盒抓过去，并将先前递过去的那支一并塞回盒内，放进自己的大衣口袋里。宋小希小声抗议，不让说话也就算了，怎么连烟都不让抽？前几天不都抽了吗？老郭说，前几天还都白挨冻了呢。实在憋不住，你去楼道里抽。宋小希揶揄道，冷尿热屁穷撒谎，我还得撒泡尿呢，也在楼道里呀？老郭越发冷冷地说，警车就在小区外的胡同里，你要怕冷，就自己开回去，不用来了。宋小希知道郭警官这回是真生气了，再不敢说话。

两人静静地蹲坐在树丛后，那树丛就在小区主干道的旁边，只要有人从哪栋楼里出来，休想躲过潜伏在这里的两人眼睛。今年开春，北方闹起了倒春寒，气象台说是五十年未遇。以前到了这个时节，小区里的迎春花呀，桃花呀，都已像豆蔻年华的小姑娘一般，有了些艳丽的模样，可今年却还似衣不裹体的乞丐，赤裸着枯枝在寒风中瑟瑟抖颤呢。一言不发的宋小希抬头望夜空，黎明前的气压低，一年胜过一年的雾霾在城市上空笼罩着，盘旋着，休想看得清夜空中的繁星。倒也不是一颗也看不到，除了那一弦弯月，还有屈指可数的几颗星星，还算没被雾霾彻底淹没，一颗颗孤零零顽强地向大地扑闪着微弱的光芒。

也莫怪还顶花带刺的小青瓜蛋子喊冷，就连自己这根吊在棚架上快枯干了瓤子的老丝瓜都有点儿受不了了。怪不得有人说，寒冬腊月遇上冷风，往背风处躲一躲也就是了，可在这冻人不冻水的倒春寒里，却像被扔进冰水中，再无处可躲藏。听说泰坦尼克号大客轮被冰山撞上后，死的那些人多数并不是淹死的，而是落进海水里被冻死的。宋小希虽说还嫩，但终归是九〇后的孩子，家里那个丫头比人家也没小上几岁，臭袜子脱下来还得她妈洗呢，让她陪自己这么蹲两个钟头试试，还不得委屈出个大天来。这茬吃不得一点儿苦的年轻人呀，往后能挑得起梁撑得起柱吗？老郭暗暗叹了口气，从衣袋里摸出烟，送回宋小希手上，说你找个楼道，活动活动身子，但一定要注意，别弄出动静来，小心惊醒了谁的美梦找骂。宋小希接烟在手，说我十五分钟以内保证回来换你，然后就弓着腰跑了出去。可眨眼间，宋小希又跑回来，把烟送回老郭手上，说这个是你的。郭仁璞忙将衣袋里的另一包烟掏出来，说黑灯瞎火的，这个你也看得清？宋小希说，往嘴里一塞，还不知道呀。老郭心里说，那是，你的是芙蓉王，我的是红河，你一盒顶我小半条呢，味道上要是没区别，那才是花了冤枉钱呢。哼，这还是没挣工资呢，他爹都未必舍得抽这个！

宏达小区近来接连发生了几次失窃案件，闹得人心惶惶。哦，不对，说失窃并不准确，因为丢失的那几辆自行车后来都找到了，一个螺栓都没缺。找到的地点也不远，就在小区内，有辆车子还扔在了小区警务室板房外，让人哭笑不得。虽说东西没丢，但居民们意见很大。试想，眼下骑自行车上下班的人都是寻常百姓中的末等人，要让小宋说，就叫屌丝。屌丝们突然发现代步工具不见时，多是在早晨上班的那个时段，走出家门不见了车子，那就得去挤公交，没有备出足够的提前量，上班迟到是铁铆的了。就是豁出票子打出租，那个时段也未必有车侍候你。时下的单位不管是国有的还是民营的，对迟到早退者，几乎清一色采取经济处罚手段，靠着工资养家的屌丝们不跳脚骂娘才怪呢。

宏达小区是上世纪八十年代的老建筑，原来都是公房，住房改革时，一夜间卖给了职工，不用多说也可以想见档次。格局陈旧，面积狭小，防盗设施更是有名无实。四周原有的红砖墙早就倒的倒塌的塌，有些地方还被掏出了人狗共享的洞口。有些楼门的居民心齐些，又有热心人张罗，便换成了防盗门，但多数楼门则风雨洞开，自由出入。所里曾多次建议社区物业增设电子监控探头，但那需要经费支持，说说也就只是说说了。日常，居民们的车子多是放在楼道里，或靠墙而立，或倚挂在楼梯上，有意思的是，这次移位的车子多是从A门到了D门，或者是从B楼到了C楼，反正都没真丢。虽算不上什么正经案子，但居民们左一个电话右一个电话打到派出所，不给个说法总说不过去。所长对郭仁璞说，宏达那一片归你管，你辛苦辛苦，抓紧把案子破了。老郭说，又不是吃藕，一根筷子可以单挑，这好歹也是破案呀。所长说，警院的小宋不正来所里实习嘛，这一阵，他就归你调遣了。老郭为难地说，白天跟着四处跑跑还行，我算计着，这案子少不得夜里蹲坑，他个小屁孩，能吃得起这份苦？

所长说，谁没从年轻时过过，哪个当警察的没蹲过坑，就说是我的话，让他进入实战锻炼。

破案就不能不研究案犯的作案动机。从已知的线索上分析，这事极可能是因有居民不满楼道内乱放杂物，影响了上下通行，所以才出此下策以示抗议。这类事小区里常出，拔气门芯，往轮胎上按图钉，倒霉者自知理亏，跳脚骂上几句也就认了。可这次的不同在于，总不会住在不同楼门里的人在这种上不得台面的事情上也采取联合行动吧，有那么两三次，竟是几个楼门在同一夜晚都丢了车子，这就让人难以理解了。

在分析案情时，宋小希提出了另一种可能，会不会是窃贼先将赃物转移，待尘埃落定后再从容销赃呢？老郭摇头说，眼下还丝毫没发现窃贼准备销赃的迹象，况且，不知你注意到没有，从那几辆失而复得的车子上看，可都是残旧不堪的，有的连锁都没有，若真想偷了卖钱，旁边就放着八九成新的，有的还是变速车，肯定都比丢失的值钱。干这种事，偷车人还用得着讲艰苦朴素呀？宋小希说，偷没锁的才好解释呢，贼偷方便嘛。老郭说，四面八方，除了小区大门，还有随处可见的围墙豁口，骑上就可以跑，更方便，犯不上先送到别的楼门里去。依我看，倒有另一种可能，恶作剧。现在城里的年轻人，一时没工作，老爹老妈一日三餐地养着，吃饱了闲得挠墙，才专好耍出些各色的把戏。天亮时看着别人像热锅上的蚂蚁似的四处乱窜，他们才捂嘴乐呢。消遣别人就是他们的人生乐趣，听说网上这路事不少。比如有女孩子穿高跟鞋踩猫，还有大学生把小狗放进微波炉烘烤，他们得到什么了？损人不利己！因为接连受了老郭的驳回，宋小希心里便有些不悦，还有点儿不服。说心里话，他早就对老郭心存不服，五十来岁了，才混了个一级警司，也就配破这种刑警队懒得管的案子，还口口声声动机不动机呢。心里这样想，他口上便讥笑说，敬爱的警官叔叔，你真是太不了解我们年轻人啦。你可见过几个无班可上的年轻人大清早就爬起来的？那个时辰，人家可都香香甜甜地睡大觉呢。爱扒窗户看热闹的，倒是那些想睡却睡不着的老头老太太们。

对于小屁孩的反驳，郭仁璞心里不舒服，却也无力回击。那就等案子破了再说吧，看你还怎么嘴硬！

其实要破这种案子，不难，不过多吃点儿辛苦罢了。老郭采取的办法便是蹲坑。过了子夜，他带上宋小希，将警车停在小区外的巷子深处，然后潜进小区。一夜，两夜，三夜，都是到了晨曦初现，小区里有了晨起甩胳膊扔腿的人，两人才无果而返。北方的春脖子短，前些年，取暖期一过，天气基本就一日暖过一日，可今年的倒春寒就像电视里播放的有些连续剧，无止无歇，又臭又长。两人回到所里，不管怎样困倦，也要先坐在所里新添置的“小太阳”电暖器旁边，将已浸入身体深处的寒气驱一驱，才去休息室补觉。坐在“小太阳”前，宋小希嘟哝，事怕过三，咱们还傻狍子似的去挨冻呀？老郭说，那你就别去。宋小希望了望老郭那张脸，不敢再言声。实习三个月，学校要鉴定，鉴定里若有一句“要注意克服身上的娇气”那还了得，分配工作时哪家公安机关还肯接收你呀。

宋小希连着抽了两支烟。他的烟瘾是在警官学院搞追捕训练时染上的。二十公里山路，要求两小时到达指定地点，在山野丛林中连颠带跑，到了终点，身子都瘫了，两条腿再迈不开步，有同学递过烟，他便吸上了。先是吸别人的，后来就自己买了礼让别人。怪不得当警察会吸烟的占多数呢，执行起任务来，就得不舍昼夜连轴转，又困又累的，有时还孤独，只好依靠尼古丁提神了。吸完烟，宋小希又想蹦一蹦，让酸酸的两腿活泛活泛，又怕影响居民的休息，便改为做俯卧撑。也不错，身子总算热乎些了。突然，手机嘀嘀叫了两声，是老郭的信息，打开，白亮亮的屏幕却一字不见。宋小希知道这是老郭在叫他归岗，忙选楼根下的黑影处，退回到老郭身边，说，你也去抽一口吧。老郭的大眼珠子抹搭他一下，不动，也不吭声，继续着老猫待鼠的战术。

凌晨近四点，正是黎明前最安静也最寒冷的时刻，终于见有人影在小区路上闪出，进了 16 号楼。郭仁璞杵了宋小希一下，两人都瞪大了眼睛。很快，那个身影从2号楼门搬出一辆自行车，一手扶把，一手提着车后座，只让前轮着地，向着14号楼而去。他这样推车，显然车子是上了锁的。老郭低声说了声“上”，两人立时窜出。到底是年轻人，小宋几步就冲到了前面，一把抓牢那人的腕子，另一只手已去腰间摸铐子。随后赶上来的老郭用手电晃了一下，这一晃就晃得两人大感惊诧了，原来抓住的是个老爷子，花白的头发和胡须，满脸的褶子，已有些佝偻的身材，气喘吁吁的，看年龄，足有七八十岁了吧。小宋还想把铐子扣上去，老郭说，拉倒吧，他还跑得过你啊？快去把车开过来吧。

很快，在清晨的静寂中，两人把老人带回了派出所。值班民警看三人进屋，脸上露出的也满是惊异，故意夸张地张大了嘴巴。老郭说，你眯一觉去吧，正好把“小太阳”留给我们，总得抓紧审一审呀。

于是，围着“小太阳”，老郭主问，老爷子答，小宋打开笔记本电脑记录，便有了这样两页应该叫谈话的记录。

问：姓名？

（老人掏出身份证，丢在桌上）：都在上面呢，自己看。

身份证：王喜田　男　汉族　1936年4月22日生　北口市宏达小区11号楼3单元6楼2号

问：做什么工作的？

答：你家老人八十岁了还工作呀？我退休前是纺织二厂的，保全工，那厂子早黄了，我现在吃的是社保。

问：家里都有什么人？

答：一人吃饱，全家不饿，就我老不死的一个。

问：老伴呢？

答：闭眼十多年了，享福去喽。

问：没有儿女吗？

答：有个闺女，说是去非洲做买卖，还听说跟黑人结了婚，可一走就再没了影儿，不知死活。还有个儿子，叫王文革，在广东汕头打工呢，把老婆孩子都带过去了。

问：附近可有什么亲友？

答：穷在闹市无人问。我这么个糟老头子，狗都离得远远的，没人搭理还算亲友啊？

问：为什么偷别人的车子？

答：请人民警察同志把话说清楚，我偷了吗？小心我告你诬陷！

问：对不起，我说错了，道歉。那你……乱搬别人家的车子就对了吗？

答：笑话，我说对了吗？

问：那你就说说，到底是为了啥？

答：你们想因为啥，那就因为啥。

问：实事求是地说。

答：那你说，你说因为啥？

问：这样的事，你做过几次？

答：没心思数，总有五六次了吧。

问：我们怎么跟你儿子联系？

答：不知道。

问：你从来不跟儿子联系吗？

（老人递上手机）：自己看，打了足有上千次的那个，就是兔崽子的号。以前还打得通，可眼下打不通了。兴许你们警察本事大，能打通。

（郭仁璞按手机试过，果然打不通。）

问：他没有别的电话了吗？

答：又不是储蓄折的密码，我犯得上不告诉你们吗？

……

老爷子挺倔，而且不是一般的倔，完全是毫不愧悔，一无所惧的样子。郭仁璞不敢逼得太紧，唯恐这么大岁数的人再出点儿什么意外。他让老爷子躺在长沙发上休息，还找了件军大衣给他盖上，把“小太阳”也转向了他。看小宋哈欠连天的，便让他也回房间睡觉。派出所有闲屋子，宋小希来实习，便做了他的临时宿舍。

宋小希出了办公室，临掩门，看了看躺在沙发上的老人，做手势请老郭到了门外，问，要不要把他一只手铐在哪儿，你也眯一会儿？老郭苦苦一笑，说你就是撵他，他也不会走的。等所长上班吧。就不再审审了？还审啥，不是都说了吗？也没说啥呀。那是你脑子成糨糊了，再想想。哦……还是当初你设想得对，他是在玩恶作剧。只是没想到，这么大岁数的人还扯这个。你还是糨糊，先去睡吧，等醒来就想明白了。哈，对了，你是说老爷子是让我们帮他找儿子？

郭仁璞一笑，拍了拍宋小希的肩头，说这回靠谱了，去睡吧。宋小希却精神了，说就为这点儿事，折腾我们好几晚上？老郭说，有事找警察嘛。我估计，他也找过，不过都没落到实处，所以才故意往大了整，逼着咱们使出点儿真力气。小宋问，那下一步咱们可怎么办？又哪里去帮他找到儿子？老郭说，我不是说了嘛，等所长来。这不难，请局里跟汕头联系，动用点儿技术手段就是了。

八点钟不到，走廊里传来所长的说话声。老郭迎出去，说了声“破了”，所长便跟进了办公室，先看了看还睡在沙发上的老人，又接过打印好的谈话记录看了看，便撤到了门外去。所长伸出手，说了声“手机”，老郭便将老人的手机递过去。所长调出通话记录看，说已拨电话 867 次，已接 26 次，基本都是老子打给儿子的，他妈的，又是个石头疙瘩里蹦出来的东西。这样吧，你再辛苦辛苦，抓紧跟社区街道核实核实，我这就找局里，想办法把这小子找出来。老郭说，都使出了抓野牛的劲儿，没想抓到手的连只狍子都不是。所长转身往他的办公室走，走了几步又停下，对老郭说，也不能这么说。你让小宋写篇通讯稿，给报社送去，但一定要把相关的人名和地点都隐起来。我看这事的社会意义才大呢，兴许连电视台都会来人搞追踪采访。老郭心里动了一下，心里说，人比人得死，货比货得扔，怪不得比自己年轻不少的所长进步快，这步棋自己咋就没想到呢。

年轻人贪睡，老郭没打扰宋小希。为了躲开王喜田，他去别的办公室给街道和社区打电话。得到的回答跟老爷子所述相差无几，说老爷子原先跟儿子一家三口住在一起。儿子是下岗工人，在城里打过杂工做过小买卖，后来先是一个人去了南方，再后来就先后将媳妇和儿子都带走了，只留了老爷子一人住这里。据邻居们讲，老爷子特别想的是孙子，以前都是十天半月地就给儿子打次电话，每次都要跟孙子说上几句。后来儿子的电话打不通了，老爷子还以为是自己的手机坏了，跑到邻居家借座机打，还是打不通，急得鼻涕一把泪一把直哭。为这事，老爷子还曾跑到街道办事处，请求帮助跟儿子取得联系。街道也曾请派出所伸出援手。派出所的同志说，这种事，属于公民隐私，又没涉及治安和案子，公安机关哪好就贸然插手？街道把这话说给了王喜田，让老爷子再耐心等一等，儿子总会打来电话，手机上有来电显示，就又联系上了。说这话时还是新年前，过了新年又有大年，怎么，过年他儿子也没给老爹拜个年呀……

老郭去所长办公室汇报，所长深深叹息了一声，发起了感慨，说中国的老龄化问题越来越严重，又多是独生子女，不容忽视呀。强调了保护隐私，弄不好，反倒要弄出治安方面的问题来。这也给我们公安工作提出了新课题，虽说国家立了法，儿女要常回家看看，可执行起来还有个难度呢。所长又将一张纸片片交到老郭手上，说这些话，刚才我跟局里也说了。你按这个号打过去，编个什么理由，让王文革抓紧回来一趟。郭仁璞问，那老爷子呢？所长瞪了他一眼说，你说呢？

那个电话老郭是当着王喜田的面打的。老爷子在沙发上坐起来，支棱着耳朵听。通了，果然是王文革。老爷子伸过手来，意思是要亲自跟儿子说话。老郭拨开他的手，还捂住了老爷子的嘴，先对着话筒自报了身份，问他手机号怎么换了，王文革说原来的号骚扰太多，不光闹腾他，还闹腾儿子，他儿子正准备考高中。老郭问，骚扰的人也包括你父亲吗？换了号为什么连你父亲也不告诉一声？王文革故作吃惊地说，我没告诉吗？我是群发的信息呀。老郭懒得戳穿他的谎言，说你老爹这边有紧急情况，你抓紧回来一趟吧。王文革似乎迟疑了一下，问我爸怎么了？老郭说，你回来一趟就知道了。王文革又问，能不能稍缓三两天？老郭心中的火气腾地蹿起来，说声“你自己掂量着办”，就把电话撂了。老爷子见状，不无遗憾地说，怎么不让我说两句？我也不多说，问问我孙子就行。老郭把衣袋里的手机交还到老人的手上，心里酸酸地说，大叔啊，这几天，你就把这东西彻底关了，不然，你儿子听了你的声音，就又不回来了。

老郭叫醒了宋小希，让他跟自己一块去送老人回家。汽车到了楼门口，老爷子下车后，竟然转到驾驶窗前来，还深深鞠了一躬，说人老了，没出息，我真是没招儿了，谢谢警官啦。郭仁璞吃了一惊，急急开门下车，握住老人的手说，大叔，回家好好休息，别想得太多。过两天，你儿子就回来了。往后，家里有一时需帮忙的事，你就给我往手机上打电话。我这就给你手机里打一下，你别接，存住号码就行了。

宋小希送老人上楼，一直送到家门前，再回到车上时，见老郭伏在方向盘上，一动不动。宋小希说，郭老师，是不是太困了？我开车，送你回家睡吧。老郭仰起脸，说你一会儿回去，跟所长替我请两天串休假。我有一阵没回老家了，我回去看看老妈。小宋怔了一下，好一阵才说，要不是正实习，我也该回家看看我爸我妈。放寒假时，我跟同学们去南方玩，连春节都没回去……

黑土蕴绿　活水生春

——孙春平近年小说创作研究

韩春燕

孙春平的创作生涯始于上个世纪七十年代，三十多年来，他已经有了几百万字的厚厚积累，五部长篇小说，八部中短篇小说集，百多篇中短篇小说，多部影视剧，以及获得的各种奖项，都在证明着这个工人出身作家的勤奋与努力。如今他已年近花甲，但作为“老”作家的他仍葆有着旺盛的创作热情，他的小说不仅越写越快，越写越好，而且还在寻求着某种突破与变化。对他近年小说创作的探究，不仅使我们可以更深刻地理解生活与创作的关系，而且还能获知一个作家创作生命不衰的秘密。

他曾经下过乡，了解辽西农村生活，于是才有了《蟹之谣》《叹息医巫闾》等表现乡村人生境遇的小说；他长期的铁路生涯，又成就了他的《小站弥存》《重点列车》等一批铁路小说；多年的领导干部角色（铁路干部，市文联主席，挂职县委副书记，省作协副主席），使他充分了解中国的基层官场，这使他创作出了《鹏翼徘徊》《华容道的一种新走法》《天生我才》等充满官场智慧的小说。当然，无论什么题材，作者最后所指向的还是人，小说终归是对人性的发现与对人的生存境遇的揭示。

孙春平作为一位现实主义作家，他的创作一贯以现实层面上斗智斗勇的故事性取胜，多少年来，他不断编织着这样引人入胜的故事，塑造着各种足智多谋的人物。

无疑，多年的写作生涯里，孙春平已经形成了自己的风格，从他的小说中我们不难看出，孙春平的小说是正面的，厚重的，结实的，甚至是耐咂摸的，但真的仔细咂摸了，我们也会感受到文本那种质朴中的狡黠，密实中的笨拙。

其实，每个写作者都清楚自己的所长所短。孙春平行文朴实，尤其善用东北土语，使文本洋溢着浓烈的地方气息和土腥味，他的小说结构缜密，故事性强，情节张弛之间充满智慧，应该说他的每篇小说里都有一场智力竞赛，机谋角逐。但有的时候，所长也即所短，孙春平语言上的“乡”化“土”化，也使文本样貌显得缺乏美感，那种密实的叙述，则使小说缺失了灵秀，而人物共同的精神谱系，更让每篇小说里的人物似曾相识。

诗性的缺乏应该说是孙春平小说的最大遗憾。

每个作家的创作风格，都与该作家的气质类型、心理机制、美学趣味、修养、阅历等等相关，瓶颈不是每个人都能突破的。

然而，年近花甲的孙春平却通过自己的努力让我们看到了惊喜。当我们读到他近期发表的《皇妃庵的香火》等一批小说时，仿佛看见孙春平的创作已破茧而出，羽化成蝶。

《皇妃庵的香火》这个名字就有着足够的神秘与浪漫。而小说开始用三个自然段，交代皇妃庵的地理位置，皇妃庵的被历史剥蚀的残败，皇妃庵的传说，然后才缓缓进入作者要讲的故事，这也和孙春平以往直接进入故事的写法迥异。小说的味道有时就出现在这种舒缓和闲笔之中。

一个善良的养路工区临时工，在饥饿的年代救了一个寄身皇妃庵的伤病女人，在工区撤销前夕，为了两个残疾女儿，毅然选择在两节机车间挤死，用这次因工死亡换取了她们以后的一点儿生存空间。作品中三个历经苦难的女人，也许并不真正懂得佛教的教义，但她们怀着最深的感恩、最朴实的信仰活在这个世界上，善良，是她们的本性，也是她们的宗教，更是她们行为本身，她们在度己度人的过程中，已修成了正果。

到这里，孙春平的小说无论表达内容，还是表达方式，都完成了一次成功的蜕变。从晦暗的智力角逐到明媚的善的称颂，从文本的朴实笨重到叙述的轻盈灵动，语言上唯美的努力，氛围上宗教气息的弥漫，神秘色彩的氤氲，使文本虚实相宜韵味悠长。

孙春平突破了限制，完成了转身。

如果只是这一篇小说，恐怕还不能说明问题，而将近年发表的短篇小说《彭雪莲的第二职业》《派我一辆吉普车》《换个地方去睡觉》，中篇小说《一路划拳》《一树酸梨惊风雨》《二舅二舅你是谁》等放在一起，我们就会发现孙春平小说的变化不是偶然的，个别的，而是一种有迹可循的有意努力。

孙春平这一阶段的小说更注重故事的讲述技法，而在人物的塑造上也克服了以往对精明人的偏爱，这几篇小说中不再有那种老于世故的人物，他们善良、真诚、淳朴、实在，尽管都处于人生的低谷里，但对善和美的追求并没有停止。作者在叙述中对这些活得并不如意的小人物表现出了深深的同情，对他们身上闪光的人性表达了真诚的敬意。小说的叙述，让我们觉得作者就是这些人的左邻右舍，他深切地体会着表达着他们的喜怒哀乐，他与他们之间没有距离，他的目光是平视的，他们的心灵是相通的。小说的语气亲切，文字熨帖，有强烈的温暖感。

无疑，近年来孙春平的小说创作无论在数量和质量上，都标志着他个人创作黄金期的到来，而这个黄金期却始自他2006年到辽阳县挂职深入生活，本文所说的孙春平近年小说创作，也指的是2006年他挂职以来的小说创作。

尽管1950年春天出生的孙春平已经年近花甲，但他正以年轻人的创作热情投身于文学这个自己热爱的事业，所谓活到老对艺术追求到老，也许他清楚地认识到，通过自身的努力，尽管自己小说的故事越来越精彩，人物越来越鲜活，但自己的叙述艺术还有很多不足，文本的诗性，叙述的魅性都远远不够。他不服输地向一个自己似乎无法达到的目标发起了挑战，而2006年的辽阳县挂职为他的突破和转变提供了一个契机。

关于作家挂职深入生活一直存在争议，一个时代总是要将上一个时代的主流观点推向相反的一极，现在流行的看法是作家挂职属于一种走形式的政治行为。当然存在走形式的挂职，作家到基层走马观花，这样的挂职意义确实不大。但像孙春平这样的挂职应该说是真正地深入了生活，介入到县里实际行政事务中，角色不仅是个作家，还是负责一摊工作的县委副书记，这就不是一般的体验，而是深入体验，真正转换角色了。

应该说明的是，作家要用适合自己的方式，借挂职的东风，深入生活，催开自己创作的花朵，结出丰硕的文字果实，但不一定非得负责起一摊具体工作，如孙春平这般挂职也许只适用于孙春平这类的作家。这是孙春平需要的生活。

文学与生活是个最贴近文艺实践的二元结构系统，二者的关系是文学理论的重要命题。当然文学与生活之间还存在着一个重要的“加工系统”，那就是有着复杂程序构成的创作主体，也就是作家，作家的修养、阅历、气质类型、想象类型、心理机制、审美趣味等等，都影响着对生活的加工，即使面对同一种生活，不同的“加工系统”最后形成的产品肯定也有所不同。

没有生活，就无所谓文学，而没有创作主体的差异，就没有异彩纷呈的文学中的生活。作家在生活中扎根，在生活中呼吸，寻找与自己作品中人物精神上的通路，用自己的美学方式加工触动自己心灵的生活，最后才能创作出有深度的美的文本。

作家怎样不断突破自己，怎样保持旺盛的创作生命力，这也是一个重要的理论命题。一个作家在长期写作生涯中会形成自己的风格，风格也是限制，怎样突破自己？有些老作家终生无法突破自己，更多的是随着年纪增长创作生命萎缩。有的作家取得了些成就担任了某种职务，养尊处优或每天忙于官场琐事，视野越来越狭窄，生活越来越苍白，离精彩的生活越来越远，对群众的生活越来越不熟悉，没有了创作激情、创作灵感。

孙春平反对作家闭门造车，他认为“作为写作者，囚在家里久了，常有搜肠刮肚江郎才尽的感觉。出去走一走，脑袋里不定哪根筋被琴弦一样地拨动，创作的欲望突然变成了走出家门的小孩子的嘴巴，特别地想吃了”（《走出去吃自家的饭》）。而他的行万里路所珍惜的“是那种一次次外出带给我的新鲜感，还有各行各业朋友们带给我的心理上的碰撞和激励。创作应如一条溪水，她的生命在于活活泼泼地自由奔窜，若窝滞一潭，不管那潭多么深不可测，终要发腐变臭直至彻底干涸。我愿我的这滴水，随溪而去，更多地奔流到一些地方。我也愿与生命相随的自家的这一份粗米淡菜，因换了一个环境，能咀嚼出另一种味道”（同上）。因为“归根结底，我还是要写我所熟悉的关东大地，我还是要吃自家的饭”（同上）。

精彩的生活成就了孙春平的小说，成就了他小说的突破和转变，也成就了孙春平文学生命的漫长花期。生活的厚土中蕴藏着作家创作的绿意，一个作家若怀着对文学和生活的热爱，必然会迎来他创作的春天。

图书在版编目（CIP）数据

谁能摩挲爱情/孙春平著. —大连：大连出版社，2015.11
（“字码头”读库. 辽宁舰）
ISBN 978-7-5505-0981-8

Ⅰ. ①谁… Ⅱ. ①孙… Ⅲ. ①中篇小说—小说集—中国—当代 ②短篇小说—小说集—中国—当代 Ⅳ. ①I247.7

中国版本图书馆CIP数据核字(2015)第214954号

谁能摩挲爱情
SHUI NENG MASA AIQING

出 版 人：刘明辉
策划编辑：刘明辉 李 岩 张 波
责任编辑：李 萤
封面设计：林 洋
版式设计：张 波
封面绘图：孔昭平
责任校对：张丽娜
责任印制：阎 骋

出版发行者：大连出版社
地址：大连市西岗区长白街10号
邮编：116011
电话：0411-83620442 0411-83620941
传真：0411-83610391
网址：http://www.dlmpm.com
E-mail：dlszhangbo@163.com
印 刷 者：大连图腾彩色印刷有限公司
经 销 者：各地新华书店

幅面尺寸：130 mm×195 mm
印 张：10.25
字 数：180千字
出版时间：2015年11月第1版
印刷时间：2015年11月第1次印刷
书 号：ISBN 978-7-5505-0981-8
定 价：29.00元